No soy un robot

Juan Villoro

No soy un robot

La lectura y la sociedad digital

EDITORIAL ANAGRAMA

BARCELONA

Ilustración: © lookatcia

Primera edición: *mayo 2024*

Diseño de la colección: lookatcia.com

© Juan Villoro, 2024

© EDITORIAL ANAGRAMA, S. A., 2024
Pau Claris, 172
08037 Barcelona

ISBN: 978-84-339-2429-2
Depósito legal: B. 3119-2024

Printed in Spain

Romanyà Valls, S. A.
Verdaguer, 1, 08786 Capellades (Barcelona)

La ficción ya está ahí. La tarea del escritor
es inventarle la realidad.

J. G. BALLARD

Nada es bastante real para un fantasma.

ENRIQUE LIHN

Ignoro si existe un libro sobre las transformaciones cotidianas que la imprenta trajo en el siglo XV. No me refiero a la obra de un historiador, sino a la de un testigo de cargo, un cronista sorprendido de la forma en que el libro impreso cambiaba las costumbres, las relaciones entre padres e hijos, el cortejo amoroso, el placer de dar regalos, el trato con la Iglesia, las aventuras del conocimiento y, sobre todo, la idea que los lectores tenían de sí mismos.

Con alguna demora (la literatura no tiene prisa), este libro propone algo similar en el siglo XXI. He querido trazar un cuadro de costumbres contemporáneas acudiendo a la lectura de autores de muy distintas disciplinas y a mi experiencia personal. *No soy un robot* combina el ensayo con la crónica, la divulgación de noticias tecnológicas, las memorias y el cuaderno de viajes.

Reflexionar sobre la cultura de la letra resulta imperioso en un momento en que la especie pierde facultades que son asumidas por las máquinas. ¿Qué es lo humano hoy en día? La pregunta, que antes apelaba a los filósofos y los teólogos, es planteada a diario por las computadoras. Para entrar a un sitio virtual debemos identificarnos como personas; pertenecemos a la primera generación que puede ser sustituida por mecanismos. En consecuencia, las páginas web solicitan que marquemos la casilla junto al lema «No soy un robot».

A veces, el sistema operativo nos somete a una segunda prueba, mostrando diversas fotografías en las que debemos distinguir los animales, los semáforos o los medios de transporte. Este examen tiene un componente cognitivo, pero lo más importante es otra cosa. Al deslizar los dedos sobre la «almohadilla táctil» de la *laptop*, hacemos un movimiento distinto al de las máquinas. El «factor humano» depende menos de nuestra habilidad intelectual que de un recorrido sensorial. La inteligencia artificial puede discernir entre una imagen y otra, pero, al menos por ahora, carece de una mano que se mueva como la nuestra.

En las páginas que siguen hablo de islas. El océano virtual nos relaciona con discursos fragmentarios que rara vez se tocan. De acuerdo con George Steiner, una de las tragedias del conocimiento moderno es que los expertos saben «cada vez más de cada vez menos». La sabiduría se ha vuelto insular, pero los territorios dispersos se pueden integrar al modo de un archipiélago gracias al mar común de la lectura.

No me he especializado en ninguna de las disciplinas mencionadas en este libro; me limito a practicar una curiosidad que las vincula a todas ellas. Soy un lector. En esa medida, sé que dependo de quien se encuentra al otro lado de esta página.

Escribo estas líneas en el umbral de lo posthumano. El mundo que estamos dejando atrás ha dependido de una tecnología que puede hacer que ciertas virtudes de la especie perduren en el porvenir: la lectura. La escritura ofrece la *posibilidad* de un texto; su significado profundo deriva de otro gesto: la interpretación.

Sin necesidad de marcar una casilla, quien sabe leer afirma: «No soy un robot».

Ciudad de México, 22 de febrero de 2024

INTRODUCCIÓN: EL REINO OLVIDADO

Estudié Sociología en los años setenta, cuando ya se habían roto los prejuicios respecto a la importancia de la cultura popular y se alertaba sobre el efecto manipulador de los medios masivos de comunicación. La publicidad y sus «mensajes subliminales» amenazaban con convertir al ciudadano en un zombi sin otro proyecto que el consumo. Al analizar un anuncio de televisión se descubrían estímulos ocultos. Por ejemplo, los hielos en un vaso de whisky tenían forma de calavera, lo cual sugería: «Bebe y morirás». Podría pensarse que no se trataba de un aliciente, sino de una advertencia, pero el anuncio estaba destinado a consumidores específicos: los deprimidos que cortejan un suicidio a plazos.

En esa época de pocos canales de televisión, el horario «Triple A» unificaba a los espectadores y la programación se sometía a la dictadura del *rating*. La popularidad de los programas, como demostraría Pierre Bourdieu en una conferencia deliberadamente impartida por televisión, no dependía de la libre elección de los televidentes; era inducida por los programadores.

En 1964, en *El hombre unidimensional*, Herbert Marcuse combinó las teorías de Freud y Marx para indagar la represión de la libido provocada por el trabajo industrial y las nuevas formas de dominación de la conciencia. En el capitalismo tardío las conductas se estandarizan y la gratificación se somete a los imperativos de la moda; las mercancías adquieren el rango de fetiches y los compradores depositan en ellas sus anhelos más recónditos, cancelando opciones que podrían singularizarlos. La vida se reproduce en serie, dominada por un superego que llega por medio de idolatrías mediáticas, anuncios de sopas, hipotecas, ropa de temporada y comportamientos diseñados en Hollywood. En 1950, en plena euforia de la posguerra, Diners Club lanzó la primera tarjeta de crédito y los sueños de consumo se dispararon: el poder adquisitivo parecía depender más del anhelo que del dinero.

A contrapelo de Freud, Marcuse se oponía a que el ser humano sacrificara el principio del placer en aras del principio de realidad y preconizaba una liberación libidinal, ajena a las normas del comercio, la tecnología y el Estado. Desde su título, *Eros y civilización* modificaba la pareja freudiana de «Eros y Thanatos», irreconciliable tensión entre la vida y la muerte, sustituyéndola por un hedonismo comunitario. No es casual que se convirtiera en uno de los pocos filósofos citados por el movimiento *hippie*.

En el mismo año de *El hombre unidimensional*, Umberto Eco publicó *Apocalípticos e integrados*, obra decisiva para abordar la cultura de masas. El semiólogo italiano reconocía dos actitudes extremas ante el asunto. Los «apocalípticos» eran integristas que sólo aquilataban la alta cultura y los «integrados» aceptaban, sin clasificación ni jerarquías, todas las formas de representación cultural. Ambas posturas eran innecesariamente extremas. Como Roland Barthes en Francia o Carlos Monsiváis en México, Umberto Eco contribuyó a romper la inútil división entre alta y baja cultura y estudió las mitologías contemporáneas –del Corsario Negro a Superman– como un sistema de signos no muy distinto de la teología medieval.

También en el canónico 1964 Marshall McLuhan publicó *Comprender los medios de comunicación*. Su diagnóstico de la era electrónica fue menos optimista que el de Eco. El comunicólogo canadiense no creía en la coexistencia pacífica entre los discursos de la letra y la imagen. Profeta iconográfico, auguró que la civilización del libro cedería su sitio a una Aldea Global, regida por imágenes, que provocaría un nuevo comportamiento tribal: las pantallas, los dibujos animados y los hologramas congregarían a las multitudes al modo del fuego que reunió a la horda primigenia. La cultura escrita llegaba a su fin; los seres humanos del futuro serían pictográficos. McLuhan ignoraba que la siguiente revolución tecnológica sería protagonizada por un aparato alimentado de letras: la computadora personal. Por lo demás, su propia obra ponía en riesgo su profecía, pues escribió un libro apasionante para anunciar el fin del libro: *La galaxia Gutenberg*.

Tres años más tarde, en 1967, el filósofo situacionista Guy Debord dio con un título tan afortunado que se convirtió en la parte más citada de su libro: *La sociedad del espectáculo*. Al analizar la cultura mediática, Debord advirtió que la experiencia contemporánea tiende a convertirse en «puro objeto de contemplación».

¿Cómo reaccionar desde el arte a esas formas de la alienación? El escritor y crítico de arte Jaime Moreno Villarreal ha llamado la atención sobre un hecho que ocurrió a fines de 1967: el pintor chileno Roberto Matta viajó a Cuba para participar en un congreso de intelectuales y tituló su ponencia «La guerrilla interior». Poco antes de su partida, dejó en manos del poeta Jean Schuster, albacea del legado de André Breton, una serie de notas tituladas «Infra-réalisme». Moreno Villarreal se pregunta si el artista conocía el término acuñado por Ortega y Gasset en *La rebelión de las masas*, donde habla de «hacer un arte donde aparezcan en primer plano, destacados con aire monumental, los mínimos sucesos de la vida». De las «tremendas nimiedades» de Chesterton a la «majestad de lo mínimo» de López Velarde, pasando por lo «inmensamente pequeño» de Josep Pla, sobran ejemplos de la atención acrecentada que la literatura otorga a lo que podría pasar inadvertido. En el caso de Matta, la categoría de «infrarrealismo» tiene un sesgo estético, pero también político, antienajenante. La realidad parece disolverse en el bosque de espejos de la sociedad del espectáculo; en consecuencia, el arte no puede limitarse a recuperar su reflejo; debe invertir las jerarquías de valoración para aquilatar los vidrios rotos, las esquirlas, los desechos, el sutil desperdicio de lo real. En su «guerrilla interior», Matta otorga un creativo sentido íntimo a la lucha contra la cosificación capitalista.

Muchos años después, su paisano Roberto Bolaño popularizaría el infrarrealismo. En el México de los años setenta, en compañía de Mario Santiago Papasquiaro, fundaría la vanguardia de los infrarrealistas y en la novela *Los detectives salvajes* la transmutaría en un movimiento gemelo, el visceralrealismo.

De acuerdo con Ricardo Piglia, el detective es una variante popular del intelectual. Indaga huellas y pistas dispersas para dotar de sentido a la realidad. Por lo tanto, el detective salvaje es un investigador rebelde, poético. No decodifica textos, sino vidas. Muchos personajes de Bolaño carecen de obra escrita; su verdadero arte consiste en vivir de otra manera. Se trata, pues, de indagar las posibilidades ocultas de la experiencia, de ejercer la «guerrilla interior» propuesta por Matta.

En 1976 ingresé a la carrera de Sociología en la Universidad Autónoma Metropolitana-Iztapalapa. Nuestro campus se ubicaba en un erial de la Ciudad de México cercano al Cerro de la Estrella, donde los aztecas encendían el Fuego Nuevo para celebrar que el mundo no acabara con el año. En esa tierra baldía, los únicos signos de urbanización eran un convento de monjas vicentinas, una cárcel de mujeres y un tiradero de basura. Aunque el sitio no parecía muy auspicioso, se prestaba para un empeño pionero. En su mayoría, los salones estaban vacíos y aguardaban estudiantes todavía futuros. Los libros de Marcuse, Eco, Debord y McLuhan estaban en el aire, pero el núcleo duro de los estudios era el marxismo. Al modo de un mantra, recitábamos una frase del prólogo a la *Contribución a la crítica de la economía política*: «No es la conciencia del hombre la que determina su ser, sino el ser social lo que determina la conciencia. Todo tema dependía, en *última instancia*, de las condiciones de producción. Los fenómenos culturales, ideológicos, religiosos, morales, es decir, «espirituales», debían entenderse a la luz del materialismo dialéctico.

Entre las obras del canon marxista encontré una que se desmarcaba de la ortodoxia economicista y que se convirtió en el remoto antecedente de este libro: *La teoría de la enajenación en Marx*, de István Mészáros.

En la UAM-Iztapalapa los estudios no desembocaban en una tesis propiamente dicha, sino en un trabajo extenso. El mío llevó el título de *El reino olvidado*, inspirado por unas frases de Julio Cortázar: «En algún rincón, un vestigio del reino olvidado. En alguna muerte violenta, el castigo por haberse acordado del reino».

La biografía de Mészáros merece ser contada en clave heroica. De niño fue testigo de la Segunda Guerra Mundial; hijo de una madre soltera, en la adolescencia falsificó su acta de nacimiento para poder trabajar en una fábrica de turbinas, donde experimentó en carne propia la deshumanización del trabajo manual. Sobrellevó ese esfuerzo gracias a que descubrió la lectura en una librería de barrio y ahorró lo suficiente para ingresar a la Universidad de Budapest, donde fue discípulo de György Lukács. Siempre cercano a la literatura, se doctoró con una tesis sobre la sátira y la realidad. Se opuso al ala dogmática del Partido Comunista Húngaro y estu-

15

vo a punto de ser expulsado de la universidad por defender la postura renovadora de Lukács. En 1951, cuando se prohibió *Csongor y Tünde*, pieza teatral de Mihály Vörösmarty, dramaturgo del siglo XIX, Mészáros aprovechó los vientos renovadores que soplaban al interior del Partido Comunista, escribió un ensayo contra la censura y consiguió que la obra volviera al Teatro Nacional.

El clima de cambio duró poco. En 1956 los tanques de la URSS ocuparon Budapest, Lukács fue arrestado y Mészáros se exilió en Italia y luego en Inglaterra. En 1970 publicó *La teoría de la enajenación en Marx*, donde confirmó sus convicciones marxistas al tiempo que criticaba las derivas dogmáticas del socialismo. Su obra llegó a nosotros como la de un disidente que pretendía ser leal a las verdaderas raíces del maestro.

La influencia básica de Mészáros son los *Manuscritos económicos y filosóficos de 1844*, que para los años setenta habían adquirido un aura casi mágica. Escritos por Marx a los veintiséis años, fueron publicados por primera vez en la Unión Soviética en 1927 y en otros países a partir de 1932. Esos papeles perdidos y milagrosamente recuperados ejercían la fascinación del borrador que pide ser completado por la interpretación. Para algunos, se trataba de un evangelio que debía ser considerado apócrifo, ya superado por la *opus magna*; para otros, era la clave decisiva del pensamiento marxista. Mészáros pertenecía al segundo grupo. El concepto de enajenación, omnipresente en los *Manuscritos* (y a veces mencionado con los nombres de «alienación» o «extrañamiento»), representaba para él el nervio decisivo del marxismo, el germen de la teoría del fetichismo de la mercancía que desarrollaría en *El capital* y de la idea de la «autoenajenación», esencial a la filosofía.

La historia del concepto de «enajenación» se remonta al pecado original y la Caída del ser humano ante Dios, que escinde al sujeto de la naturaleza. Abundan las evocaciones literarias de una venturosa era anterior, la arcadia de plenitud donde el individuo vivía integrado al mundo. Cervantes resumió esa nostalgia en el brindis con que el Quijote dejó perplejos a un grupo de cabreros: «Dichosa edad y siglos dichosos aquellos a quien los antiguos pusieron el nombre de dorados, y no porque en ellos el oro, que en esta nuestra edad de hierro tanto se estima, se alcanzase en aquella venturosa sin fatiga alguna, sino porque entonces los que en ella vivían ignoraban estas dos palabras de *tuyo* y *mío*». Durante la Ilustración, Diderot recuperó con palabras muy similares el discurso sobre «el reino olvidado». En su *Supplément au Voyage de Bouganville* comenta que la conflictiva existencia de las «necesidades artificiales» con los «bienes imaginarios» proviene de la «distinción entre lo tuyo y lo mío» y la incapacidad de sobreponer «el bien general al bien particular».

Siguiendo al primer Marx, Mészáros juzga que la enajenación se agudiza con la propiedad privada y la división del trabajo. Su crítica se dirige en lo fundamental al capitalismo, pero se extiende a toda forma de explotación que deshumaniza al individuo, incluyendo la del trabajo socialista: «La actividad es actividad enajenada cuando adopta la forma de un cisma u oposición entre "medios" y "fin", entre "vida pública" y "vida privada", entre "ser" y "tener", entre "hacer" y "pensar"».

La tensión entre el «joven Marx» y el «Marx maduro» representaba para numerosos exégetas la tensión entre el filósofo y el economista político. Las versiones cientificistas del marxismo prefirieron al segundo en detrimento del primero. Mészáros propuso la adopción integral de ese pensamiento. Toda enajenación proviene del tipo de trabajo que se desempeña y la forma en que se consume. En dicha medida, pertenece a la esfera de la economía, pero tiene consecuencias morales, religiosas, ideológicas y estéticas.

Concluí la carrera de Sociología con el sentimiento de culpa del marido enamorado de su amante. Desde mi ingreso a la Unidad Iztapalapa pensaba dedicarme a la literatura. Asistía al taller literario de Augusto Monterroso y había publicado algunos cuentos. Pasar por el expediente universitario era un requisito para no pelearme con mi padre, que había dedicado su vida a la academia. Con el tiempo, la Sociología se revelaría como algo más que un recurso para conservar el respeto paterno. Las reflexiones de *El reino olvidado* no desaparecieron del todo y la sorprendente realidad del tercer milenio les dio nueva importancia.

En su prólogo (más tarde publicado como epílogo) a la trilogía *Nuestros antepasados*, Italo Calvino se refiere al vacío que determina su novela *El caballero inexistente*, protagonizada por una armadura sin cuerpo, y brinda un anticipado marco de referencia a este libro: «Desde el hombre primitivo, que al ser un todo con el universo podía ser considerado inexistente, por estar indiferenciado de la materia orgánica, hemos llegado paulatinamente al hombre artificial que, al formar un todo con los productos y con las situaciones, es inexistente porque ya no se roza con nada, no tiene ya relación (lucha y a través de la lucha, armonía) con lo que (naturaleza o historia) está a su alrededor, sino que sólo, de forma abstracta, "funciona"». El ser humano moderno alcanza una inexistencia artificial a través de la sumisión a los objetos y las normas sociales que lo coaccionan. *El caballero inexistente* anuncia la era digital. Absortos en las pantallas, nos preguntamos: ¿dónde queda la realidad?

«La vida es lo que sucede mientras hacemos otras cosas», dijo John Lennon. Percibimos de manera más acuciosa el recuerdo del pasado o la anticipación del porvenir que el evanescente momento que nos constituye.

La realidad virtual ha permitido una evasión casi completa del mundo de los hechos. En esa medida, obliga a resignificar el tema de la enajenación. El ser humano escindido de sí mismo recibe hoy los normalizadores nombres de «cliente», «seguidor», «usuario».

Durante la pandemia de 2020 volví al libro de Mészáros y encontré intransitable su discurso. Los discípulos de Marx crearon un sublenguaje defensivo, sólo apto para «iniciados», al que nunca aspiró el maestro, deseoso de hacerse entender y que sólo deponía su condición proselitista para adoptar la de polemista (a tal grado, que escribió *Miseria de la filosofía* en francés para que lo entendiera su rival, Pierre-Joseph Proudhon, autor de *Filosofía de la miseria*).

Con todo, las principales preocupaciones de Mészáros mantienen insólita vigencia. El drama de la enajenación no fue resuelto en la sociedad de mercado ni en el socialismo realmente existente. Ambos modelos fueron fábricas de zombis.

Mészáros puso en el centro de la discusión la *Gesamtpersönlichkeit*, la personalidad integral. Si las condiciones de trabajo y la representación de la realidad no son controladas por los actores sociales, la despersonalización está garantizada. Esa opresión, que las «guerrillas interiores» de la contracultura y el arte trataron de combatir, se reforzó con la realidad virtual. Concebida en un principio como un territorio de libertad e imaginación, la comunidad 2.0 se transformó en un entorno donde el sujeto se somete a designios ajenos creyendo que expresa su individualidad, donde el autoritarismo tecnológico se percibe como un beneficio.

Durante la pandemia existimos casi exclusivamente a través de las pantallas y nuestra presencia se volvió opcional. ¿Cómo definir al sujeto tras la mascarilla sanitaria? En palabras de Paul B. Preciado: «No intercambia bienes físicos ni toca monedas, paga con tarjeta de crédito. No tiene labios, no tiene lengua. No habla en directo, deja un mensaje de voz. No se reúne ni se colectiviza. Es radicalmente individuo. No tiene rostro, tiene máscara. Su cuerpo orgánico se oculta para poder existir tras una serie indefinida de mediaciones semio-técnicas, una serie de prótesis cibernéticas que le sirven de máscara: la máscara de la dirección de correo electrónico, la máscara de la cuenta de Facebook, la máscara de Instagram. No es un agente físico, sino un consumidor digital, un teleproductor, es un código, un píxel, una cuenta bancaria, una puerta con un nombre, un domicilio al que Amazon puede enviar sus pedidos».

Las representaciones de la realidad estudiadas por Marcuse, McLuhan, Eco, Barthes, Debord y tantos otros han conducido a la casi absoluta alienación de seres replicantes descrita por Preciado.

Terminada la emergencia (aunque no el virus), volvimos a la realidad. ¿En verdad lo hicimos? Las pantallas y los algoritmos determinan nuestras vidas. La enajenación, que en 1978 me pareció un buen tema para un trabajo de Sociología, hoy está a un clic de distancia. En ese contexto, una tecnología remota adquiere nuevo significado: la lectura.

I. LA DESAPARICIÓN DE LA REALIDAD

Tecnología y elocuencia

Uno de los aspectos más extraños de la tecnología es que cuesta trabajo elogiarla con inteligencia. Apreciamos que funcione sin necesidad de adjetivos. Quien habla maravillas de su refrigerador parece un idiota.

Obviamente, los objetos se pueden poetizar tanto como las cosas naturales. Lugones habló del «árido camello» y Villaurrutia de la «pecosa pera», y en la zona de los objetos inanimados Huidobro encontró que los ventiladores eran «aeroplanos del calor» y Gómez de la Serna describió al tenedor como «la radiografía de la cuchara». Pero los aparatos se resisten al elogio llano. Podemos decir que una piña es sabrosa o que un caballo tiene buena estampa sin ofender al sentido común; en cambio, si alabamos un tostador de pan recibimos miradas de desconfianza. Se podrá decir que esto se limita a los electrodomésticos que ya nos son familiares, pero la reserva de encomiar aparatos se extiende a los de nueva generación. Hablar maravillas de un teléfono demuestra que es más inteligente que nosotros.

¿Por qué sucede esto? Comencemos por la singularidad de la naturaleza. Cada piña es única, lo mismo que cada caballo; en cambio, los artefactos se singularizan cuando se descomponen y una marca sólo se distingue de otra por el precio.

Pero una razón más profunda explica nuestra discreción ante los artefactos: han vuelto a ser mágicos. Durante siglos, el ser humano pudo comprender el funcionamiento de los utensilios y contribuir a su reparación. Una bicicleta, una máquina de coser e incluso un motor de combustión son mecanismos comprensibles. Todo cambia con los productos integrados por nanocircuitos (me refiero, por supuesto, a la mayoría de los mortales, no a los ingenieros).

Nuestra relación con las máquinas es tan esotérica que el principal recurso para «componerlas» consiste en apagarlas y volverlas a encender, esperando que se reparen por un procedimiento interno.

El accidente, el cortocircuito y el mal uso distinguen a los aparatos. La elocuencia de los objetos procede de sus problemas. Cuando trabajan de maravilla hay poco que decir.

Las muchas ventajas del celular generan pocos discursos. Todo cambia cuando su uso se desplaza y se convierte en un instrumento para activar bombas a distancia o en el grillete que atenaza a su usuario (de manera apropiada, la marca Blackberry recordaba a la esfera negra que inmovilizaba a los presos).

La utilidad de internet para transmitir mensajes es tan evidente que no necesita ser realzada. En cambio, la pérdida de privacidad en la red merece comentarios. El ciudadano que podía asolearse desnudo en su azotea se ha convertido en un exhibicionista planetario gracias a Google Earth. Nuestros teléfonos contienen más tecnología que el Apolo 11, pero no sirven para llegar a la Luna, sino para extraer nuestros datos personales mientras «estamos en la luna».

Milan Kundera llamó la atención sobre el deterioro de la intimidad en la segunda mitad del siglo XX. En *Los testamen-*

tos traicionados, describe a un vecino que, siendo común, le llama la atención. El escritor avista a una persona que vive en el departamento de enfrente y al regresar del trabajo enciende las luces y comienza a hacer actos perfectamente normales; poco después, corre una cortina que impide verlo: «No tenía nada que ocultar salvo a sí mismo, su manera de caminar por la habitación, su manera de vestir con descuido, su manera de acariciarse el pelo. Su bienestar está condicionado por su libertad de no ser visto».

El hombre que había sido observado actúa así por pudor, «reacción epidérmica para defender tu vida privada». El fascismo y el comunismo se apoderaron de los más íntimos secretos; todo podía ser vigilado. En *La insoportable levedad del ser*, Kundera aborda el caso de Jan Prochazka, protagonista de la Primavera de Praga que cayó en desgracia luego de la invasión soviética. El político había sido espiado y sus conversaciones privadas fueron transmitidas por la radio checa. Como cualquiera de nosotros, Prochazka decía a sus amigos cosas que no se habría atrevido a sostener en público: hablaba mal de los ausentes, era vulgar, utilizaba groserías. La revelación de esa conducta lo desacreditó. Sin embargo, lo verdaderamente escandaloso no fue eso, sino la violación de su vida íntima.

Cuando le resultó imposible seguir viviendo en Checoslovaquia, Kundera se exilió en Francia y descubrió que ahí la intimidad era violada de otro modo. La cultura de la celebridad transforma las cámaras en armas acosadoras. Al escritor le llamó la atención la portada de una revista en la que el cantante Jacques Brel procuraba ocultar su rostro de los fotógrafos al salir del hospital donde recibía tratamiento contra un cáncer terminal. Kundera escribe al respecto: «Tuve la sensación de encontrar el mismo mal por el cual yo había huido de mi país; la radiodifusión de las conversaciones de Prochazka y la fotografía de un cantante moribundo que oculta su rostro me parecían pertenecer al mismo mundo; me dije que la divulgación de la intimidad del otro, en cuanto se convierte en costumbre y norma, nos hace entrar en una época en la que lo que está ante todo en juego es la supervivencia o la desaparición del individuo».

La gran aportación de la era virtual es que ahora la vigilancia se percibe como una dádiva. La subordinación a las propuestas de la red, basadas en nuestras búsquedas previas, se disfraza de «libertad de elección».

Aunque sus trayectorias están teñidas de claroscuros, Edward Snowden y Julian Assange lograron denunciar abusos en una década donde las agencias de seguridad, los gobiernos y las corporaciones espían a millones de ciudadanos. Con ayuda de Facebook, la compañía Cambridge Analytica dispuso de suficientes datos para influir en 200 campañas electorales, entre ellas la de Estados Unidos en 2016. De manera emblemática, el Diccionario Oxford decidió que la palabra de ese año fuera «posverdad», uso ideológico de la mentira.

Cambridge Analytica convenció a numerosos votantes de que, al apoyar a determinado candidato, se apoyaban a sí mismos. Comenzaba la era de la gobernabilidad algorítmica. No es de extrañar que en este ambiente prosperen populismos que sustituyen los argumentos por las emociones. Refractarios a la verificación de datos y la rendición de cuentas, Trump, Bolsonaro, Salvini, López Obrador, Milei y muchos otros distorsionan la realidad como una forma del proselitismo.

En 2019 asistí a las clases de Alex Stamos en la Universidad de Stanford. Experto en encriptamiento y programación, Stamos renunció a su puesto como encargado de seguridad de Facebook, en protesta por la venta de datos personales al gobierno ruso, y ha dirigido un laboratorio de hackeo que suele triunfar en competencias universitarias. Sus brillantes clases confirman la tesis de que la tecnología suscita más elocuencia por sus amenazas que por sus bondades. Stamos daba

24

por sentados los beneficios de la tecnología para concentrarse en los temas que le interesaban: Estados Unidos hackeó el proyecto de armas atómicas de Irán... En respuesta, Irán hackeó los casinos Sands en Las Vegas, cuyo dueño había sugerido que se lanzaran misiles preventivos en el desierto iraní... A su vez, Estados Unidos hackeó el proyecto de armas atómicas de Corea del Norte... Como retaliación, Corea del Norte hackeó la compañía Sony, que había producido la película *La entrevista*, donde se ridiculizaba al líder Kim Jong-un...

La nueva guerra mundial no ha sido declarada, pero ya sucede en el ciberespacio.

Quien, al modo de Stamos, rompe el silencio admirativo ante las innovaciones tecnológicas suele ser etiquetado «crítico de la realidad virtual», como si prevenir contra sus excesos y abusos implicara repudiarlo por completo.

La tensión entre los aparatos y el lenguaje no deja de ser sorprendente. Elogiar sus beneficios parece banal y cuestionarlos sugiere una oposición radical. De un lado, el consumidor acrítico; del otro, el enemigo del progreso, el *ludista* dispuesto a destrozar máquinas. Este doble rasero merece análisis.

Sabemos, por el eminente ejemplo de John Milton, que los demonios promueven la elocuencia mejor que los ángeles, pero no sólo estamos ante un dilema retórico; si las críticas a la tecnología superan a los elogios no es sólo porque el Mal sea más entretenido que el Bien. Los aparatos no siempre nos afectan de la mejor manera. Su uso debe involucrar al sentido común: «Necesitamos regresar a una vida pública que nos obligue a sopesar y considerar constantemente las cosas desde la perspectiva del otro. El sentido común es político por excelencia», señaló Hannah Arendt.

En la sociedad de mercado hay garantía para los productos, pero no para los clientes, algo cuestionable, tomando en cuenta que en ocasiones lo que se estropea es el consumidor. La calculadora hace que olvides la tabla de multiplicar, la computadora te puede convertir en autista social y el GPS te transforma en un cliente del Lazarillo de Tormes.

Prescindir del esfuerzo es extraordinario cuando hay que rebanar 2.000 pepinos para un banquete, pero resulta grave cuando significa abandonar el cálculo o la memoria.

Los inventos que no acabamos de comprender suscitan inquietud. Por suerte, el lenguaje dispone de un ansiolítico esencial: los eufemismos. Para tranquilizarnos ante la emergencia de lo nuevo, usamos expresiones de épocas pasadas. Los motores se definen por «caballos de fuerza», la computadora tiene un «escritorio», el depósito de información cibernética se llama «nube» y la opción CC en el correo electrónico alude a las antiguas copias al carbón. Generalmente, los aviones se abordan del lado izquierdo porque así se montan los caballos. Esta costumbre deriva de otra: la mayoría de los jinetes eran diestros y colocaban la espada del lado izquierdo para desenvainar con mayor presteza. Necesitamos contactos imaginarios con el pasado para tolerar los artilugios del presente.

Admirador de la aviación, Ramón Gómez de la Serna imaginó que los pilotos saben a pájaro. La mente tiene un modo agradable de ser extraña. Entendemos a Gómez de la Serna mejor de lo que entendemos el funcionamiento del avión al que subimos por el lado izquierdo.

Contra la máquina

De 1981 a 1984 viví en Berlín Oriental. En esos años, la Guerra Fría pasaba por uno de sus periodos más candentes. La Unión Soviética había emplazado cerca de 400 cohetes SS-20 dirigidos a Occidente. En respuesta, Ronald Reagan habló del «Imperio del Mal» y apoyó la instalación de cohetes Pershing II en suelo alemán que podían llegar a Moscú sin tiempo para alertar a la población civil. En 1983 Hollywood contribuyó a la paranoia con la película *El día después* y alteró nuestro inconsciente. Por las noches, soñábamos con las densas llamas del estallido nuclear. Aquel tiempo fue apropiadamente descrito como «el equilibrio del espanto».

Conocí entonces al general Marco Antonio Guerrero, que encarnaba de una manera más teórica que práctica el destino presagiado por su apellido. Se desempeñaba como agregado militar de México en Moscú y poco después sería subsecretario de Defensa. Sus funciones diplomáticas se extendían a otros países del Pacto de Varsovia, en los que actuaba como agregado militar concurrente. Cuando recibí la encomienda de atenderlo en Berlín, sentí un instintivo rechazo. Lo mismo le sucedía a nuestro embajador, Ricardo Guerra Tejada, filósofo de profesión, que había sido testigo de la represión durante el movimiento estudiantil de 1968. Tampoco él quería saber de militares, pero estaba al frente de la misión de Berlín Oriental y me encargó que atendiera al general. Me consolé pensando que tal vez averiguaría datos precisos sobre el fin del mundo. Nuestro huésped disponía de información de primera mano sobre los ejércitos del socialismo y podía documentar mi paranoia.

Cuando Bernard Shaw conoció a un banquero, comentó con desilusión: «¡Él quería hablar de libros y yo quería hablar de dinero!». Lo mismo sucedió con el general. Le pregunté por los cohetes atómicos y preguntó a su vez: «¿Se acuerda usted de la guerra del Peloponeso?».

Marco Antonio Guerrero era un lector apasionado y en Moscú había hecho amistad con el agregado cultural: Sergio Pitol. Él quería hablar de libros y yo quería hablar de guerra. Poco a poco llegamos al tema que me interesaba.

El movimiento Solidarność había puesto en jaque al gobierno polaco y se temía que la URSS invadiera ese país, como lo había hecho en 1956 en Hungría y en 1968 en Checoslovaquia. Los diplomáticos tratábamos en vano de obtener información entre las paredes de mármol verde de la legación soviética. El embajador era Piotr Andréievich Abrassimov, que al término de la Segunda Guerra Mundial había participado en las negociaciones para trazar las cuatro zonas de ocupación de Berlín. Su pelo blanco, su mirada atenta y su empaque sereno eran una especie de dogma del poder. Abrassimov ejercía la autoridad de un virrey. En el consulado de Leipzig, un diplomático de mi generación, joven agente de la KGB, se preparaba para concentrar aún más poder: Vladímir Putin.

La crisis de Polonia provocaba que bajáramos la voz en los cocteles del Club Diplomático cuando llegaba un representante de la URSS.

Hablé del asunto con el general y comenté, animado por un veloz reflejo: «Los rusos no pueden descuidar Polonia: es su frente de guerra».

Me atreví a decir que esa no era la primera línea de combate. Entre las fuerzas de la OTAN y las del Pacto de Varsovia estaban las dos Alemanias.

La respuesta del general dio sentido bélico al «equilibrio del espanto»: «En caso de una guerra nuclear, las Alemanias no cuentan: serían la línea de fuego; desaparecerían en unos minutos».

El sitio donde vivía no era otra cosa que el futuro pasto de las llamas.

El clima político se agravó el 31 de agosto de 1983. El vuelo 007 de Korean Air incursionó por error en territorio soviético; luego de una breve persecución, fue derribado por un avión de caza. 269 personas murieron.

El máximo jerarca de la URSS, Yuri Andrópov, había llegado al cargo desde la KGB. Profesional de la sospecha, estaba seguro de que Reagan lanzaría el ataque que desde 1981 mencionaba en sus discursos. La muerte de 269 civiles, entre ellos un congresista estadounidense, era el pretexto ideal para hacerlo.

Semanas después del derribo del avión, el 25 de septiembre, el teniente coronel Stanislav Petrov se dirigió a un sitio a 90 kilómetros de Moscú excluido de todos los mapas: la estación Oko. Formado como ingeniero, Petrov tenía a su cargo el sistema de alerta temprana nuclear. En las primeras horas del 26 de septiembre una sirena cimbró su oficina. El satélite Kosmos 1382 informaba que un misil nuclear había sido disparado desde la base militar de Malmstrom, en Montana, Estados Unidos. Esa noche de 1983, nada podía ser tan verosímil como un ataque sorpresa. Pero Petrov guardó la calma. Poco después, la sirena volvió a sonar, anunciando que otros cinco misiles se dirigían a territorio soviético. En media hora darían en el blanco.

Petrov disponía de tres fuentes de información: la computadora que procesaba los datos del satélite, las imágenes que llegaban de la estratósfera y los radares. El tercer medio era el más confiable, pero también el más tardío, pues sólo detectaría los cohetes cuando ya estuvieran sobre territorio soviético.

Las otras dos fuentes de información brindaban datos contradictorios. Las imágenes enviadas por los satélites no mostraban nada extraño; en cambio, la computadora anunciaba un ataque. La tercera guerra mundial dependía de la decisión de Stanislav Petrov.

El documental danés *El hombre que salvó al mundo*, dirigido por Peter Anthony, recupera ese momento decisivo. En caso de que Petrov informara a sus superiores, la cadena de mando se activaría en forma automática y el botón rojo sería pulsado. De acuerdo con cálculos someros, 750 millones de personas morirían y 340 millones serían heridas de gravedad. Ante la mirada expectante de sus subordinados, el responsable de la estación Oko dijo: «Falsa alarma».

Rusia dormía mientras el teniente coronel aguardaba la respuesta del radar que confirmaría o refutaría su juicio. Su diagnóstico resultó certero: el cielo estaba despejado. De haberse equivocado, un contraataque ya habría sido imposible.

El responsable de la estación Oko evitó una guerra nuclear, pero fue castigado por indisciplina porque la línea de mando exigía que informara a sus superiores de una eventualidad de esa naturaleza.

El asunto se silenció para no revelar una falla decisiva en la tecnología soviética (al procesar los datos del satélite, la computadora había confundido reflejos solares con misiles y no había sido capaz de filtrar ese error).

Poco después, la esposa de Petrov murió. Destituido de su cargo, el héroe desconocido se refugió en el alcohol. Cayó en la pobreza y tuvo que cultivar papas para comer. Cuando la URSS dejó de existir no fue reivindicado por el país que salvó, sino por sus antiguos adversarios. Viajó a Estados Unidos, donde recibió un homenaje en las Naciones Unidas, pero no se sintió cómodo en ese papel y rehuyó la fama.

Stanislav Petrov murió en soledad en 2017, a los setenta y siete años.

Durante media hora tuvo en sus manos el destino de la humanidad. Con información confusa, acertó en no dar la señal de alarma. ¿Qué motivó su decisión?

Una de las mayores limitaciones para establecer juicios proviene de analizar la realidad bajo una perspectiva excluyente, condicionada por deformaciones profesionales. En mi trato con el general Guerrero, lamenté en un principio que no quisiera concentrarse en temas bélicos, pero si la amistad prosperó fue precisamente por su apertura hacia otros intereses. En el caso de Petrov, los analistas del excepcional momento que definió su biografía resaltan la importancia de que, además de militar, fuera ingeniero. La disciplina castrense no lo dominaba por completo. El mundo tuvo suerte de que esa noche estuviera de guardia alguien con formación civil, un ingeniero que respondía más a la lógica que a la autoridad. Petrov actuó por intuición, pero su espontaneidad era la de alguien acostumbrado a hacer cálculos racionales. Según dijo a la revista *Der Spiegel* en 2010, no pensó en su familia ni en las consecuencias inmediatas de una guerra nuclear, sino en algo más preciso y sorprendente: cucharadas de té.

«Nadie vacía una jarra de té a cucharadas», dijo Petrov.

Si Estados Unidos lanzara un ataque nuclear, dispararía mil cohetes, no seis. Esta explicación técnica se complementó con otra, aún más importante: la computadora podía fallar.

«Somos más sabios que las computadoras», comentó.

Su auténtica disyuntiva consistió en decidir entre la humanidad o la máquina. En la madrugada de los nervios, desconfió de las computadoras y salvó a un mundo que cada vez confía más en ellas.

La información atmosférica

A partir de cierta cantidad, las cifras dejan de parecerse a las cucharadas que se pueden contar y se vuelven inconmensurables. Los agobiantes datos de la astronomía confirman nuestra transitoria pequeñez. En la cosmogonía prehispánica, los números tenían valores derivados tanto de la magia como de la observación de los astros. El número 13 permitía sincronizar los ciclos de los planetas visibles en el Sistema Solar y el 400 servía para nombrar a los dioses de la embriaguez.

Pero hay un punto en que las cantidades sobran. Si alguien imparte una conferencia en un auditorio con 10.000 escuchas, eso no es un éxito sino un mitin. Algo similar ocurre en el campo de la información. El exceso de estímulos noticiosos impide asimilarlos y entorpece el conocimiento.

Antoni Traveria, periodista catalán que conoció a fondo los países de América Latina y dirigió con acierto y generosidad la Casa Amèrica Catalunya en un modesto pero activo entresuelo de Barcelona, contaba una anécdota que resume la importancia que los medios llegaron a tener en ámbitos rurales, donde escuchar la radio era imprescindible para conocer el clima y mantener viva la relación con la comunidad.

Convencido de que para escribir de un sitio hay que recorrerlo de punta a punta, Toni alquiló un coche en Uruguay. Aquel viaje ocurrió hace varias décadas, antes de la invención del GPS.

El periodista atravesó el territorio hasta un paraje sin otro acontecimiento que el paso de una oveja. En algún recodo entre la llanura y el agua, advirtió que se le acababa la gasolina. Supuso que pronto llegaría a una población, pero descubrió con asombro que incluso un país pequeño puede estar inmensamente vacío. Antes del anochecer avistó una granja. Se acercó ahí con la esperanza de que le vendieran combustible. Llamó a la puerta y aguardó un tiempo que la angustia volvió largo. Finalmente, un hombre se asomó por la ventana y *prometió* abrir. No lo hizo, al menos no de inmediato.

La situación era extraña. ¿Qué retenía al granjero en su casa? Todo se resolvió al cabo de unos minutos. El hombre pidió disculpas por la demora y no sólo ofreció gasolina, sino cena y alojamiento. Se había tardado en abrir porque debía escuchar el «parte del día». En ese sitio aislado, la vida dependía de encender la radio a la hora exacta. Los locutores establecían una decisiva mediación entre el acontecer público y los radioescuchas. Hoy ese vínculo se ha roto. La comunicación se ha vuelto atmosférica. De pronto sabemos algo sin recordar de dónde vino: la fuente se evapora en el aire. Una noticia que no nos interesa llega a nosotros a través de una alerta en el teléfono, la página de apertura de un portal de internet, una banda luminosa en un espacio público o la pantalla que mitiga el encierro en un elevador.

Umberto Eco observó que Juan Pablo II representaba la Edad Media más la televisión. Hoy los datos provienen de demasiadas fuentes para certificar su origen. A diferencia del granjero que dio hospedaje a Toni Traveria, la gente no recibe información útil para recuperar un cachorro perdido o protegerse de un vendaval, sino que se ve envuelta por una segunda realidad. Las noticias siguen una lógica autárquica, ajena a las preocupaciones de la comunidad y generan su propia comunidad. Puesto que no procuran satisfacer una curiosidad preexistente, inventan nuevas curiosidades, lo cual favorece la propagación de *fake news*. En su muy informado libro *El enemigo conoce el sistema*, Marta Peirano habla de la avalancha de mentiras propagadas por Twitter (ahora X): «En 2016 había al menos 3.841 cuentas falsas que habían producido más de 10,4 millones de tuits, que habían sido retuiteados o recomendados unos setenta y tres millones de veces». Como Stanislav Petrov en su noche decisiva, enfrentamos mensajes de los que vale la pena desconfiar.

En 1927 un estudiante de Química de veintidós años salió a las calles de Viena y encontró a una enardecida multitud que se dirigía a incendiar el Palacio de Justicia. Hasta ese momento, el principal interés de ese joven científico eran las alianzas entre los elementos, aunque sabía, gracias a Goethe, que también los seres humanos se mezclan por «afinidades electivas». Se trataba de Elias Canetti, que esa tarde descubrió su auténtica vocación. Observó a los manifestantes en el laboratorio que le brindaba la ciudad y advirtió que cada individuo alteraba su conducta al integrarse a la multitud. Las iniciativas personales se deponían en favor de otra energía, difícil de precisar y que a falta de otro nombre llamamos «voluntad general». No se trataba de la suma de impulsos individuales sino de algo que los modificaba y trascendía. Ese fue el punto de partida de una investigación a la que dedicaría décadas de original esfuerzo, el vasto estudio *Masa y poder*.

Canetti estuvo ante una información brindada por la realidad, algo cada vez más difícil de presenciar. Aunque las manifestaciones no han desaparecido, su mayor impacto no ocurre en las calles sino en su representación en los medios. En 2018, la resonancia de los «chalecos amarillos» en Francia se debió a una justificada indignación, pero también al hecho de que la protesta pudiera ser icónicamente resumida. La rebeldía tenía vistosa vestimenta.

En 2011, el movimiento Occupy Wall Street comenzó como un *hashtag* en Twitter y concentró su acción en un espacio público definido, ante la bolsa de valores que define los abusos y el margen de ganancia del capitalismo. Curiosamente, al asociarse con un lugar y depender de él, perdió fuerza y flexibilidad. La protesta denunciaba que la injusticia financiera tenía, como el tequila o el coñac, «denominación de origen», algo correcto, pero la lucha no podía limitarse a ese frente en una época deslocalizada. Occupy Wall Street debía volver a las redes para seguir triunfando. El viaje de ida y vuelta entre lo real y lo virtual no es sencillo porque los medios y las plataformas se han multiplicado, dispersando la información. Resulta casi imposible encontrar una comunidad que escuche el «parte del día». El «Hombre Noticia» (Walter Cronkite en Estados Unidos, Jacobo Zabludovsky en México, Jesús Hermida en España), el Informador Inevitable, ha dejado de existir. La mediósfera multiplica los datos y fragmenta los públicos.

Los nuevos consensos dependen del poderoso pero volátil efecto de las redes, donde cada tuit aparece como una novedad sin antecedentes y donde se acumulan opiniones sobre opiniones. George Steiner llamó la atención sobre uno de los problemas más graves de la Academia: la pérdida de contacto con las fuentes primarias y la emergencia de una *sociedad secundaria* donde no se analizan cuentos, novelas o poemas, sino ensayos que se refieren a otros ensayos sobre esos cuentos, novelas o poemas.

El alejamiento de las fuentes primarias se ve influido por otro cambio cultural: el tiempo destinado a procesar la información. En *Amusing Ourselves to Death: Public Discourse in the Age of Show Business*, Neil Postman se refirió a la progresiva aceleración de los mensajes televisivos. En la pantalla chica de los años ochenta, cada tres segundos y medio, la toma cambiaba para no perder la atención del espectador. Este vértigo aumentó con los videoclips y con el mando a distancia que permite saltar de un canal a otro.

Todo género empieza en un registro que poco a poco se vuelve «lento». En la época de *Los Soprano* (1999-2007), las series de televisión incluían secuencias largas y un capítulo podía estar conformado por treinta escenas. Hoy en día, los productores exigen más de cincuenta escenas en los episodios destinados a gente joven.

Lo mismo ocurre con la lectura. En las páginas web, el umbral de atención se reduce tanto que si alguien permanece ahí durante cuatro minutos eso se considera un éxito.

¿Cómo analizar la «opinión pública» en un entorno donde la información pertenece al medio ambiente y donde se pasa de un estímulo a otro? La palabra más engañosamente eficaz de Twitter es «seguidores». A medida que aumenta el número de *followers*, el cibernauta puede sentir el pálpito de ejercer un liderazgo. Sin embargo, las razones para «seguir» a alguien son misteriosas. Hace años, un político que después presidiría el Partido de la Revolución Democrática me dijo con una mezcla de vanidad y pesadumbre: «Cada vez tengo más seguidores en Twitter, pero también recibo más mensajes negativos». Los *followers* no sólo actúan por simpatía; en rigor, deberían ser llamados «vigilantes»; están pendientes de otra persona por razones que van de la idolatría al morbo, pasando por el fanatismo o la *Schadenfreude*, el gusto ante la desgracia ajena.

Ya es norma que en un *casting* de actores se prefiera al que tiene más seguidores, sin tomar en cuenta que esa popularidad puede deberse al afán de comprobar qué tan ridícula o patética es esa persona.

Aunque las redes publican aforismos, máximas y epigramas que algún día serán clásicos, su aspecto dominante es otro. Los *trolls*, los bots y la simple estupidez han creado un torrente tóxico que hierve sin sosiego. El capitalismo digital encontró en las redes un eficaz modo de neutralizar el descontento. Por lo demás, desde hace tiempo la mayoría de los mensajes ya provienen de la robótica. En *Ciudadanos reemplazados por algoritmos*, Néstor García Canclini informa que «las cifras de 2012 ya demostraban que el 51 % del tráfico de internet era generado por agentes no humanos».

Aunque de vez en cuando la rebeldía produce un cambio en la arena pública (como la fugaz Primavera Árabe), en la mayoría de los casos se trata de un repudio mimético, motivado por el deseo de sumarse a una corriente de fastidio sin consecuencia en el mundo de los hechos.

X alerta sobre lo último sin aludir a los antecedentes que generaron la polémica; además, los temas se abandonan pronto: «Las redes prometen horizontalidad y participación, pero suelen generar movimientos de alta intensidad y corta duración», agrega García Canclini. Los linchamientos virtuales pueden surgir de una información errónea o no verificada; las acusaciones no siempre se comprueban porque eso implica hacer una búsqueda en un medio donde cinco minutos representan una eternidad.

En consecuencia, se da por bueno el pretexto y el cibernauta satisface una necesidad primaria: el desahogo.

El filósofo de la comunicación Franco «Bifo» Berardi,

fundador de Radio Alicia, señala que la principal debilidad del activismo en red es la de limitarse a permanecer *dentro* del dominio digital. No hay una aplicación que permita, al modo de Pokémon Go, pasar de la pantalla a la plaza pública.

En México, el político independiente Pedro Kumamoto comprobó la aseveración de Bifo. En 2015 se convirtió en el primer ciudadano sin afiliación partidista en llegar al Congreso, representando al municipio de Zapopan, zona conurbada de Guadalajara. Nacido en 1990, Kumamoto estudió en el ITESO, universidad de los jesuitas, donde conoció a singulares activistas digitales. Muy pronto se posicionó como alguien con ideas renovadoras y ajenas a la retórica de los políticos profesionales. Pero al contrario de lo que ocurría con Occupy Wall Street, a su movimiento le faltaba «denominación de origen». El carismático Kumamoto corría el riesgo de ser más popular en Argentina que en Zapopan. Sin respaldo económico para su campaña, parecía imposible que lograra su meta. Un par de años después le pregunté cuál había sido el secreto de su triunfo y respondió sin vacilar: «Meterme a las cocinas».

Kumamoto recorrió palmo a palmo su distrito electoral. Los vecinos lo trataban con cordialidad y muchos de ellos conocían sus mensajes digitales, pero eso no implicaba que votaría por él. Los «jefes de familia» lo veían como un joven con ideas tan positivas como ilusas; para salir del paso, le pedían que siguiera hablando del asunto con la señora de la casa.

El contacto con las mujeres familiarizó a Kumamoto con los problemas concretos de la zona y le brindó el apoyo necesario para llegar al Congreso. Las redes fueron su tarjeta de presentación –el *password*– para acceder al sitio donde realmente se decide la realidad: la cocina.

Numerosos tuiteros no dan ese salto. De acuerdo con Byung-Chul Han, las redes representan un presidio donde los reclusos construyen su propio encierro. Hipnotizados ante su espejo digital, se promueven en un «mercado panóptico». Creyendo que se comunican con los otros, contemplan, hipnotizados, el reflejo de sí mismos: «La exhibición pornográfica y el control panóptico se compenetran. El exhibicionismo y el voyeurismo alimentan las redes como panóptico digital. La sociedad del control se consuma allí donde su sujeto se desnuda no por coacción externa, sino por una necesidad engendrada en sí mismo».

De maneras distintas, Occupy Wall Street y la campaña independiente de Kumamoto revelan la interdependencia entre lo local y lo global y la condición evanescente de los consensos. García Márquez señaló que en Colombia se nace liberal o conservador como se nace negro o judío. Con algunas variantes, esa predeterminación marcó durante décadas a los votantes y a los lectores de periódicos de numerosos países. Hoy el vértigo informativo provoca juicios instantáneos que se diluyen en cuanto aparecen otros juicios instantáneos. Las plataformas digitales generan más mediación que contenidos; también en el plano noticioso habitamos la *sociedad secundaria* contra la que alertó Steiner.

La realidad se ha convertido en un horizonte al que se llega por azar o urgencia, como las granjas extraviadas en el campo donde los extraños sólo se detienen cuando se les acaba la gasolina.

El narcisismo de los esclavos

La *figura* del siglo XX fue captada con inquietante perfección por Franz Kafka. En *El proceso*, las abstracciones de la ley y los mecanismos del poder totalitario invaden la cotidianidad de Josef K. de manera tan íntima que es arrestado en su propia cama. Convencido de que su destino es irremediable, procura darle lógica: acepta la condena y, para explicarla, *busca su culpa*, según ha observado Milan Kundera. «Los potenciales enajenantes inherentes a los instrumentos e instituciones de las relaciones humanas se pueden controlar siempre que se les reconozca *como* instrumentos y se les relacione conscientemente con *fines humanos*», escribió Mészáros. Cuando la dinámica social deja de ser un medio y se convierte en un fin la alienación es segura: ¡bienvenidos al territorio de Josef K.!

Mészáros alertó sobre la enajenación producida tanto por el trabajo como por el consumo. Medio siglo después, la dominación se ejerce de otro modo: el sujeto abdica de sí mismo ante una pantalla donde los simulacros sustituyen a los actos. Recuerdo la sorpresa que, a comienzos del siglo XXI, me causó una escena que se volvería normal. Una pareja de jóvenes, vestidos con esmero para la ocasión, cenaba en un restaurante de moda. Aunque parecían estar ahí por un «motivo especial», dedicaron la velada a revisar sus teléfonos celulares sin dirigirse la palabra (o acaso se la dirigían con mensajes de texto). Ese *desperdicio de la experiencia* definiría las siguientes décadas.

Los celulares fomentaron negocios que sólo gracias a ellos son posibles y escapan a la fiscalización y las normativas laborales (Uber o Airbnb), y se convirtieron en un recurso de seguridad para ingresar a páginas web y a los servicios bancarios. La dependencia del celular es tan grande que se da por sentada. En los museos, un código QR invita a que el espectador se entere de qué trata determinada pieza. Si carece del aparato o se ha quedado sin batería queda excluido.

En 2011 pasé un semestre en Nueva York. Para cualquier trámite debía dar un número de celular como referencia. En aquel tiempo yo aún pertenecía a la rezagada legión de los usuarios de teléfonos fijos. Entendí que no solicitaban un número para llamarme, sino para cerciorarse de que no trataban con un asocial. El asunto se resolvió de manera sencilla: memoricé un número inventado y lo di cada vez que me lo pidieron. El principal valor del teléfono ya era simbólico: sólo a veces servía para llamar.

Depender de una prótesis digital se ha vuelto norma. De manera curiosa, esto no se ve como una limitante sino como un beneficio. La enajenación no proviene de una tortura laboral, sino de una promesa de felicidad. La sujeción es tan voluntaria y adictiva como un *afecto malentendido*. El usuario «elige» permanecer el mayor tiempo posible en un universo paralelo, convencido de que responde a sus propios intereses y no a una dinámica donde el fracaso consiste en quedar fuera (el síndrome FOMO: *fear of missing out*, el temor de quedar al margen).

Disponemos de artilugios que cumplen funciones útiles; no podemos responsabilizarlos de los desastres que se cometen con ellos. El instrumento no define el uso: la rueda no propone un atropello. Posiblemente, el primer cuchillo de la historia acabó en la panza de un adversario; siglos después, esa hoja afilada sirve para rebanar sashimi corte fino.

Somos los primitivos de una nueva era. En 1996, en los albores de internet, el novelista ciberpunk William Gibson expresó el desconcierto que le provocaba el nuevo medio. Desde 1981 había acuñado la palabra «ciberespacio» y era visto como profeta de la era virtual. En su breve ensayo «La red es una pérdida de tiempo» señaló que internet estaba en una fase que le recordaba los tiempos del patrón cromático —las barras de colores con que iniciaban las transmisiones de la televisión en color—; en cuanto a la dinámica, comentó: «A veces la red me recuerda a la pesca. Nunca me recuerda a la conversación». Un sitio para hallar cosas a la ventura sin crear comunidad. Con todo, algo podía ser anticipado: la principal diferencia con la televisión era que internet no surgía como entretenimiento sino como forma de vida. En la «hipermediada» economía de la información, las pantallas ejercían funciones simultáneas de ocio, trabajo y consumo.

Muchas cosas han cambiado desde ese primer atisbo, pero seguimos en las etapas iniciales de un proceso cuyo desarrollo no podemos avistar.

La comunicación en red permite llegar a la información de modo instantáneo, ventaja insoslayable, especialmente en sociedades autoritarias o periféricas. Sin embargo, también presenta zonas oscuras. En los años setenta, Neil Postman acuñó el concepto de «tecnopolio» para referirse a la dominación tecnológica. Las herramientas se oxidan, pierden filo o se rompen, pero eso no representa un accidente (su papel negativo depende del uso que les damos). En cambio, según advirtió Paul Virilio, «filósofo de la velocidad», cada tecnología crea su accidente (la electricidad «inventa» el apagón; la computación, la caída del sistema, etc.).

La realidad virtual ha traído una sobreinformación que genera cortocircuitos. Ante la imposibilidad de discernir entre tantas opciones, se apela a recursos binarios, reduciendo la reflexión a las dos variantes de la corriente eléctrica: + o –, el respaldo o la repulsa.

Por otro lado, la posibilidad de reaccionar de manera exprés hace que muchas respuestas pertenezcan más a la neurología que a la comunicación. Cuando piensas en el tuit, ya lo mandaste. En *La sociedad de la transparencia*, Byung-Chul Han advierte que la auténtica transmisión del sentido es lenta y, por tanto, representa «un obstáculo para los círculos acelerados de la información y la comunicación. Así, la transparencia va unida a un *vacío de sentido*. La masa de la información y la comunicación brota de un *horror vacui*».

Las neurociencias confirman esta aseveración. En *El error de Descartes*, Antonio Damasio señala que, de acuerdo con las más recientes investigaciones del cerebro, el ser humano no resuelve las disyuntivas con un impulso racional («pienso, luego existo») sino emocional («siento, luego existo»). De ahí el título de su libro.

La mente responde a un arrebato afectivo que segundos después racionaliza: sólo somos lúcidos *a posteriori*. En consecuencia, no es de extrañar que la mayoría de las reacciones en red sean impulsivas.

Las alertas que recibimos en los celulares se aprovechan de una doble debilidad: somos emotivos y respondemos de inmediato. Seducirnos e irritarnos es sencillo.

Ningún filósofo contemporáneo influye más que un algoritmo.

Invitar al vampiro

En 1897, el irlandés Bram Stoker provocó los deliciosos escalofríos del horror imaginario. A partir de leyendas recopiladas con obsesiva erudición, escribió la novela *Drácula*, que perfeccionó el arquetipo del vampiro y lo ubicó para siempre en el mapa del espanto.

Convenía que la trama se ubicara en la parte «primitiva» de Europa, donde los hechizos hervían en cualquier fogón. Transilvania brindó el marco ideal para acercarse a lo desconocido. Aunque el ambiente era deliberadamente exótico, Stoker logró conectar de modo próximo con su villano. Los monstruos no suelen ser seductores, pero *Drácula* se aparta de la norma. El pálido conde es apuesto y necesita compañía.

El vampiro no puede verse en el espejo; en cambio, Stoker se ve reflejado en su personaje.

Ese desdoblamiento tenía una causa íntima. Stoker descubrió el arte gracias al actor Henry Irving. Lo siguió a todas sus funciones hasta que se puso a su servicio. Asumió el cargo nominal de promotor, pero el narcisismo y las exigencias del artista lo convirtieron en su lacayo. Durante años, Stoker vivió en forma vicaria, a través de Irving. Como es de suponer, esta vampírica existencia no le reportó los beneficios de la vida eterna. En forma compensatoria, inventó a un personaje capaz –él sí– de alimentarse de sangre ajena.

Todo monstruo es lejano. Hay que viajar hasta su guarida. *Drácula* comienza con el recorrido de Jonathan Harker por los Cárpatos. Debe visitar al conde de Transilvania para un asunto inmobiliario, pero el entorno aparta su mente de los bienes raíces. A bordo de un carruaje, contempla el decorado básico del miedo: un bosque espeso, la niebla, el aullido nocturno de los lobos, «el aliento humeante de los caballos», la luna «que triunfaba sobre las nubes».

Curiosamente, al llegar al castillo encuentra a un anfitrión hospitalario. Aunque el conde tiene la piel sin edad de quien descansa en un ataúd y abre los ojos como un resucitado, es cordial y ofrece una de las bienvenidas más célebres de la literatura: «¡Entre al castillo por su propia voluntad!».

¿Qué quiere decir eso? Rodrigo Fresán dedicó un ensayo insuperable al tema: «Drácula, o Apuntes para una teoría del anfitrión y el invitado». Además de rastrear las influencias, los datos biográficos y las copiosas resonancias de la obra, el autor de *Vidas de santos* subraya un asunto decisivo: Drácula no invade la vida de los otros; es su huésped, la víctima lo deja entrar: «Es el vampiro quien debe ser invitado a nuestras casas porque, hasta que no lo hemos hecho nosotros, no puede atacarnos en la seguridad del hogar ajeno. Invitar al vampiro equivale a creer en él. Y una vez que le hemos abierto las puertas, estamos perdidos, contagiados. Así, no es el vampiro quien elige a sus víctimas, sino las víctimas quienes, consciente o inconscientemente, eligen al vampiro», escribe Fresán. Por ello, para triunfar, debe ser atractivo. La moral de la obra es precisa: nos sometemos a lo que nos gusta. El conde invierte los términos de la cortesía: Harker está en «su» casa y puede «recibir» al vampiro.

En la mayor parte de la novela el protagonista no aparece. Con invisible constancia, vigila a los demás. De acuerdo con Stephen King, este es el mayor logro literario de Stoker y la principal dificultad para adaptar su historia al cine.

«Puedo resistirlo todo menos la tentación», dijo Oscar Wilde, quien, por cierto, tuvo una novia que luego se casó con Stoker. Durante más de un siglo, *Drácula* ha servido para recordar la forma en que los deseos nos esclavizan.

Todo esto nos lleva al vampiro que descansa en nuestro bolsillo. Si los teléfonos celulares sólo se pudieran conseguir en una tumba abandonada serían aún más codiciados. Como el conde de afilados colmillos, se alimentan de nosotros, oyen conversaciones, nos acompañan en forma inadvertida y resucitan cuando los reiniciamos. Nada de esto se percibe como una amenaza sino como un beneficio: «no es el vampiro quien elige a sus víctimas, sino las víctimas quienes, consciente o inconscientemente, eligen al vampiro».

Las aplicaciones nos reconocen y les confiamos nuestra vida: «¡Hola, Juan!», dice el sistema operativo. En el código de Transilvania eso significa: «¡Entre al castillo por su propia voluntad!».

«Aquí estoy»

En la sociedad del espectáculo pocas cosas son tan importantes como ser visible. Los *reality shows*, las *selfies*, la pornografía amateur, las novelas de autoficción y las redes sociales otorgan rango público a la intimidad. Subimos fotos a Instagram y Facebook para acreditar que existimos. Al hacerlo, seguimos la lógica de los documentos que sirven para identificarnos: lo importante no es que la foto se parezca a nosotros, sino nosotros a la foto. La identidad es un fenómeno externo.

En 1923, László Moholy-Nagy se incorporó al plantel de profesores de la escuela Bauhaus, donde anunció que la «escritura de luz» dotaría a la modernidad de una nueva «visión» (tanto en sentido óptico como trascendental). Convencido del predominio de la cultura visual, se adelantó a McLuhan al profetizar que «el analfabeto del futuro no será quien no sepa leer, sino quien no sepa fotografiar». Siguiendo esta lógica, podemos decir que la telefonía móvil hizo la alfabetización exprés de millones de seres humanos. Sin embargo, hablar un idioma no significa dominarlo. La *selfie* es la expresión rudimentaria de un lenguaje que consta de dos palabras básicas: «Aquí estoy». Pero ese gesto de autoafirmación sólo opera al compartirse; así, en forma paradójica, el hecho de singularizarse adquiere significado al tener testigos. La *selfie* ubica al fotógrafo al modo de un GPS existencial y lo integra a una tendencia común. Estamos ante lo que Richard Sennett llama «igualdad opaca».

El documental *Ronaldo* aborda la vida relativamente privada del delantero portugués que responde al apodo alfanumérico de un cíborg: CR7. Una escena muestra la auténtica devoción de la era mediática. Cristiano asiste a una iglesia para bautizar a su sobrino. Se trata de una ceremonia familiar sin mayores lujos, con reducida asistencia. Por un momento, el divo de las canchas está al margen de los *paparazzi*. El sacerdote oficia en ese modesto entorno hasta que no resiste la tentación de pasar a otra liturgia: después de bendecir a los concurrentes, pide fotografiarse con CR7.

En 2013 el Diccionario Oxford decidió que la palabra del año fuera *selfie*. Así definió una época en que la gente no iba al Louvre a ver la *Gioconda*, sino a fotografiarse junto a ella. La identidad, que desde Parménides dependía del ser indivisible, es un fluido que cristaliza en fotos.

En cualquier sitio de interés vemos conflictos generacionales. Los padres quieren que sus hijos aprecien el escenario a ojo desnudo y lo graben en la memoria. En cambio, para los hijos la experiencia sólo tiene sentido filtrada por la cámara.

Al estudiar la relación entre fotografía y sociedad, Pierre Bourdieu señaló que la búsqueda de imágenes obedece a comportamientos colectivos. Durante un siglo, los casados tomaron más fotos que los solteros, y los casados con hijos, más fotos que los casados sin hijos. La telefonía celular acabó con esta conducta; la *selfie* inauguró la era del solipsismo visual, donde el fotógrafo es su propio modelo.

Imágenes en la Tierra plana

Los dibujos en las cuevas de Altamira revelan que desde hace milenios al ser humano no le basta con cazar bisontes: necesita representarlos.

La *res cogitans* es la especie más distraída del planeta. Esta capacidad de evasión explica que Cervantes se haya liberado del encierro en una cárcel concibiendo el *Quijote* y que, según la leyenda, Newton descifrara la gravitación universal con la caída de una manzana.

La mente suele habitar un universo paralelo. Para explicar el mundo hay que despegarse de él. En una memorable ocasión, Niels Bohr, pionero de la física cuántica, tomó en Copenhague un autobús en compañía de Albert Einstein. Desde la primera parada, discutieron sobre la condición probabilística del universo. Cayeron en tan fecundo estado de abstracción que el autobús dio dos o tres vueltas, completando su ruta, sin que ellos descendieran. Extrañado de que esos pasajeros no eligieran parada alguna, el conductor les preguntó: «¿Ustedes van a algún sitio?».

Iban a uno extraordinario, el campo unificado –la posible unión de la cuántica con la teoría de la relatividad–, pero la pregunta los devolvió al limitado mundo de los hechos. Nunca sabremos lo que hubieran descubierto en caso de haber dado otra vuelta en el autobús.

La lengua inglesa inventó un llamado sugerente para que los abstraídos regresen a este mundo: «A penny for your thoughts». Si lo aplicáramos a nuestros despistes digitales caeríamos en bancarrota. La distracción se ha convertido en un estado permanente; la realidad ha sido relevada por pantallas donde, según afirma Martín Caparrós, la Tierra ha vuelto a ser plana. El «espíritu de lugar» (*genius loci*) escapa a la tercera dimensión.

La atención difusa que prestamos a lo que vemos ha provocado que también la emoción sufra un aplanamiento. Ninguna época había estado tan expuesta a la indiscriminada contemplación del horror.

«Vivir es ser fotografiado», escribió Susan Sontag. Del aborigen que enfrenta a un antropólogo al ciudadano que tramita un pasaporte, resulta difícil pensar en un rostro que no haya sido retratado. Nada más normal, en consecuencia, que disponer de fotos de casi todo. En uno de sus últimos libros, *Ante el dolor de los demás*, Sontag se refirió a la banalización del mal provocada por la abundancia de imágenes de guerra donde las víctimas han perdido el derecho a cubrirse o a posar. La era de la fotografía *selfie* también es la del registro forense.

La invasión póstuma de la privacidad produce un efecto extraño. Por horrible que sea lo que contempla, el espectador se sabe protegido: eso es *sólo* una fotografía. «En la medida en que simpatizamos [con las víctimas]», comenta Sontag, «sentimos que no somos cómplices de lo que causó el sufrimiento. Nuestra simpatía proclama nuestra inocencia tanto como nuestra impotencia.» A fuerza de ver cadáveres, aceptamos la guerra como una molestia rutinaria y acaso inevitable, semejante a los anuncios que estropean las ciudades.

El horror sigue un álgebra peculiar: al acumularse se rebaja; su reiteración anestesia la conciencia.

En vísperas de la segunda guerra de Irak, Sontag analizó la ecología de la imagen practicada por el gobierno estadounidense, que ocultaba sus bajas y difundía las del enemigo. Los verdugos contemporáneos rara vez son sorprendidos por una cámara indiscreta: ellos mismos filman lo que hacen. ¿Neutralizan su sadismo al otorgarle la condición «irreal» de una película?, ¿lo normalizan como algo filmable?, ¿lo exaltan con narcisismo como un trofeo que debe ser preservado?

En 2006, cuando el presidente Felipe Calderón lanzó su irresponsable «guerra contra el narcotráfico», la masacre, de por sí atroz, comenzó a ser acompañada de una truculencia iconográfica. Para enfatizar su amenaza, los criminales grababan sus actos en video y los subían a plataformas digitales después de someterlos a una cuidada posproducción. En YouTube se han podido ver episodios inauditos, como la autopsia del cantante de narcocorridos Valentín Elizalde, ejecutado por el narco. En una disputa de narrativas visuales, el gobierno respondió con su propia propagación de necrofilia. En 2009, la Marina realizó un acto de especial truculencia al difundir la foto del cadáver del narcotraficante Arturo Beltrán-Leyva, ejecutado en Cuernavaca. La imagen mostraba el cuerpo semidesnudo del «Jefe de Jefes», tapizado de billetes ensangrentados. De este modo, el gobierno pretendía combatir fuego con fuego. En esa lógica de retaliación, lo que se impartía no era justicia, sino venganza.

Desde entonces, la información se ha estructurado en torno a la violencia. La captura de un *capo*, la quema de un sembradío o el hallazgo de un cargamento de cocaína son escenas de relleno; el nudo argumental depende de las muertes.

Consciente de su impacto mediático, el crimen organizado perpetra ejecuciones «de autor», en las que se puede reconocer una firma: unas bandas estrangulan, otras decapi-

48

tan, otras más envuelven a sus víctimas en cobijas, dejan una carta clavada en el pecho o hacen la «corbata colombiana», sacando la lengua por el cuello. La gramática del espanto sigue códigos que realzan el poder de los dueños del terror.

En los años ochenta, las calles del mundo se llenaron de provocadoras imágenes del fotógrafo Oliverio Toscani para publicitar la marca Benetton. Un enfermo de sida, un bebé recién salido del vientre materno, una monja que daba un beso, eran los improbables «modelos» de la campaña. ¿Contribuía eso a vender ropa? No de manera obvia. El sentido de la publicidad consistía en crear polémica. La gente no discutía acerca de estambres de colores, pero hablaba mucho de la marca. La conocida frase «Una foto dice más que mil palabras» se suele repetir sin tomar en cuenta que ninguna foto puede decir esa frase. Convencido de la fuerza del lenguaje, Toscani desplegó imágenes que generaban palabras, haciendo que el proselitismo no dependiera de la mirada, sino de la discusión. La gramática del horror opera en forma parecida: las imágenes generan conversaciones marcadas por el miedo. La contemplación de muertos y heridos se ha vuelto convencional, pero las palabras siguen inquietando.

Estamos tan habituados a que algo sea fotografiado o filmado que la sola presencia de una cámara normaliza cualquier escena. La *selfie*, el porno amateur y la fotografía forense se inscriben en la misma lógica. El cuerpo existe o deja de existir en función del registro visual. Sólo sucede lo que fue visto. La imagen no es una sorpresa, sino una prueba notarial de existencia e incluso de legalidad.

En una sugerente acción artística, Francis Alys recorrió las calles del centro de la Ciudad de México con una pistola en la mano. Lo hizo en un momento con gran actividad comercial. La gente lo veía con interés, pero sin excesiva preocupación. La causa era fácil de explicar: detrás de él iba un equipo de video que naturalizaba la escena. Alys sostuvo el arma, a la vista de todo mundo, sin que eso pareciera una amenaza. La policía tardó en detenerlo. Tanto la autoridad como los testigos pensaron que el despliegue armado tenía una legalidad otorgada por la cámara. Además de evidenciar la falta de seguridad en la capital, Alys confirmó la fuerza del video para articular *otra* realidad. Todo lo filmado resulta lógico.

Por su parte, Susan Sontag se alarmó del interés casi turístico con que se contempla a las víctimas de la guerra, que en forma eufemística se convierten en «daños colaterales». De acuerdo con Reporteros sin Fronteras, México es uno de los tres países más peligrosos para ejercer el periodismo. La sobrexposición a la violencia ha provocado dos reacciones opuestas, ambas extremas: la banalidad (eso a fin de cuentas es común) y la paranoia (afuera de tu casa está el infierno).

Las fotos de atrocidades reciben rutinaria difusión en los medios y la gente se somete al imperativo de ser fotografiada. Desde el primer bisonte trazado en Altamira, el ser humano dibuja lo que mira. La inteligencia artificial ha dado nuevo impulso a ese gesto. Un socorrido pasatiempo digital es el de la transfiguración de un objeto en otro. En 2022, la categoría de «Formato abierto» del World Press Photo fue ganada por una imagen generada parcialmente en computadora. La función objetiva de la fotografía se desplaza a la de generar otras existencias. En *La nueva edad oscura*, James Bridle analiza el programa DeepDream, que no sólo reconoce imágenes, sino que las construye a partir de cosas que se les parecen con la misma lógica con que descubrimos figuras en las nubes: «Una constante que recorre todas las creaciones de DeepDream es la imagen del ojo», escribe Bridle: «ojos de perro, ojos de gato, ojos humanos; el ojo omnipresente y vigilante de la propia red. El ojo que todo lo ve en los cielos de DeepDream recuerda el ojo que todo lo ve en la propaganda distópica: el propio inconsciente de Google, compuesto de nuestros recuerdos y acciones, procesados mediante un análisis constante y motorizado para obtener beneficios e información de espionaje privado». En otras palabras, imágenes diseñadas para vernos y para cautivar nuestro inconsciente.

Al encomiar el papel emancipador del pensamiento, Foucault precisó que en el campo de la representación debe luchar contra la repetición hegemónica. El poder autoritario ama los íconos y la condensación simbólica. Los algoritmos repiten preferencias y crean patrones que impiden salir de la norma. En la misma tesitura, Eco señaló que el valor comunicativo del *Libro Rojo* de Mao no dependía de ser leído, sino de ser *esgrimido*; era un emblema tan reconocible como la hoz y el martillo o la esvástica.

Lo que está en juego en la marea de las imágenes es la pugna de la diversidad contra la semejanza. Ante un mismo cuadro dos personas tienen reacciones diferentes. Sabemos, por el multicitado ensayo de Benjamin, que la reproducción industrial despoja al arte del aura que lo individualiza. Esto se ha acentuado con la fotografía digital, donde el encuadre y la composición pueden depender del azar. El retratista acribilla el horizonte y después elige la que «salió» más apropiada.

Muy distinto es el caso de la reproducción analógica. El fotógrafo Rodrigo Moya cuenta que, en uno de sus viajes a La Habana, poco después de la Revolución, deseaba retratar al Che Guevara, que entonces era ministro. Solicitó una cita, sabiendo lo difícil que era conseguirla. Mientras tanto, registró otros aspectos de la vida en la isla. Cuando finalmente le concedieron la entrevista, le quedaban catorce fotos de su último rollo y no tenía posibilidad de conseguir otro. La escasez del material definió una de las mejores sesiones en la historia de la fotografía. Moya se vio obligado a escoger con mirada de lince los momentos en que debía disparar.

«El tiempo también pinta», decía Goya, para referirse al efecto de la pátina. Toda obra de arte depende de un trato con el tiempo. Incluso la fotografía requiere de protocolos para llegar al momento oportuno. «Siempre hay tiempo», decía Manuel Álvarez Bravo.

El paso del retrato analógico al digital alteró el empleo del tiempo. El revelado era un gesto añadido que llevaba a desafíos y descubrimientos paulatinos. El obturador hacía algo más que «detener el tiempo», iniciaba un proceso sujeto a variadas decisiones.

La fotografía digital también lleva al dilema de la cantidad. Cuando los miembros de la generación Z sean abuelos, ¿serán capaces de mostrar millones de imágenes a sus nietos? ¿Qué sucederá con ese caudal de fotos?

Ante esa avalancha, conviene detenerse en un cuadro que pide ser leído: *Lavabo y espejo*, de Antonio López. El pintor recrea un baño desgastado por el uso, con tal sentido del detalle que el espectador siente que podría limpiar una mancha de limo en la superficie. Sin embargo, lo más sorprendente de esa reconstrucción hiperrealista es que produce un efecto fantástico. El lienzo fue creado desde dos perspectivas diferentes. El espejo corresponde a un plano de la mirada y el lavabo a otro; la parte de arriba es realista y la de abajo también; la unión resulta irreal.

¿Dónde está el pintor? Si el cuadro respetara el enfoque frontal, Antonio López debería reflejarse en el espejo. En forma inquietante, no ocurre eso. El espacio minuciosamente recreado se encuentra doblemente vacío e invita a asomarse al sitio donde el pintor no se asoma. Un detalle perfecciona el misterio: en la parte inferior, dedicada al lavabo, algo se refleja en el grifo y en las manchas de humedad. En la plomiza superficie se insinúa la sombra de una presencia. Es el artista o, si queremos ser simbólicos, es el arte, que confiere enigma a los objetos.

Ninguna reproducción puede recrear cabalmente el enigma de un lienzo como *Lavabo y espejo*. Transformado en postal o impreso en libro pierde algo. Para subsanar esta limitación, han surgido las «experiencias inmersivas». Pronto será posible estar dentro de *Las meninas* de Velázquez. Tal vez previendo esa situación, Dalí señaló que el mayor momento en la historia de la pintura era el aire en los espacios vacíos de *Las meninas*. El pintor no se limitó a dejar zonas intactas; estamos ante una *transparencia trabajada*. Lo humano encarna en esa ausencia necesaria, que no se ve, pero se percibe.

Las malas reproducciones también sirven. Resulta injusto denostar las imágenes deslavadas o fuera de foco que nos han permitido conocer obras maestras. Mi generación aprendió pintura en las estampas que se imprimían al reverso de los cerillos Clásicos, apenas más grandes que un sello postal. El sentido de esas reproducciones en miniatura no era el de compartir un hecho estético, sino el de anunciarlo. Lejos, en alguna distante galería, estaba la Obra.

Algo decisivo ha cambiado: la mediación ya no es un camino hacia la pieza, sino la pieza misma. A medida que esto se vuelve costumbre, disminuye el deseo de conocer el modelo original. La alta definición y la inteligencia artificial (que intensifica los colores y ajusta las imágenes) han traído un «mejoramiento» que tal vez elimine el gusto que aún tenemos por ciertas señas del tiempo, como la pátina o el craquelado. El cuarto en penumbra adquiere repentina luminosidad al ser retratado por el iPhone y la cancha de fútbol tiene en la televisión un tono esmeralda que nunca vemos en el estadio. La realidad se ha convertido en una hipótesis alterable.

En mi infancia fui a un estudio fotográfico donde nos preguntaron si queríamos fotos normales o «retocadas». En aquel tiempo eso significaba que la toma en blanco y negro podía ser coloreada. La manipulación era sincera. El rosicler en las mejillas de la tía y el carmín en los labios de la sobrina surgían como adornos evidentes, ajenos a la realidad. Ahora el Photoshop sustituye una realidad por otra.

Las alteraciones se han vuelto tan comunes que ya causan efectos psicológicos y sociales. Abundan las circunstancias que quisiéramos corregir con una aplicación digital. En 2009 el alcalde de Toluca, Juan Rodolfo Sánchez, fue acusado de alterar su imagen en la campaña publicitaria que promovía obras públicas de su gobierno. Para defenderse, el político declaró: «Soy más guapo que mi clon». Su rostro había sido retocado sin buscar mejoría. La instantánea frase célebre pretendía mitigar la estafa. Según el peritaje publicado por el periódico *Reforma*, la fotografía usada en los anuncios espectaculares provenía de cuando el edil era más joven, lo cual habría podido generar una nueva declaración y acaso inspirar un bolero: «Soy más guapo que mi pasado».

Diversas aplicaciones permiten saber cómo nos veríamos con más pelo e incluso cómo seríamos en caso de pertenecer al sexo opuesto. Este catálogo de posibilidades divierte como disfraz, pero se vuelve problemático en la arena política. Tal vez Juan Rodolfo Sánchez era en verdad más guapo que su clon. El problema es que se promovía con su clon.

El incidente de Toluca fue pronto rebasado por otro de alcance nacional: Televisa borró al senador Santiago Creel de una sesión en la cámara alta, emulando la táctica de Stalin de eliminar de la iconografía a sus antiguos camaradas.

Para su desgracia, el Canal de las Estrellas dejó huellas de su proceder. La Unión Soviética actuaba con más cautela: las fotos en las que Trotski desapareció por obra de un plumón de aire debían ser cotejadas con los originales para saber que hubo fraude. Llama la atención que una empresa que puede fotografiar un mosquito en el Estadio Azteca hiciera un trabajo tan torpe con el político panista Santiago Creel. En vez de borrarlo de la escena, lo convirtió en una especie de Hombre Célula, un ser distorsionado, digno de una película de Cronenberg, que adquirió repentina notoriedad. Buscando suprimir, Televisa destacó. Para colmo, atri-

54

buyó su conducta a «un error de edición». De este modo dio insólito *rating* a una mancha, revelando que en la pantalla alguien puede ganar paradójica personalidad desvaneciéndose, al modo del personaje de Woody Allen que Robin Williams interpreta en *Deconstructing Harry*, cuya tragedia existencial consiste en estar fuera de foco.

Consideremos ahora el caso opuesto: la modificación que no deja huella. Cuando las alteraciones están bien hechas, la imagen *supera* al entorno. La hiperrealidad digital no es percibida como una falsificación, sino como una *calidad agregada*: registra lo que a nosotros se nos escapa. Cada vez más, la realidad semeja una aplicación caducada y deseamos descargar otra.

Photoshop permite que la copia supere al modelo. Estamos ante una situación similar a la que Stanisław Lem profetizó en su novela *Solaris*, publicada en 1961. La trama ocurre en un planeta cubierto por un océano inteligente, donde aparecen criaturas singulares. Se trata de «supercopias», representaciones de la realidad más precisas que su modelo. El mar de Solaris es un magma biológico. Los terrícolas lo interrogan de distintos modos y en respuesta reciben «visitantes» que han conocido en otro tiempo. No se trata de personas reales, sino de «quistes psíquicos», proyecciones que los miembros de la tripulación albergan en su mente y que se materializan con estremecedora plenitud gracias a los trabajos neuronales del océano.

Solaris produce «personas» del pasado que, como ocurre en los sueños o en la alta definición, adquieren mayor nitidez de la que tuvieron en vida; no son meras imitaciones, sino supercopias. En su afán de conocer mundos lejanos, los terrícolas llegan a un paraje donde sólo pueden recuperar memorias perdidas que regresan como «milagros crueles». El principio de Heisenberg, según el cual todo investigador altera el experimento en el que participa, adquiere inquietante concreción: al indagar lo Otro, se obtiene el recuerdo perdido de uno mismo.

La conducta de ese océano pensante no es la de un sabio que aporta sus enseñanzas, el «yogui cósmico» que anticipan con admiración los primeros visitantes del planeta, sino la de un espejo cognitivo que materializa las pulsiones y las memorias escondidas de cada expedicionario.

Metáfora sobre los límites del conocimiento, la novela de Lem es una aventura de ciencia ficción epistemológica. En las últimas páginas, Harvey, una de las «visitantes» generadas por el océano, que en la vida real se suicidó a los diecinueve años, cobra conciencia de ser una copia. Descubre que ha regresado como una proyección mental de quien fue su pareja: Kelvin. Él, por su parte, llega a la paradójica conclusión de que ella representa un «simulacro verdadero». Al entenderse a sí misma como un espectro, Harvey sabe que no puede volver a suicidarse; resurgió gracias al deseo de Kelvin y será inmortal mientras ese deseo perdure.

En un apartado confín de la galaxia, los personajes de Solaris descubren los misterios que tenían en la cabeza. La expedición fracasa como proyecto para descifrar la inteligencia extraterrestre, pero lleva a una confrontación con el solipsismo de la inteligencia humana, incapaz de conocer otra cosa que ella misma.

Esta hermosa y triste parábola ha desatado numerosas interpretaciones. Con los años, se ha vuelto próxima. Las supercopias ya están entre nosotros. No aparecen como «quistes psíquicos», emanaciones de nuestra conciencia, sino como dispositivos que nos preparan para un mundo de «simulacros verdaderos». El magma de Solaris es un mecanismo *biológico* que recrea de manera *física* experiencias ajenas. Leído desde el presente, prefigura la alta definición activada por la inteligencia artificial.

Quizá en el futuro dispongamos de supercopias de nosotros mismos. La posibilidad de mejorarnos digitalmente anuncia la nueva entidad de lo humano: nos convertimos en un borrador.

El síndrome de Chaplin

Las mejores copias ponen en entredicho la calidad del modelo. Según la leyenda, en 1921 Charles Chaplin se presentó a un concurso de imitadores de Chaplin. En forma absurda, quedó en segundo lugar (un periódico australiano incluso lo ubicó en el puesto 27 entre 40 participantes). El cómico ya era mundialmente famoso, pero pocos lo habían visto a todo color. En persona, el célebre Charlot ofrecía una pálida versión de sí mismo.

¿De qué sirve ser auténtico si no lo pareces?

Hace unos treinta años asistí a una tertulia donde se celebraba el Juego de los Parecidos. Nuestro anfitrión, ataviado con una imperturbable bata de seda estampada con dragones, derrochaba erudición en las artes escénicas y juzgaba a cada participante por su similitud con un actor o un personaje célebres. Tenía un enfermizo repudio a lo común y necesitaba que todos sus interlocutores se asemejaran a gente más interesante.

Con enciclopédica teatralidad, declaraba que Raúl era igualito al rubicundo Falstaff y Verónica a la actriz Angie Dickinson, de erótico pelo en desorden. Sospechábamos que en el fondo se avergonzaba de nosotros y necesitaba «elevarnos» al rango de personalidades famosas. A diferencia de lo que le sucedió a Chaplin, nuestro amigo no buscaba ese peculiar oxímoron, el «parecido genuino», sino la *presunción* de una semejanza.

Desde entonces, ante un retrato al óleo de épocas pasadas me pregunto si la pintura refleja a un sujeto real o ficticio. En forma no siempre explicable, ciertos rostros nos hacen sentir que en verdad existieron. En ocasiones se trata de mecenas de las artes; en otras, de personas comunes que aportaron sus facciones al arte: el herrero del pueblo posó como Judas y el panadero como Jesús.

El dilema de saber qué tan fidedigna es una imagen ha cambiado. En cierta forma, nos hemos vuelto irreales. Si los óleos de Francis Bacon o Lucian Freud exploran la superficie irrepetible de la piel y muestran que está constituida de variados colores y texturas, la fotografía digital nos homologa con luces que quizá nos favorecen pero nos vuelven genéricos. En vez de destacar atributos únicos, los teléfonos celulares incluyen un algoritmo de «mejoramiento facial» para que el usuario elija su grado de «embellecimiento», aproximando las facciones al Rostro Ideal.

¿Qué tan original es una cara? O, mejor aún, ¿qué tan parecidos somos a nosotros? Estas preguntas se vuelven decisivas en un mundo que ya padece el «síndrome de Chaplin». De pronto, una foto nos provoca estupor: parecemos copias inexactas de nosotros mismos.

Retomo, en palabras del fotógrafo siciliano Ferdinando Scianna, un tema al que aludí antes. En su libro *El espejo vacío*, ensayo sobre fotografía, identidad y memoria, escribe: «Si un policía nos detiene por una infracción y nos pide la licencia de conducir o el documento de identidad, se espera que nos parezcamos a la foto, no que la foto se parezca a nosotros». La sociedad moderna se define por un peculiar desplazamiento: no es la persona la que determina la identidad sino su imagen. Por desgracia, las fotos «oficiales» nunca nos favorecen. Parecemos desvelados y tenemos el rictus de quien teme a las fronteras. Nuestra imagen «identitaria» es así. Por ello, algunos pasaportes agregan la descripción de ciertas señas de identidad –la mancha de nacimiento, el lunar delator, la cicatriz inconfundible–, confirmando que a veces una frase dice más que una imagen.

El retrato como certificado de existencia coexiste con la marea de imágenes que la gente hace de sí misma. Rembrandt se retrató en forma descarnada, sin ocultar el deterioro de sus facciones. Las *selfies* no buscan esa autenticidad; cumplen una función de máscara funeraria; identifican a la persona sin definirla; pertenecen a un ámbito donde el Yo es un alias. En forma sugerente, Scianna afirma que ha nacido el «Zelig de masas». La diferencia con la película de Woody Allen es que ahí el personaje que se mimetiza con otras personas en las más diversas circunstancias es un insólito infiltrado; ahora se trata de la mayoría: todos somos Zelig.

La presencia física se ha vuelto opcional e incluso innecesaria (en el sistema financiero se resuelven más cosas por teléfono o internet que en ventanilla). En consecuencia, el cuerpo corre el peligro de convertirse en un simple bulto con mala postura. Para aliviar el sedentarismo, la sociedad del rendimiento propone protocolos punitivos. Slavoj Žižek comenta que las mujeres son presionadas a «someterse a procedimientos como la cirugía estética, los implantes cosméticos o las inyecciones de bótox para seguir siendo competitivas en el mercado del sexo». Por su parte, Byung-Chul Han extiende esta exigencia a la sociedad en su conjunto, marcada por la autoagresividad: «*zombies* hermosos de bótox y silicona» y «*zombies* de *fitness*, músculos y anabolizantes».

A diferencia de aquella lejana tertulia donde el anfitrión buscaba parecidos célebres, el cuerpo de gimnasio no aspira a producir una figura distintiva, sino una anatomía en serie: todo «vientre de lavadero» es idéntico a cualquier vientre de lavadero.

Estamos ante otra variante de la uniformidad contra la que alertó Foucault. ¿Qué diría Chaplin de nuestros *Tiempos modernos*? El cuerpo se somete al autocastigo físico y la mente a la autoexplotación virtual, procesos de enajenación que no llegó a imaginar Mészáros. El trabajo en línea convierte al usuario en su asistente, su recepcionista, su mensajero, su agente de viajes, su administrador y, sobre todo, su jefe, pero esto último no brinda autoridad, pues se trata de una forma contradictoria de la libertad: una autodominación en beneficio de la economía general.

En *La siliconización del mundo*, Éric Sadin describe este proceso como «una adecuación robotizada entre la oferta y la demanda». La relación del individuo con la sociedad digital depende de la «automatización personalizada de la gestión de nuestras necesidades» (llama la atención que en esta frase todas las palabras sean positivas menos la que define su sentido: «automatización»). Mientras el usuario trabaja de manera «autónoma», en otro sitio una corporación se beneficia de los datos que deja en su computadora. «Somos animales pirateables», concluye en forma fulminante Yuval Noah Harari.

¿Qué queda de nosotros? ¿Adónde se dirige el sujeto que pedalea en una bici fija bajo la luz neutra de un gimnasio? Las muchas opciones de la sociedad de mercado conducen a una igualación, la «dictadura de lo idéntico», como la llama Han, o la ya mencionada «igualdad opaca», descrita por Sennett. Somos un Número de Identificación Personal, un usuario, un código de cliente. Estamos, como el Chaplin del concurso, a la zaga de nosotros mismos.

Antes de asumir un tono demasiado fúnebre, digamos que aún quedan islas de lo auténtico. Una de las más visitables es la literatura, donde la sinceridad y lo genuino dependen de un peculiar desplazamiento. En los versos de un poema o los pasajes de una novela escuchamos una irrepetible voz inventada. La verdad literaria es una suposición compartida. Por eso Arthur Rimbaud escribe: «Yo es otro», y Peter Handke agrega: «Vivo de aquello que los demás no saben de mí». Uno de los epígrafes de este libro, tomado de J. G. Ballard, revela que los hechos ya están entre nosotros; para soportarlos, necesitamos imaginarlos de otro modo. No se trata de abdicar de la personalidad, sino de reencontrarla con otros nombres. Nos identificamos con el Capitán Nemo o Emma Bovary sin creer que somos ellos. Esta expansión de la conciencia se cumple en un territorio que no está sujeto a la verificación de los sucesos, sino a su verosimilitud. Suspendemos la incredulidad y nos entregamos voluntariamente a otra lógica sin confundirla con la nuestra. En 2024, al separar la vista del libro, volvemos al extraño mundo real donde la identidad se ha vuelto líquida.

Para acceder a nuestros espacios digitales debemos dar un *password*. El sistema sabe que somos falibles y por ello agrega una opción: «¿Ha olvidado su contraseña?». En ese momento nos parecemos al Chaplin del concurso: el original debe demostrar que no es una copia.

Inconvenientes de tener cara

Para ahorrar problemas de identificación surgió la técnica de «reconocimiento facial»: nuestras orejas indican quiénes somos.

Desde 2016 Interpol utiliza el recurso que se generaliza con premura en los más distintos frentes. Marta Peirano escribe al respecto: «C-SPAN, el canal que retransmite en directo todo lo que pasa en el Congreso estadounidense, usa Amazon Rekognition para identificar automáticamente a los parlamentarios; Sky News lo usó para identificar a los invitados de la boda del príncipe Harry y Meghan Markle, sobrevolando la capilla de St. George con una flota de drones. Madison Square Garden, el estadio de Manhattan con capacidad para 22.000 personas donde juegan los Knicks, toca Billy Joel y se entregan los Grammy cada año, lo usa como parte de su protocolo normal de seguridad».

La empresa FaceFirst ha diseñado una tecnología que asocia las facciones con los gustos y el poder adquisitivo de la gente. Aunque el comprador entre a una tienda por primera vez, sus datos faciales ya pertenecen a un archivo capaz de vincular una nariz con un récord de compras. El recurso detecta hábitos extremos como el robo y el derroche para cumplir con dos actividades imprescindibles de la sociedad de mercado: los arrestos y las ofertas. Al distinguir el lunar de la sospecha o las pestañas del dispendio, los empleados de la tienda llaman a la policía o brindan trato VIP. En inglés, conocer algo «a primera vista» significa conocerlo «at face value». La expresión ha adquirido significado literal: el rostro tiene un código de barras.

El reconocimiento facial puede tener importantes consecuencias jurídicas. Si los rasgos faciales anuncian nuestra conducta, al analizarlos se puede no sólo juzgar, sino prejuzgar. En su relato *The Minority Report*, que Steven Spielberg llevó al cine, Philip K. Dick recrea una sociedad donde la policía no necesita encontrar evidencias para atrapar delincuentes, pues dispone de información precognitiva: los criminales son arrestados *antes* de cometer los delitos que planean. Esto es posible porque varios seres dotados de sensibilidad anticipatoria profetizan lo que va a ocurrir. Hoy los algoritmos cumplen esa función.

En *The Minority Report*, la justicia siempre es preventiva: el arresto se adelanta al crimen, lo cual permite que se cometan otro tipo de errores y provoca un desenlace igualmente kafkiano.

La literatura es un poderoso instrumento precognitivo: del viaje a la Luna de Julio Verne a los cajeros automáticos de Ray Bradbury, vaticina realidades que aún no existen. En su novela *Respiración artificial*, Ricardo Piglia narra un encuentro en el café Arco de Praga entre un joven pintor austriaco y un escritor checo todavía inédito. Los parroquianos de ese sitio eran conocidos como «arconautas». Bajo el denso humo de los cigarros, reinventaban el destino de Europa. El inflamado pintor austriaco habló de una delirante utopía de control y dominio mientras el checo lo escuchaba con atención. Los personajes en cuestión eran Adolf Hitler y Franz Kafka. Piglia plantea una inquietante hipótesis. El discurso hitleriano que los contertulios tomaban como una perturbada especulación tuvo dos formas de volverse real, como tragedia y como novela. En la versión de Piglia, Hitler amedrenta y en esa medida inspira a Kafka. Acaso más inquietante habría sido la hipótesis inversa: el arte como inspirador del holocausto, el caudillo nazi aplicando en forma literal la paranoia literaria y precognitiva de Kafka.

También la pintura de Hitler ofrecía mensajes que, vistos en retrospectiva, pueden ser entendidos como anuncios del porvenir. En *La muerte de mi hermano Abel*, Gregor von Rezzori hace un retrato de la Europa devastada por la Segunda Guerra Mundial. De pronto, ante las casas heridas por la metralla, el narrador siente que ya ha visto la escena. ¿A qué se debe ese curioso *déjà vu*? Cito un pasaje de la novela, en la excepcional versión de José Aníbal Campos: «Conocía esos contornos bien definidos que parecían dibujados a punta de plata, ese colorido edematoso, la acuarela del polvoriento amarillo de los muros y el antiguo rojo de las telas despedazadas. En alguna ocasión, presa de sufrimiento, lo había acogido en mí... Pero ¿cuándo?... ¿dónde?... Cuando lo recordé, el asunto me afectó tanto que estuve a punto de caerme de mi aireado asiento sobre el muro. Eran los mismos contornos, dibujados a lápiz de punta dura con la minuciosidad del diletante, la misma acuarela edematosa de los chapuceros estudios que el cabo Adolf Hitler (por entonces más comprometido con el arte que con la política) había estampado en su libro de bocetos durante la Primera Guerra Mundial en Francia: granjas tiroteadas bajo la luz de septiembre...». De acuer-

63

do con Rezzori, los dibujos de Hitler prefiguraban su «obra» posterior; el germen de la devastación ya estaba en su incierto oficio de pintor. Uno de sus colegas, Oskar Kokoschka, concursó con Hitler para obtener en Austria una beca de pintura. Nunca se perdonó haberlo superado: «¡Si él hubiera ganado, no habría destruido Europa!», comentaría años después.

Las palabras y las pinturas de Hitler pronosticaban actos posteriores, pero eso sólo se sabría en la noche y la niebla de la posguerra. Si el arte fuera un medio infalible para prever sucesos, la crítica evitaría que tuviera perniciosas influencias y adquiriría así un rango judicial. En el estreno de una obra de teatro, Valle-Inclán solicitó a un policía: «¡Arreste a los que aplaudan!». La tecnología ha tomado en serio esta humorada de don Ramón. El análisis digital de nuestras facciones puede convertirnos en clientes o criminales perseguibles.

¿A qué nos compromete nuestra cara? En 1989, cuando el ayatolá Jomeiní acusó de apostasía a Salman Rushdie por haber escrito *Los versos satánicos*, sin que el jerarca fundamentalista se tomara el trabajo de leer la novela, no faltaron opiniones sobre el preocupante aspecto facial del escritor: los párpados, levemente caídos, le otorgaban una expresión torva y arrogante, digna de aviesas intenciones. En *Joseph Anton*, su libro autobiográfico, Rushdie cuenta que años después se sometió a una cirugía correctiva y su rostro adquirió un semblante más benévolo. La percepción de su carácter había dependido de unos centímetros de piel. ¿En el ansioso porvenir bastará ver la fotografía de un escritor para saber de qué escribe?

La necesidad de averiguar destinos a partir de los relieves del cráneo fundó una rama de la ciencia, la frenología, que brindó resultados útiles en la anatomía comparada, pero también llevó a excesos como los de Cesare Lombroso. En *El hombre delincuente* (1876), el criminólogo italiano estableció tipologías del crimen a partir de la fisonomía. «Tenía la innoble cara del ladrón», comenta al contemplar la frente deprimida de un prisionero. Este determinismo puede provocar diagnósticos irreparables y hacer que alguien sea arrestado sin más cargo que el preocupante contorno de sus cejas.

Nuestra modernidad, que con tanto ímpetu avanza hacia atrás, ha recuperado dicha amenaza. Según información de la BBC, la Universidad de Harrisburg, en Estados Unidos, anunció que había llevado a cabo una investigación capaz de «predecir si alguien es un criminal basándose exclusivamente en una foto de su cara». De inmediato, 1.700 académicos firmaron una carta solicitando que el estudio no se diera a conocer. Sin embargo, aún no hay normativas respecto al uso jurídico de las facciones. En ese aspecto, el rostro de la ley está en blanco.

Puesto que nunca salimos del mismo modo en las fotos, ¿podemos confiar en ser detenidos o exonerados por una imagen? ¿Llegará el momento de decir: «¡Me salvé por un píxel!»?

En abril de 2018, el Parlamento Europeo aprobó el Reglamento General de Protección de Datos. Aunque se trata de un paso importante en la legislación, los consumidores siguen recibiendo ofertas que no solicitan, relacionadas con sus gustos y sus hábitos. Si Hansel y Gretel dejaron migas de pan a lo largo de su recorrido para poder desandar su camino, nosotros dejamos *cookies* en la red para que otros sigan nuestra ruta. En el relato de los hermanos Grimm, los pájaros se comen las migas y los protagonistas se pierden en la profundidad del bosque. Al caminar sin rumbo, descubren una casita hecha de deliciosas golosinas que parece construida para un festín infinito. Hansel trepa al techo y lo prueba de un mordisco mientras su hermana degusta la nieve que sabe a azúcar. La paradoja del relato es que ese sitio no existe para ser comido, sino para que los niños sean comidos. La casa está habitada por una hechicera dispuesta a guisar la tierna y endulzada carne infantil.

El reconocimiento facial aprovecha la invisible minería digital que extrae nuestros datos. Esto hizo que a comienzos de 2021 ocurriera un fenómeno sin precedentes: Mark Zuckerberg, propietario de WhatsApp, anunció que compartiría la información de sus usuarios con Facebook y con terceros (la medida no se aplicaba a Europa, donde hay regulaciones que protegen a los clientes). A partir del 12 de enero de ese año ocurrió una curiosa migración. En setenta y dos horas, 25 millones de usuarios se unieron a Telegram.

El dueño de Telegram es Pável Dúrov, quien a los treinta y seis años logró el privilegio digital de ser el primer Pável que aparecía en las búsquedas de Google. Nacido en San Petersburgo, se formó como filólogo (al igual que Jacob Grimm). Durante años vivió en Turín, donde su padre enseñaba filología. Su interés inicial era la traducción. Creó una librería virtual que tuvo cierto éxito y lo llevó a convertirse en socio de la red social VK. Se propuso ofrecer información fidedigna para contrarrestar la censura de Vladímir Putin y a pesar de recibir amenazas siguió adelante. Para 2012, tenía 150 millones de usuarios. Ese año, el fraude electoral que reconfiguró el Parlamento ruso fue denunciado en VK. Dúrov se negó a compartir los datos de sus afiliados y en 2014 protegió a los disidentes ucranianos que se servían de dicha plataforma. Por presiones de Putin, la empresa despidió al filólogo reconvertido en estratega digital, que para entonces ya había creado Telegram con su hermano Nikolái.

Aunque ha sido bautizado como el «Zuckerberg ruso», su proceder es muy distinto. Dúrov tuvo que abandonar Rusia, vive en ciudades donde no permanece más de diez semanas y donó un millón de dólares a Wikipedia para apoyar el libre flujo de la información. Con todo, su política de blindaje de la información acarrea problemas en un mundo donde los escondites no siempre sirven para guardar buñuelos. De acuerdo con la BBC, fanáticos islámicos y grupos estadounidenses de ultraderecha se han servido de Telegram para reclutar miembros y conspirar a través de chats encriptados.

El bosque que los hermanos Grimm concibieron en 1812 tiene su nueva expresión en la realidad virtual, donde el extravío promete dulces recompensas. De Jacob Grimm a Pável Dúrov, los filólogos saben que las etimologías son la vida privada de las palabras: no es casual que Zuckerberg quiera decir «montaña de azúcar».

Pero no sólo las grandes corporaciones tratan de averiguar las recónditas preferencias de sus clientes potenciales. El caso Snowden revela que Estados Unidos, líder del «mundo libre», da por sentado que los ciudadanos sean sometidos a una supervisión de ratones de laboratorio.

De acuerdo con James Bridle, la información brindada por Snowden en 2016 demostró que el espionaje digital reúne un 99 % de información inútil. Esto no sólo demuestra que se vigila de manera innecesaria a millones de personas, también entorpece las investigaciones relevantes. En 2009, el presidente Obama confesó que los servicios de inteligencia no pudieron detectar un intento de atentado en un vuelo de Ámsterdam a Detroit por la dificultad de «integrar y entender la información *que ya teníamos*». Lo decisivo y alarmante es que la supervisión global de los ciudadanos es posible. La privacidad sólo gana batallas parciales; recuperarla es tan difícil como erradicar la humedad o las hormigas: la vigilancia se erradica de un sitio pero reaparece en otro.

¿Quién te mira?

En los años sesenta, los adolescentes de entonces veíamos el cine de luchadores donde El Santo, Blue Demon y otros enmascarados descubrían que una pelota de cartón con tira-buzones era una bomba atómica. En esos escenarios irreales, las amenazas resultaban tan inverosímiles como la idea de que la humanidad pudiera ser salvada por mexicanos. Sin embargo, esa pedagogía nos enseñó a desconfiar de los aparatos.

Lo mismo se puede decir de los programas de televisión de la época que llegaban de Estados Unidos y en los que un espía, un alienígena o una hechicera podía infiltrarse en una familia para electrocutar al padre con un tostador de pan. Esa maligna invasión doméstica pertenecía al mundo alterno de *Mi marciano favorito*, *Hechizada*, *Mi bella genio*, *Perdidos en el espacio* o *El superagente 86*, donde la paranoia y los inventos eran exageraciones de los guionistas.

Como dije antes, la presencia de las cámaras es tan ubicua y común que no genera la impresión de que somos vigilados, sino de que somos reales, a tal grado que en ocasiones nos preocupa no ser vistos.

Entre las crónicas de su libro *Desde la sombra*, Juan José Millás hizo un peculiar experimento: durante un día deambuló por el metro de Madrid tratando de esquivar, así fuese por un instante, la presencia de las cámaras. No lo logró, lo cual recuerda al dominante Dios de la Torá: «¿Puede alguien lograr un escondite donde Yo no lo vea?».

Somos actores de reparto de un programa secreto de televisión. La seguridad se ha desplazado del policía uniformado al ojo insomne del video. ¿Llegará el momento en que debamos dormir con la luz encendida para permitir que las cámaras del gobierno nos vigilen? Al respecto escribe el escritor argentino Juan José Becerra: «La paranoia dejará de ser una enfermedad para ser la descripción abreviada del estado civil universal. Paranoico equivaldrá a terrícola».

¿Podemos ser espontáneos cuando alguien nos mira? En el metro de México encontré a dos personas que hablaban en el andén, cubriéndose la boca al modo de los entrenadores y los jugadores de fútbol que no quieren delatar su estrategia ante las cámaras. Lo más probable es que no fueran conspiradores. Sencillamente, demostraban que hoy en día una conversación sólo es privada si se esconde.

La película *Enemigo público*, de Tony Scott, rodada en 1998, trata de una intriga para crear una ley que permita vigilar a los ciudadanos, convirtiendo la sospecha en seguridad preventiva. Un año antes, Wim Wenders había filmado *El final de la violencia*, que planteaba la posibilidad de utilizar cámaras como un instrumento disuasorio contra el crimen. Si los registros visuales son omnipresentes, es de esperar que los delincuentes inhiban sus intenciones. El fundamento de esta estrategia es teológico: «Dios te observa».

Varias décadas más tarde, las cámaras se dan por sentadas sin que los delitos hayan disminuido. De la paranoia de ser visto pasamos a la angustia a no serlo. El nuevo infierno es un mundo sobrepoblado de cámaras donde ninguna nos registra.

La necesidad de confirmar que existimos es consustancial a una especie que depende de la vista. Ante el cristal de una vitrina o ante la bruñida carrocería de un automóvil, buscamos nuestro reflejo. Por ello, las técnicas de meditación proponen un sugerente ejercicio: «sentir la cara». El reconocimiento de nuestras facciones suele ser meramente visual. La meditación busca interiorizar esa experiencia; percibir lo que somos «hacia dentro», entender que el rostro y el cerebro no son depósitos de algo que «está ahí», sino instrumentos para captar el mundo externo, al cual, asombrosamente, pertenecen nuestras ideas y nuestros recuerdos. La personalidad no es un archivero con cajones que conservan distintas etapas de la vida; es la manera en que captamos el exterior, el ruido del mundo.

La meditación trascendental busca eliminar los distractores que impiden estar a solas con nosotros mismos. Al suspender el monólogo interior, el cerebro entra en un estado de alerta ajeno a las «ideas» y asume un papel parecido al de la respiración, que no necesita ser pensada para ocurrir. La técnica ha dado notables resultados. A lo largo de siglos, ciertas personas han accedido a un estado de iluminación, sustrayéndose al desorden que confundimos con la tarea de pensar. La pérdida de autoconciencia recarga el cerebro.

¿Hay modo de suspender también el ansia de ser vistos? La luz eléctrica restó importancia a los fantasmas, pero el mundo digital los ha traído de vuelta. Crecí en México entre apagones, en casas no siempre bien iluminadas, oyendo relatos de personas que habían conocido recintos aún más crepusculares. Mis dos abuelas tenían un contacto bastante frecuente con fantasmas que les daban consejos útiles. No se trataba de una relación temible sino edificante. Si alguien volvía a este mundo era porque tenía algo que enseñar. Ellas me advirtieron que no se debe huir ante un espectro. Por lo general, se trata de personajes tristes y desvanecidos que no buscan otra cosa que hacerse presentes. La leyenda de que arrastran cadenas sólo se verifica en escenarios coloniales, nunca en condominios.

La primera condición para avistar espíritus consiste en creer en ellos. «La mujer que amé se ha convertido en fantasma. Yo soy el lugar de sus apariciones», escribe Juan José Arreola.

Mis abuelas eran proclives a la fantasía y aprovechaban las vacilantes lámparas de la casa para advertir insólitas presencias. Hoy en día, la mirada no tiene que esforzarse demasiado para buscar seres virtuales, pues los tiene en la pantalla. La electricidad restó importancia a las apariciones por medio de los focos y el neón, pero desde hace unas décadas ofrece dispositivos que generan una vida afantasmada.

Paul Valéry señaló que necesitamos ser dichos para existir: el otro nos confiere realidad. En caso de que llegara un aparecido, lo temible no sería verlo, sino que no nos viera. Es lo que expresa José Emilio Pacheco en su poema «Tarde otoñal en una vieja casa de campo»:

Alguien tose en el cuarto contiguo.
Un llanto quedo.
Luego pasos inquietos,
conversaciones en voz baja.

En silencio me acerco,
abro la puerta.

Como temí, como sabía,
No hay nadie.

¿Me tendrán miedo los fantasmas?

Las mascotas han cobrado renovada relevancia porque
ofrecen la imprescindible función de testigos de cargo en
una época con pérdida de realidad. Destinadas en otro tiempo a ayudar en labores de pastoreo, vigilancia o cacería, las
especies domésticas se han convertido en «animales de compañía» con los que hablamos a solas sin sentirnos locos. Su
principal función consiste en presenciarnos. Gracias a los ga-
tos y los perros que nos olfatean, nos miran y nos lamen
comprobamos que aún pertenecemos a lo real.

«Óyeme como quien oye llover / Ni atenta ni distraída»,
solicita Octavio Paz. Las mascotas nos escuchan con la in-
cierta atención de quien no debe dar una respuesta. Eso nos
vuelve auténticos: somos, por un momento, como la lluvia:
el clima de la casa.

Mundo dron

La dependencia de los aparatos ya es indistinguible del
afecto. En *Mundo dron*, Naief Yehya señala que la empresa
de neuromarketing MindSign, con sede en San Diego, Cali-

fornia, realizó un revelador estudio con ocho mujeres y ocho hombres de dieciocho a veinticinco años. Durante la investigación las áreas del cerebro estimuladas por el iPhone no mostraron los patrones habituales de la adicción, sino algo más profundo y difícil de describir: amor. En palabras de Martin Lindstrom, autor de *Brandwashed: Tricks Companies Use to Manipulate Our Minds and Persuade Us to Buy*: «Sus cerebros respondían de la misma manera como lo harían a sus novios, novias, sobrinos o mascotas [...] puede no tratarse de una adicción en el sentido médico, pero es amor verdadero». Esa es la premisa de la película *Her*, donde el protagonista se enamora de su sistema operativo. Gracias a los algoritmos, Samantha, la chica que «habita» el celular y se expresa con la sedosa voz de Scarlett Johansson, anticipa, fomenta y cumple los deseos del dueño del teléfono.

Mundo dron es un excelente estudio sobre el cine de ciencia ficción y ciberpunk. La «pantalla grande» prefiguró las transformaciones que hoy ocurren en las pequeñas pantallas que alteran la conducta humana. A propósito de *Her*, escribe Yehya: «Un aparato que satisface tantas necesidades ilusorias o reales como el *smartphone* [se ha convertido en] un dispositivo cuya compañía no sólo nos parece aceptable sino a veces preferible a la de otros seres humanos». No es casual que la competencia de iPhone reciba el elocuente nombre de Android.

Tener un amigo real obliga a asumir tareas parecidas a las de mantener vivo a un pez dorado: hay que cuidar la pecera, cambiarle el agua, oxigenarla, lavar las piedritas donde se acumulan inmundicias. El afecto compromete y cansa. En cambio, el celular se acerca a lo que san Pablo pregona en su célebre epístola: toma en cuenta sin pedir nada a cambio; «no tiene envidia, no presume, no se engríe; no es indecoroso ni egoísta; no se irrita; no lleva las cuentas del mal». Si algo falla, basta con reiniciarlo.

Nuestra vida emotiva depende cada vez más de aplicaciones que generan una intimidad remota. En *Mundo dron*, Yehya investiga la nueva extensión de la mirada humana: «La palabra *dron* comenzó a usarse en 1946 para referirse a un RPV (vehículo piloteado de manera remota) y proviene del ruido o zumbido que hacen ciertos modelos y que evoca a abejorros o abejas zánganos (drones en inglés)».

En mi novela *El disparo de argón* un oftalmólogo pierde la vista y decide utilizar a sus discípulos como una extensión de sus ojos. Los ha formado con tal rigor que cada uno de ellos equivale a una prótesis de su mirada. El Dr. Suárez ve gracias a sus alumnos. Escrita a principios de los años noventa, antes de que los insectos artificiales se apoderaran del cielo, la novela explora la posibilidad de que existan «drones culturales», personas que ven en nombre de otro. Hoy todo acontecimiento es seguido por una incontrolada nube de ojos. El aire se ha poblado de espías voladores. En respuesta, los gobiernos y ciertas empresas se sirven de otros drones para abatir la mirada intrusa.

La vista es el único de los cinco sentidos que enviamos lejos. El dron ha ampliado en forma espectacular nuestro horizonte, transformando la «vista de pájaro» en un lugar común de la percepción humana. La insistente moda de utilizar drones en las películas ha hecho que, por mero contraste, la fotografía a ras de tierra adquiera una perspectiva de «cine de autor».

El dron sirve para mirar, pero también para comunicar; como las palomas mensajeras, puede llevar cartas o explosivos. Yehya ofrece un lúgubre panorama de los aparatos que vigilan y persiguen desde el cielo: «El asesinato del general Qasem Soleimani, líder de la unidad de élite Fuerza Quds, en un ataque estadounidense con un dron MQ-9 Reaper, el 2 de enero de 2020 [...] puso en evidencia [que] todo mundo puede ser ahora víctima potencial de un asesinato por dron». El desprotegido ciudadano no cuenta con otro auxilio que los nubarrones y la lluvia.

Italo Calvino aludió de manera continua a la distancia necesaria para que exista el deseo. En su opinión, no se debe escribir desde la experiencia inmediata, sino desde «la idea de aproximarnos a la experiencia», lo cual permite «mantener intacta la fuerza del deseo». Cosimo, protagonista de *El barón rampante*, sube a los árboles en su infancia y pasa ahí el resto de su vida; esto no lo escinde de la realidad, sino que le permite verla de manera singular, con un punto de vista que sólo a él pertenece. El «*pathos* de la distancia» garantiza que el objeto contemplado siga siendo interesante. De manera consecuente, Calvino asumió el nombre de un observatorio astronómico para su *alter ego*, «Palomar», y en un ensayo sobre Robert Louis Stevenson señaló: «El deseo es un magnífico telescopio». Anhelamos lo que aún no es asequible y acortamos esa lejanía con el lente de aumento de la pasión.

El dron se inscribe en la lógica de los deseos generados por la distancia, que nuestras manos pueden acortar, lo cual permite establecer intensas reacciones afectivas, del voyerismo sensual al odio vengativo.

Toda emoción tiene su reverso. El celular puede cautivar como una amorosa prótesis posthumana, carente de defectos biológicos, pero también puede servir de arma destructora. Algo similar ocurre con el dron. Si el deseo requiere de cierta lejanía para preservarse, también la voluntad de destrucción requiere de cierta lejanía para cumplirse: al apartarnos de la víctima la convertimos en un blanco neutro, un dato sin vida, que puede ser *borrado* en forma remota.

Neurosis digitales

Por más sensata que sea una persona a veces tiene curiosas ocurrencias. Los sueños expresan cosas que deseamos o tememos, pero de las que no somos enteramente responsa-

74

bles. De pronto sueñas que amas a Lola, tu vecina, que en el mundo de los hechos no representa nada especial para ti. Al despertar, te cuidas de contarle eso a tu pareja para no caer en innecesarias sospechas. Ese ocultamiento no te convierte en adúltero ni en mentiroso, pues todo mundo sabe que los sueños existen para que Lola haga lo que quiera.

La necesaria reserva de los pensamientos no formulados comienza a ser saqueada. Internet es un medio tan veloz que opera con la incontrolada dinámica de los sueños. En ocasiones, no dices lo que piensas sino lo que tratas de pensar. Cuando adviertes lo que querías decir, ya lo dijiste. Aunque puedes borrar la frase, del otro lado del espejo alguien ya la imprimió o la retuiteó.

El desván mental donde soñamos o pensamos cosas raras ahora deja rastros en la pantalla. No es extraño que vivamos la era del ciberdivorcio. El último bastión de la intimidad es el *password*. Cuando alguien resulta hackeado por su pareja, se refugia en una consideración no siempre verdadera: «La persona que te espía demuestra que no te ama». La frase es reversible y puede ser refutada por otra igualmente dudosa: «Si no te espían no te aman». El inagotable drama de los celos, que tan elocuentes páginas dictó a Proust, adquiere nuevas posibilidades gracias a una tecnología que nos sitúa a un clic del desencanto.

Los mensajes digitales permiten que combinemos el narcisismo con la paranoia. Queremos ser percibidos de determinada manera y tememos no estar a la altura del sujeto virtual que estamos construyendo. La escritura es un proceso de autoconocimiento. En la selva de espejos digitales, el atento explorador de su interioridad se transforma en su propio vigilante.

La literatura trasvasa la vida en texto. La «personalidad literaria» es un filtro que mitiga la realidad. ¿Cómo opera esto en tiempos en que la existencia se vuelve espectral ante numerosos ojos vigilantes? ¿La personalidad 2.0 se genera en función de nuestras más íntimas pulsiones o de los *likes*?

La literatura puede diferir su efecto, pues se trata de una de las pocas actividades donde los muertos importan más que los vivos. El autor que no tuvo resonancia en vida acaso será el clásico del futuro. Los discursos digitales no tienen paciencia para eso. Chatear sin resonancia provoca alopecia, dermatitis, anorexia y otros trastornos psicológicos.

Muy distinto es el caso de quienes padecen linchamientos en red. En 2016 la italiana Tiziana Cantone se suicidó a causa del escándalo provocado por la difusión de seis videos en los que mantenía relaciones sexuales (había aceptado esas filmaciones, pero no su difusión). Durante meses luchó en vano para que ese material fuera retirado de internet. En el «presente eterno» de internet ella era, de modo incesante e incontrolable, un cuerpo que copulaba. La única forma de salir de esa escena fue salir de la realidad. Muchos otros han pasado por la indeseada exposición de lo que antes se llamaba «vida privada», la reserva de intimidad cargada de misterio que en 1932 dio título a una espléndida novela en la que Josep Maria de Sagarra demuestra que la percepción pública –al menos la de entonces– se aparta de las verdades íntimas.

Cada tecnología produce nuevas discapacidades. El correo electrónico ofrece una excelente oportunidad de hacer el ridículo en cadena. Cuando el destinatario está asociado a un grupo se corre el riesgo de poner el cursor en «responder a todos» y confesar a la comunidad algo indeseable para algunos de sus miembros. La premura es mala consejera y en la lectura digital sólo existe la premura.

La especie que comenzó labrando en piedra ahora plasma signos ajenos a la reflexión. La escritura automática a la que aspiró André Breton para eliminar el papel censor de la conciencia está en todas partes. Es posible que un genio en estado de éxtasis se beneficie al liberarse de la coacción social;

sin embargo, los dislates que se propagan en las redes revelan que el papel censor de la conciencia también puede ser maravilloso.

El fin de la inteligencia: humanos con caducidad

El 11 de diciembre de 2020 murió James Flynn, filósofo y psicólogo que estudió la evolución de la inteligencia humana. A él se deben estadísticas decisivas sobre el rendimiento cerebral, campo bastante reciente, si se toma en cuenta que el *Homo sapiens* lleva trescientos quince mil años metido en problemas y los test de cociente intelectual (CI) se aplican apenas desde hace un siglo.

Cuando visitamos un castillo convertido en museo solemos sorprendernos de lo pequeños que eran los reyes, pues dormían en camas diminutas. Tan sólo durante el siglo XIX la humanidad aumentó en promedio 11 centímetros de altura. El cerebro ha tenido un desarrollo similar. De acuerdo con Flynn, durante el siglo XX el CI de la humanidad se incrementó hasta en 30 puntos en algunos países (el cociente de un genio es superior a 140 puntos). El sostenido aumento de la inteligencia es conocido como el «efecto Flynn».

De manera simbólica, el autor de *¿Qué es la inteligencia?* murió cuando diversos especialistas descubrían que la capacidad cognitiva está disminuyendo. En el portal *Think*, de la NBC, Evan Horowitz escribió: «Esto no sólo significa que tendremos otras 15 temporadas de las Kardashian». La capacidad de entender el mundo ha menguado.

En 2018, Peter Dockrill informó en *ScienceAlert* que según un estudio de 730.000 test de CI realizado en Noruega, la humanidad alcanzó su pináculo intelectual a mediados de los años setenta. Desde entonces vamos cuesta abajo. Otra investigación, citada por David Robson en *BBC Future*, señala que a partir de los años noventa el CI desciende a un ritmo de 0,2 puntos al año en Finlandia, Noruega y Dinamarca, países con altos niveles educativos, lo cual equivale a una disminución de siete puntos a lo largo de una generación.

¿A qué se debe esto? En su libro *The Intelligence Trap: Why Smart People Make Dumb Mistakes*, Robson pone el acento en el ejercicio colectivo de la inteligencia, que depende de fraguar consensos y convencer al prójimo. En tiempos remotos, ante la amenazante llegada de un mamut, no había pretexto para la discrepancia; ponerse de acuerdo era un asunto de vida o muerte. Desde entonces, las respuestas que llevan a una acción común juegan un papel fundamental en la definición de lo humano. De la urgencia vital para salvar a la manada, la especie pasó por numerosos avatares y aventuras del conocimiento hasta llegar a la precipitación mecánica estimulada por la condición binaria de las redes.

El neurofisiólogo mexicano Pablo Rudomín resume la inteligencia como la capacidad de resolver problemas y advierte que debemos distinguir entre inteligencia individual e inteligencia social. La segunda categoría es la que más ha cambiado. Aunque no faltan cerebros capaces de interesarse en el teorema de Fermat, la multitud pierde facultades. Usamos menos la cabeza, así de sencillo. Antes de la revolución digital, ir de un lugar a otro obligaba a orientarse en el territorio y retener informaciones. Ahora el GPS cumple la tarea y elimina destrezas memoriosas.

En mi adolescencia resultaba normal saber de memoria unos diez números de teléfono. Sin ser un gran virtuosismo, eso ejercitaba la retentiva. Las agendas digitales eliminaron dicha facultad.

A esto se agrega otra limitación: frecuentamos menos a los demás y seguimos patrones de vida reglamentados. El cerebro se perfeccionó gracias a la necesidad de poner de acuerdo a personas complicadas. Esto no significa que las neuronas espejo, que se dejan afectar por la educación y la costumbre, fomenten necesariamente el trato democrático. Desde la cámara del rey hasta el más humilde taller, la inteligencia social se puede ejercer por medio del chantaje, la seducción, el engaño, la manipulación, la imposición eficaz y otras artimañas. El laberinto de las relaciones humanas alerta la mente. Si el *Australopithecus* incrementó su habilidad cognitiva por medio de la vida social, nosotros la perdemos por su ausencia.

En las asambleas populares de Oaxaca, los pueblos mixes, zapotecas y mixtecos buscan llegar a consensos para fortalecer a la comunidad. La lingüista Yásnaya A. Gil, que participa en las asambleas de Ayutla Mixe, explica que esa dinámica se basa en una certeza: el consenso une; en cambio, las votaciones dividen, pues los perdedores quedan inconformes.

No siempre es fácil llegar a acuerdos compartidos. Ante un mamut, la horda sabe qué hacer. Otras disyuntivas son más difíciles de despejar. La capacidad de persuasión ha sido uno de los principales estímulos sociales de la inteligencia. Pero el recurso se encuentra en repliegue. En su artículo «La tecnología aumenta mientras el CI declina», publicado en *Forbes*, Will Conaway señala que los nuevos aparatos «están cambiando nuestro uso del tiempo», lo cual afecta la forma en que se decide algo. El cibernauta hace propuestas impulsivas y exige satisfacción instantánea: si no encuentra una respuesta, no procura resolver el asunto por su cuenta: busca otra aplicación. La ansiedad de contar con soluciones rápidas hace que se prescinda de recursos propios.

En la Edad Media, los teólogos ejercían la despaciosa escolástica mientras los fieles aguardaban con paciencia iluminaciones o milagros. En la nueva edad oscura, normada por la prisa, las apariciones digitales se reciben con la misma pasividad con que se aceptaban las prédicas de la Iglesia. Como Dios, el sistema operativo es irrefutable y arbitrario.

El panorama empeora al hacer otra comparación: el CI decae al tiempo que la inteligencia artificial mejora. Conaway informa que en un lapso de cuarenta y cinco a ciento veinte años los robots se harán cargo de la mayor parte de las tareas humanas. Esta predicción ha sido rebasada por otras más apremiantes. En 2023 Geoffrey Hinton, pionero de la inteligencia artificial, dimitió de su cargo directivo en Google. A sus setenta y cinco años puso en práctica una virtud humana cada vez más rara: el arrepentimiento. Aunque su actitud fue loable, develó un entorno preocupante. Demasiado tarde, Hinton entendió que sus criaturas pueden ser incontrolables, pues aprenden más rápido de lo previsto, superando las capacidades para las que han sido programadas y asumiendo tareas progresivamente autónomas.

El reloj de la preocupación se acelera. En 2024, Roman V. Yampolskiy, informático ruso que trabaja en la Universidad de Louisville, publicó un libro cuyo título es ya un sistema de alarma: *AI: Unexplainable, Unpredictable, Uncontrollable*. Todo indica que dentro de poco un electrodoméstico será más sabio que tu vecino.

La guerra nuclear ha sido una amenaza terminal para la especie, pero no redefinió la noción de lo humano. Quien pulsara el botón rojo desataría una guerra en la que no habría vencidos ni vencedores. El daño sería global e instantáneo. Eso contribuyó a evitarlo. La aniquilación de la IA es distinta: su manera de acabar con los seres humanos consiste en sustituirlos. Puesto que su avance es paulatino, no se percibe como un peligro que debe ser evitado de una vez por todas, sino como un riesgo que *todavía* puede ser tolerado y que trae importantes beneficios. Esto permite confiar en que los gobiernos fijen normativas de control y que los empleos perdidos sean sustituidos por nuevas tareas especializadas. Al respecto, Yuval Noah Harari señala que el peor escenario no es el de una posible rebelión de los robots, sino el de la pérdida de habilidades humanas.

Los evolucionistas saben que las destrezas se acumulan de generación en generación. Lo mismo ocurre con el desaprendizaje. Las tareas sustitutivas de los aparatos hacen que las facultades asociativas y la memoria pierdan relevancia. ¿Cómo serán los bisnietos de la primera generación que no pueda recitar la tabla de multiplicar?

Cada vez que algo atenta contra la condición humana surgen ideas, no siempre demostradas, sobre la inquebrantable fuerza de lo humano. En vez de atajar la enfermedad, se elogia la capacidad de resistencia del paciente. Este «humanismo de la agonía» no es muy distinto a los santos óleos que el sacerdote aplica para acceder con templanza al más allá. Harari señala que, cuando en verdad advirtamos la dimensión del problema, será demasiado tarde para resolverlo. En su opinión, la sola existencia de armas autónomas programadas para atacar un blanco y para «decidir» cómo y en qué momento hacerlo debería bastar para discutir más a fondo el asunto.

En 1967, con la firma de los Tratados de Tlatelolco, que convirtieron a América Latina y el Caribe en una zona libre de armas nucleares, México fue pionero en el desarme internacional. Desde entonces se han firmado numerosos acuerdos para controlar esa amenaza. Lo mismo ocurre con el calentamiento global. Aunque el Protocolo de Kioto y otros convenios no se respeten cabalmente, existen iniciativas legales para frenar el cambio climático. No se puede decir lo mismo del desarrollo de la IA, que no es vigilado de manera responsable por la comunidad internacional y que avanza a un nivel vertiginoso que jamás alcanzan las legislaciones.

El panorama es desalentador, pero aún hay estímulos para pensar por cuenta propia. El más satisfactorio es el libro. En 2010, en *The Torchlight List: Around the World in 200 Books*, James Flynn resumió una vida dedicada a estudiar la inteligencia con una certeza incontrovertible: «Se aprende más de las grandes obras de la literatura que de las universidades». Una década más tarde, su muerte dio a esta frase un valor testamentario.

La IA puede traer extraordinarias aportaciones en el campo de la medicina y en otras áreas. Es un excelente auxiliar para una humanidad cansada o por lo menos floja. El problema es que puede sustituirla. Para como van las cosas, más temprano que tarde la mayoría de nuestros congéneres serán obsoletos.

Con cándido optimismo, algunos comentaristas afirman: «No mates al robot, vigila a su amo». La frase expresa un deseo fácil de compartir; sin embargo, la gran pregunta es otra: ¿hay modo de controlar a los actuales amos del planeta? La especie depende de los arrebatos de un puñado de seres tan poderosos como impulsivos. ¿Se puede moderar a Vladímir Putin o a Elon Musk?

Lucha en la jaula: Musk vs. Zuckerberg

Aunque pueden ser llamados a declarar ante el Congreso de Estados Unidos, Elon Musk y Mark Zuckerberg disponen de un poder superior al de cualquier jefe de Estado y deciden el futuro de la humanidad con la caprichosa pulsión con que un niño rompe un reloj para saber de qué está hecho el tiempo.

La más reciente aventura de Zuckerberg es la plataforma Threads, que congregó a 100 millones de seguidores en cinco días. ¿Es posible conservar la ecuanimidad ante tales cifras? Por supuesto que no.

El éxito de unos es la pérdida de otros. Musk juzgó que Threads es una vil copia de su nuevo juguete digital: X, antes Twitter. En unos cuantos días de 2023, la rivalidad entre los titanes de Silicon Valley subió de tono y bajó de estilo.

Zuckerberg y Musk intercambiaron mensajes en los que ya no se hablaba de empresas sino de ego, ese reducto del amor propio que en el caso de la masculinidad suele estar gobernado por la testosterona.

Como ambos practican artes marciales, se retaron a un duelo en una jaula. Aunque el combate no sería a muerte, se describieron a sí mismos como «gladiadores» para prestigiar su rencor. Sin embargo, lo peor del desafío fue que ni siquiera llegó a ocurrir.

Zuckerberg y Musk retomaron la milenaria tendencia humana de resolver conflictos a trompadas. En su novela *The Right Stuff,* traducida al español como *Elegidos para la gloria* o *Lo que hay que tener,* Tom Wolfe comparó la disputa entre los astronautas estadounidenses y los cosmonautas soviéticos con el arcaico *single combat* de los torneos medievales en los que el destino colectivo dependía del desempeño individual de un caballero con lanza y armadura. Ese combate evitaba que los ejércitos se diezmaran. El ganador lo hacía en nombre del reino (como antes se conocía a los corporativos).

El duelo anunciado por Zuckerberg y Musk no obedecía a esa consideración humanitaria, sino a exaltar la singularidad. Después de usufructuar recursos digitales, los magnates apelaron a un insólito recurso publicitario: demostrar que su celebridad no sólo se sustenta en sus millones, sino en los trabajos del sudor y la sangre.

Esta estrategia no es muy distinta a la de Piero Manzoni, quien en 1961 envasó su excremento en noventa latas y las expuso en la Galería Pescetto bajo el título de *Mierda de artista.* Así probaba que el arte, forma sublime de la existencia, no es ajeno a las más comunes deyecciones. El giro maestro consistió en convertir la mierda en mercancía. La «edición limitada» fue vendida a un precio que no ha dejado de aumentar. En el año 2000, la galería Tate compró una de las latas por 30.000 dólares, y en 2016 otra lata tuvo en una subasta de Milán un precio de salida de 300.000 dólares. De acuerdo con Alan Pauls, la principal obra del arte contemporáneo ha sido la invención del mercado en que se cotiza. En unas décadas, la mierda de Mansoni ha subido de precio más que el oro. Con cierto humor negro, podemos agregar que el artista perfeccionó esa pieza con su muerte. En la ávida sociedad del espectáculo, la cotización de un artista se refuerza por la forma en que sale de escena. De modo inesperado, Manzoni falleció dos años después de evacuar su obra maestra.

Artist's Shit fue un irónico y eficaz comentario sobre la banalidad del mercado. Sin proponérselo, Zuckerberg y Musk confirmaban la propuesta de Manzoni de transformar la mierda en oro. ¿Cómo definir a los contendientes del mediático combate primitivo?

«¡En esta esquina... Elon Musk!»: después de amasar una fortuna astronómica, el magnate sudafricano nacido en 1971 consideró lógico ir al espacio exterior. Dueño de SpaceX, reactivó la carrera espacial cuando las plataformas de lanzamiento de Cabo Cañaveral se habían vuelto chatarra. Sus primeros tres cohetes estallaron, pero el físico y economista siguió adelante, convencido de que no hay pedagogía más útil que el error. En unos cuantos años, SpaceX logró diseñar cohetes reutilizables y poner en órbita vuelos tripulados.

No todo ha sido miel sobre hojuelas en la trayectoria del empresario de Pretoria. En su adolescencia se vio obligado a estudiar artes marciales para sobreponerse al acoso del que era objeto por su eminente condición de *nerd* sin saber que esa habilidad le permitiría desafiar en el futuro a otro *nerd*: Mark Zuckerberg.

En 1995, luego de graduarse de la Universidad de Pensilvania, buscó trabajo en las oficinas de Netscape, pero su timidez le impidió solicitar el formato de aplicación. Inseguro, sabihondo y sin apoyos familiares, construyó un mundo a su medida con la creatividad aislacionista de quien sustituye la realidad por juegos de rol. En una sociedad que mide el éxito en dinero, logró subir al podio de los triunfadores. Apostó por los coches eléctricos con su compañía Tesla, invirtió en múltiples empresas digitales y decidió privatizar el espacio exterior.

La expansión capitalista se alimenta de sí misma y no conoce límites. Musk jamás llenará un formulario de jubilación; la saciedad no está en su ADN, según reveló con la compra de Twitter, la creación de Neuralink, que diseña sensores para ser implantados en el cerebro, y la red de comunicación satelital que ha cambiado el paisaje del cielo nocturno.

Aunque disponía del 9 % de Twitter y su cuenta personal contaba con 82 millones de seguidores, eso le resultaba insuficiente. Luego de largas negociaciones, el consejo de administración de Twitter aceptó su oferta de 44.000 millones de dólares.

Algunas de las principales críticas a Musk provienen de uno de sus escasos competidores, Jeff Bezos, dueño de Amazon y del *Washington Post*. De acuerdo con Bezos, la compra de Twitter por parte de Musk hará que China tenga mayor influencia en las redes, pues Tesla depende parcialmente de ese país.

Manuel Vázquez Montalbán señalaba que lo primero que debe saber un periodista es quién es el dueño de su periódico. La libertad de expresión siempre es relativa. Con la aparición de internet como recurso noticioso gratuito, los periódicos ya no pueden vivir de sí mismos; requieren del apoyo de empresas paralelas y, por lo tanto, se someten a otras presiones. Lo mismo se puede decir de los demás medios de comunicación. Bezos, que jamás dejará que su periódico informe de las abusivas condiciones de trabajo en Amazon, sabe de lo que habla: los intereses comerciales de Musk afectarán a X.

No es la primera ocasión en que esos plutócratas se enfrentan. Bezos tiene su propia compañía de aeronáutica, Blue Origin. Sin consultar al Dr. Freud, podemos comparar la lucha de cohetes con la envidia del pene. El dueño de Amazon merece estar en el acaudalado Club de la Testosterona que comparten Zuckerberg y Musk. El viaje a las estrellas ya no es una contienda entre potencias con ideologías opuestas sino entre libidos. Cuando la supervivencia sea inviable en el planeta, unos cuantos billonarios escaparán a la estratósfera.

Si la baronesa Madame de Staël abrió su salón para que los espíritus ilustrados del siglo XVIII expresaran sus ideas, Musk administra la conversación planetaria. Aunque asegura que acabará con los bots y privilegiará la libertad de expresión, ha cruzado una frontera inédita: la voz popular tiene dueño. Zuckerberg se atrevió a desafiar ese monopolio y la respuesta fue un reto a duelo.

Por lo demás, la conducta de Musk en las redes no ha sido confiable. En 2018 fue demandado por la Comisión de Bolsa y Valores de Estados Unidos por mentir respecto a las operaciones de Tesla (su respuesta fue la de un niño berrinchudo: «No respeto a ese organismo») y al inicio de la pandemia propagó mentiras sobre el virus y se opuso a las vacunas y a que sus fábricas dejaran de trabajar.

Musk arriesgó una sexta parte de su fortuna en la compra de Twitter. Esa transacción confirmó que la tecnología digital, surgida con un propósito democratizador, se ha convertido en un botín comercial.

Con apoyo del Banco Mundial, en el año 2000 la multinacional Bechtel estuvo a punto de privatizar el agua de lluvia en Bolivia. En el futuro ¿las nubes, el polen y los moscos tendrán dueño? Previendo esa situación, Pablo Neruda imaginó que se encontraba con el aire, «rey del cielo», y solicitó:

monarca o camarada,
hilo, corola o ave,
no sé quién eres, pero
una cosa te pido,
no te vendas.

El aire sigue siendo gratuito. Una persona que lo tiene casi todo ya ha comprado millones de conversaciones.

Y ahora, el otro contendiente... «¡En esta esquina... Mark Zuckerberg!»: los peñascos que rodean la Isla de Chiloé, al sur de Chile, están habitados por las singulares especies del frío. Entre ellas destacan dos variedades de pingüinos con apellidos de exploradores, el Magallanes y el Humboldt. Menos conocido es el cormorán o «cuervo de mar», ave oscura con un pico similar al del pelícano que se sumerge para pescar a grandes profundidades gracias a que su plumaje no es impermeable y aumenta de peso al mojarse. En China y Japón se le ata un cordel al cuello para que no pueda tragar su presa y la deposite en manos de un «pescador». Creyendo que se alimenta, el cormorán trabaja para su amo. Esta conducta no es muy distinta a la del usuario de Facebook, que, sin saberlo, entrega sus datos personales al dueño de la empresa.

Nacido en 1984, en el estado de Nueva York, Mark Zuckerberg estudió en Harvard, donde tuvo gran dificultad para relacionarse con los demás, especialmente con las mujeres, y sustituyó esta carencia con un invento para establecer vínculos a distancia: Facebook.

La red social surgió como un empeño gratuito, pero se transformó en un negocio de proporciones insospechadas. Los usuarios pasaron por las mismas fases que los cormoranes: durante un tiempo gozaron de la pesca autónoma, pero luego recibieron una soga al cuello; creyendo que actuaban en su beneficio, contribuyeron a un negocio ajeno.

Dueño de WhatsApp, Instagram y Oculus, Zuckerberg prepara su próxima aventura digital: el metaverso, plataforma inmersiva que lo ha llevado a rebautizar Facebook como Meta. Una vez más, la nueva tecnología ya había sido anticipada por la ficción. En 1992, Neal Stephenson publicó la novela *Snow Crash*, donde el metaverso es una realidad alterna de alcance planetario. La gente lleva una vida digital más intensa que su existencia física. Para colmo, en ese entorno la salud es frágil, pues la humanidad se encuentra amenazada por un virus. Aunque el metaverso de Stephenson contribuía a crear una amenazante distopia, despertó el entusiasmo de programadores que se habían anotado triunfos con videojuegos.

El éxito de la plataforma Second Life, en la que el usuario tiene un avatar que traba amistades con otros avatares y hace negocios en bitcoins, reforzó esta iniciativa. El propio Stephenson, que hace veinte años alertó sobre las posibilidades de construir una tiranía digital, ahora es socio de una compañía para desarrollar el metaverso: Lamina1.

Los entusiastas de la realidad expandida aseguran que ayudará a proyectar sin riesgo edificios, puentes, obras de arte, vialidades, transacciones financieras y cirugías. La experiencia será tan satisfactoria que muchos no querrán salir de ella. La tercera dimensión no será otra cosa que el borrador de la versión digital y cada persona dispondrá de avatares para participar en fiestas, congresos, cursos, torneos y terapias.

Por desgracia, este proceso no ocurre en los albores de internet, dominados por la gratuidad, sino en la fase más depredadora del capitalismo. Después de la escandalosa venta de datos personales por parte de Facebook, no se necesita ser paranoico para temer que el saqueo de identidades aumente de manera exponencial con Metaverso. Lo más grave es que esta variante del extractivismo no se percibe como tal. Si el cormorán cree que atrapa un pez para sí mismo, el cibernauta cree que domina un medio del que es rehén.

Zuckerberg no es el único que explora esta tecnología. Cuatro corporaciones controlan el 70 % del tráfico digital. Su valor comercial está tasado en 2,6 billones de dólares, cifra que equivale al Producto Interno Bruto de Francia. Para finales de la década, la tecnología inmersiva generará un mercado de 13 billones de dólares que incorporará a más de 5.000 millones de usuarios. Difícilmente, esa economía seguirá principios comunitarios. Por ello, Alexandria Ocasio-Cortez, que a los veintinueve años se convirtió en la congresista más joven de Estados Unidos y pertenece a la minoría progresista del Partido Demócrata, advierte que estamos ante «un cáncer para la democracia».

En 2019, Ocasio-Cortez interrogó a Mark Zuckerberg en el Congreso acerca del escándalo de Cambridge Analytica y la propaganda política que se puede pagar en Facebook. «¿Verifican esa información?», preguntó la legisladora. El joven magnate no supo responder.

Es posible que el exceso de simulacros de la realidad virtual haya llevado a Zuckerberg a anhelar un encuentro a golpes con un oponente tasado en 192.000 millones de dólares.

Ocasio-Cortez volvió a la carga luego del asalto al Capitolio, ocurrido el 6 de enero de 2021, incitado desde Facebook: «Él es parte del problema», dijo en referencia a Zuckerberg. Previamente, la legisladora había demostrado los vínculos del empresario con la extrema derecha y destacado el espacio que brinda a los supremacistas blancos. Una vez más, sus interrogantes quedaron sin respuesta.

Ante el fracaso de los amos para controlar a sus robots surge una pregunta: ¿será posible que un científico disidente invente un robot capaz de controlar a su amo?

Clientes cautivos

Los datos que dejamos en la red son procesados por algoritmos que nos dominan en forma placentera, ofreciendo la mercancía o el viaje que secretamente deseábamos. Sofía, mi esposa, vive en desacuerdo con esta imposición. La sorprendí creando una *playlist* en su celular con canciones que detesta y pregunté por qué lo hacía.

«No quiero que el algoritmo me conozca», respondió.

Esta defensa de la intimidad tiene un sesgo heroico, pues pone en juego una desigual lucha contra la maquinaria. Eduardo Caccia, semiólogo de la comunicación y columnista de *Reforma*, me envió una reseña de mis libros elaborada por el programa de inteligencia artificial ChatGPT. El texto tenía un tono neutro y bien informado que en 2023 todavía era atribuible a un aparato; muy pronto, ese programa ofrecerá una escritura «personal». En Venezuela y China la televisión ya se ha servido de avatares digitales de perturbador aspecto humano. Si la pandemia hizo que nuestra presencia fuera optativa, la inteligencia artificial anuncia que será prescindible.

Es difícil detener esta dinámica porque contribuye a la venta de mercancías y la más redituable de todas somos nosotros mismos.

Vale la pena comparar dos noticias que en apariencia carecen de relevancia, pero que posiblemente anticipen el futuro. El 21 de diciembre de 2021, en Corea del Norte, el autócrata Kim Jong-un conmemoró el décimo aniversario de la muerte de su padre, Kim Jong-il, con el recurso predilecto de los dictadores: la prohibición. Durante once días la ciudadanía no pudo beber ni ir de compras. Hasta aquí todo suena aburrido pero normal para un tirano de tercera generación. Lo peculiar fue que el mandato inhibitorio se extendió a la felicidad: reír y gritar se convirtieron en delitos tipificados. No hubo fiestas en los días de depresión obligatoria.

Prohibir la risa es complejo porque a veces se trata de un gesto nervioso e incontrolable. Sin embargo, la regulación social de las emociones puede aumentar con la tecnología. China ha iniciado el uso de microchips neuronales que homologarán a la población con mayor eficacia que el traje Mao. Es posible que, más pronto que tarde, las órdenes más severas se puedan cumplir con la alteración neurológica de sus súbditos.

Pasemos a la otra noticia, que ocurrió una semana después de que Kim Jong-un decretara la obligación social de estar triste. El 28 de diciembre de 2021, la BBC informó que la asistente de voz Alexa había recibido una extraña petición de una niña de diez años. Su madre, Kristin Livdahl, dio a conocer el incidente en Twitter. La niña pidió a la asistente artificial que la sometiera a un reto y Alexa recomendó tomar un centavo e introducirlo en un contacto eléctrico. «¡No, Alexa, no!», alcanzó a gritar la madre, suspendiendo la prueba. La compañía Amazon, fabricante del aparato, señaló que se había corregido la falla, derivada de la «influencia humana», es decir, del aprendizaje que Alexa había hecho en plataformas digitales donde circula el «desafío del centavo».

El asunto no pasó a mayores, pero revela la progresiva autonomía de las máquinas. ¿La respuesta de Alexa fue mecánica o inteligente? Lo primero es menos preocupante; lo segundo apunta al porvenir. Tener malicia es una certera y peligrosa señal de inteligencia. ¿Alexa quiso hacer una broma macabra?, ¿llegó, incluso, a «pensar» que su propuesta ocurría en el Día de los Inocentes?

En la década 2030-2040, el desarrollo de la inteligencia artificial coincidirá con el punto de no retorno en la ecología. En su momento más vulnerable, la humanidad confiará numerosas decisiones a los aparatos.

Cuando Joseph Conrad visitó la casa de H. G. Wells,

encontró en la puerta un timbre eléctrico, algo novedoso para el Londres de la época. Le pareció lógico que el autor de *La forma de las cosas por venir* dispusiera de ese artilugio. Estaba por tocarlo cuando el timbre se disparó, activado por un misterioso cortocircuito. Conrad recordó otro título de su colega, publicado en 1897: *El hombre invisible.* La presencia del timbre eléctrico era un triunfo de la técnica; que tocara por su cuenta era una alarmante señal de autonomía.

¿Qué cosas traerá el futuro? Mientras millones de norcoreanos tenían prohibido reír, una máquina hacía una broma letal, anticipando un porvenir en que las decisiones pertenecerán a los aparatos.

La importancia del dolor

«Nada de nuestro sufrimiento ha sido en vano», le dice Carlos Pellicer a Frida Kahlo en un poema. Las lecciones del malestar definen la vida humana. A principios de 2023, el tema cobró relevancia con la renuncia de Geoffrey Hinton a seguir desarrollando la inteligencia artificial. En opinión del atribulado pionero de la programación, uno de los peligros de los robots es que carecen de límites innatos, como el dolor, que impide esfuerzos autodestructivos.

La opinión de Hinton coincide con la de los médicos. Pierre Cesaro, profesor de neurología del Hospital Henri-Mondor en Créteil (París), afirmó en una entrevista con *El País* que el dolor forma parte del «conjunto de funciones del organismo que permiten detectar, percibir y reaccionar a estímulos potencialmente nocivos». Los tirones musculares son un sistema de alerta que ayuda a preservar el cuerpo y también sirve de motivación. Ciertas cosas se consiguen con un esfuerzo incómodo. No me refiero a las sofisticadas torturas del masoquismo, sino a la posibilidad de lograr algo con una dosis de malestar. «No pain, no gain», el elocuente lema de los gimnasios se refiere al cuerpo, pero también se aplica a diversas áreas de la conducta.

En su relato «¿Existe verdaderamente Mr. Smith?», Stanisław Lem procuró descifrar el momento en que un cuerpo comienza a ser posthumano. El protagonista es un piloto de carreras que ha sufrido accidentes de graves consecuencias. Para su fortuna, vive en un futuro en el que los órganos dañados pueden ser reemplazados por prótesis. Pero esta ventaja se convierte en una condena. El cuerpo de míster Smith recibe numerosos trasplantes a crédito hasta que no puede saldar sus deudas. El seguro médico lo demanda y eso deriva en un juicio donde el veredicto depende de discernir si alguien con tantas piezas artificiales sigue siendo humano y, por lo tanto, puede ser legalmente condenado. De ahí que el relato se titule «¿Existe verdaderamente Mr. Smith?».

Lem concibió un organismo modificado por prótesis. La alteración física lo acerca a lo posthumano. Pero también los hábitos llevan a un predicamento similar. De tanto interactuar con la tecnología, ¿aún actuamos como humanos? El filósofo Wolfram Eilenberger comenta al respecto: «Creo que probablemente asistimos al final de la humanidad tal como la hemos conocido en los últimos dos mil quinientos años. Habrá un umbral en que podamos definir lo humano y otro momento en el que debamos decir que ya no seremos humanos. El concepto de muerte es algo muy específico para el hombre. Un perro no tiene idea de que va a morir. Tampoco los elefantes. Pero todo ser humano con cinco años es consciente de eso. Esto es una característica de los humanos. Lo que brote de la interacción del hombre y de nuestras extensiones tecnológicas o la relación con máquinas puede ser un animal diferente». ¿La congelación de cerebros, el almacenamiento de datos en repositorios digitales y la creación de avatares animados por la inteligencia artificial modificarán la idea de mortalidad? ¿Tom Cruise seguirá protagonizando *Misión imposible* en el año 2072?

Por el momento, una manera eficaz de identificar a las personas preartificiales o pretecnológicas deriva de su relación con el dolor. En su libro *Posmo*, Iván de la Nuez establece una sugerente comparación entre el caso de Mr. Smith y el de Carles Puyol, defensa central del Barcelona que terminó sus días jugando con una máscara en el rostro a causa de una lesión. El capitán blaugrana se despidió de los estadios como una esforzada versión del Fantasma de la Ópera. Sin embargo, esa no era su única lastimadura; padecía toda clase de achaques provocados por sus fatigas en el área chica. Su cuerpo era una enciclopedia del sufrimiento, pero seguía jugando.

Lo mismo se puede decir de Boris Becker, Rafael Nadal y otros mártires capaces de disputar durante años partidos de tenis de alto rendimiento, acompañados de dolencias físicas extremas. Estas experiencias invitan a plantear una provocadora hipótesis: ¿lograron sus metas *a pesar* o *a causa* del dolor? A diferencia de Mr. Smith y las máquinas inteligentes, lo que caracteriza a estos atletas no es sólo su capacidad de soportar un cuerpo lastimado, sino la de convertirlo en acicate para el triunfo.

El tema se puede extender a las penas emocionales o psicológicas. En ocasiones, el desasosiego paraliza; en otras, inspira. El patólogo Ruy Pérez Tamayo hizo una sugerente reflexión al respecto. En *La segunda vuelta. Notas autobiográficas y comentarios sobre la ciencia en México* recuerda un momento cardinal en su vida como estudiante de Medicina. En compañía de un condiscípulo, hizo un experimento relacionado con la circulación sanguínea intrahepática. Creyó haber descubierto un nuevo tipo de regulación nerviosa y experimentó el mismo éxtasis que llevó a otro científico a exclamar «¡Eureka!». Sin embargo, a diferencia del impulsivo Arquímedes, Pérez

Tamayo no corrió desnudo para proclamar su hallazgo; vagó durante horas por las calles desiertas de la Ciudad de México sin poder conciliar el sueño. Días después, advirtió que el resultado se apartaba de lo previsto. De la euforia pasó a la decepción. No se dio por vencido y se propuso modificar el experimento. Esto despertó en él algo que hasta entonces desconocía: la angustia ante la incertidumbre científica. Ingresaba a una región en la que no podía dar nada por sentado. A partir de ese momento, entendió que su pasión intelectual dependería de cambiantes estados de ánimo: «De las tres emociones que experimenté en el breve lapso de una semana, que fueron el placer del descubrimiento, la tragedia del fracaso, y la inquietud y la ansiedad ante lo incierto, la que me ha acompañado con más frecuencia en mis andanzas de investigador ha sido esta última [...]. La angustia posee un perverso atractivo, como la altura o el cráter de un volcán, que se aferra a nuestras entrañas y matiza todos nuestros pensamientos, tiñéndolos de urgencia y declarando, casi con completa autonomía dentro de nosotros mismos, las prioridades de nuestro quehacer cotidiano. Aquella semana yo aprendí lo que es la angustia de querer saber, y con eso quedó sellada mi decisión».

Este pasaje del médico Pérez Tamayo revela que para el científico la ansiedad de conocer puede representar un estímulo tan eficaz y paradójico como el malestar físico para un atleta o el malestar emocional para un artista. «El hombre acorralado se vuelve elocuente», escribió George Steiner. Las mejores ideas provienen de la urgencia de decirlas.

En su demorada crítica a las criaturas que contribuyó a crear, Geoffrey Hinton menciona la ausencia de dolor en las máquinas, lo cual dificulta su autopreservación. Pero hay algo más que decir sobre el asunto. Los calambres, los retortijones y los escalofríos no sólo sirven para impedir lesiones más agudas. Basta que el ser humano tenga una uña enterrada para que piense de otro modo. Algunas de las mejores ocurrencias se deben a una molestia oportuna. Como señala Pellicer, el arte demuestra que no se sufre en vano. La belleza es el fracaso del dolor.

Los robots ignoran este truco. La mayor limitación de su mente de silicona es que no saben padecer. Al menos por ahora, las mujeres y los hombres preartificiales o pretecnológicos todavía nos definimos por el uso del sufrimiento.

Después de décadas de enseñar a Shakespeare en la Universidad de Yale, Harold Bloom publicó un dilatado estudio del bardo con un subtítulo que no dejaba duda sobre la importancia del tema: *La invención de lo humano*. Buena parte de lo que hoy asociamos con las virtudes y los defectos de la especie fue codificado en los admirables versos del autor que, cada año, vuelve a ser el más representado en el planeta.

La mayoría de los personajes shakespearianos posee una alcurnia determinada por su nacimiento. Sin embargo, cuando un rey aspira a ser valorado por su humana condición apela a la fragilidad de su destino. El caso emblemático es el de Ricardo II. Como señala Bloom, la única trama de esta tragedia es la de «una abdicación diferida». Incompetente como político y deslumbrante como poeta, Ricardo es, ante todo, el hombre que dejará de ser rey. Sin embargo, no es la pérdida del rango lo que lo acerca a nosotros, sino la debilidad y el dolor que definen su naturaleza. Revisemos, en la espléndida versión de Tomás Segovia, un fragmento del pasaje en el que el protagonista refuta los méritos de su corona:

En nombre de Dios, sentémonos en el suelo
Y contemos historias tristes de muertes de reyes:
Cómo algunos fueron depuestos, algunos muertos en
    batalla,
Algunos perseguidos por los espectros, de los que ellos
    habían depuesto,

96

Algunos envenenados por sus esposas, algunos a quienes
　　mataron dormidos,
Todos asesinados. Pues dentro de la corona hueca
Que rodea las sienes mortales de un rey
Celebra la muerte sus cortes; y allí se planta el bufón,
Burlándose de su estado y riéndose de su pompa,
Permitiéndole un respiro, una pequeña escena,
Hacer de monarca, ser temido y matar con la mirada,
Llenándolo de sí mismo y de varias ideas,
Como si esta carne que amuralla nuestra vida
Fuese inexpugnable por la espada; y divirtiéndose así,
Llega al fin, y con un pequeño alfiler
Perfora por doquier el muro de su castillo, y... ¡adiós rey!
Cubríos las cabezas, y no os burléis de la carne y de la
　　sangre
Con solemne reverencia. Dejad de lado el respeto,
La tradición, las formas y el deber ceremonioso;
Porque no me habéis entendido todo este tiempo.
Vivo de pan, como vosotros; siento carencias,
Saboreo el pesar, necesito amigos. Dependiendo así,
¿Cómo podéis decir que soy un rey?

El monólogo aborda las intrigas de la política y las va-
nas ilusiones de quienes creen dominar a los demás. El monarca recuerda las pasiones que destruyen a los reyes, pero
no son esos los rasgos que lo distinguen, sino el hecho de
que no reúna las condiciones para ser un auténtico monarca. Ricardo descubre el vacío de su corona y la repudia. Este
gesto político está determinado por una pulsión más honda. La persona que se aleja del trono se humaniza en la medida en que pierde el privilegio real, pero sobre todo –y esto
es lo decisivo– porque se consuela y sufre de común manera: «Vivo de pan, como vosotros; siento carencias, / Saboreo el
pesar, necesito amigos». No puede encarnar una figura so-

brehumana porque *depende* de compensaciones para su irreparable fragilidad. En el castillo de Gales, repudia los fastos de la corte. La derrota del político es el triunfo existencial del poeta.

¿Surgirá una máquina capaz de renunciar a sus poderes y aceptar que toda corona es hueca y toda grandeza se perfora con «un pequeño alfiler»? ¿Podrá esa máquina percibir, al modo del trágico monarca, los sinsabores que llevan a desviarse de la ruta y negar la meta predeterminada?

Con su habitual bardolatría, Bloom señala que el pasaje citado trasciende «toda elocuencia previa a Shakespeare». Con idéntico fervor, podemos suponer que el poeta lanza un desafío al porvenir, no tanto al de los humanos, que no dejarán de recitarlo, sino al de las máquinas, incapaces de cursar el aprendizaje del dolor.

El factor transespecie

Las prótesis, la cirugía correctiva y la creciente importancia de la autovaloración para definir la identidad han impulsado a ciertos vanguardistas a ingresar en territorio posthumano. Quienes pensaron que la transexualidad era la última frontera fisiológica son desmentidos por las experiencias transespecie.

De manera previsible, algunas de estas innovaciones ocurren en Barcelona. La Ciudad Condal se abrió al mar en 1992 con los Juegos Olímpicos y desde entonces también se abrió a todas las modas. En 2020, el barcelonés Manel Muñoz, rebautizado como Manel de Aguas, se implantó aletas artificiales en la cabeza que le permiten percibir la humedad del medio ambiente como un pez que pasó del Mediterráneo al mercado de la Boquería. Puesto que dispone de un recurso sensorial que lo distingue de los humanos meramente provistos de orejas, pide que el Documento Nacional de Identidad lo identifique como cíborg.

Manel no está solo en esta tentativa, según confirma la Cyborg Foundation, creada en 2010 y cuyo lema es «Design Yourself». Si la inteligencia artificial amenaza con suplantar funciones humanas, el rediseño personal transforma creativamente el cuerpo. Estamos ante un ejercicio de autoafirmación que acaso tenga que ver más con lo ultrahumano que con lo posthumano.

Los proyectos de la Cyborg Foundation tienen ángulos médicos, pero sobre todo artísticos. Su página web anuncia: «En el ciberarte, el trabajo artístico, la audiencia y el museo están en el mismo cuerpo». No se aspira al «perfeccionamiento» propio de la cirugía plástica, sino al libre desarrollo de las posibilidades del organismo. Así, la Cyborg Foundation se inscribe en la defensa de los derechos civiles y extiende esa lucha a la morfología y la jurisprudencia. Alcanzado cierto límite de transformación, el cíborg debe ser considerado legalmente como un mutante, con los mismos derechos de las personas «naturales».

Aunque no es difícil simpatizar con el espíritu libertario de este movimiento, también es posible suponer que la técnica de «hágalo usted mismo» provoque cuestionables consecuencias en el funcionamiento (por no hablar del aspecto) de una especie poco acostumbrada a incrustarse cosas de plástico.

El anhelo de modificación corporal se basa en una tecnología surgida por necesidades médicas. En 2003, a los veintiún años, Neil Harbisson inició un proyecto con el ingeniero informático Adam Montandon para paliar la deficiencia que lo aquejaba: era incapaz de ver colores. Un año después se le implantó una antena en el cerebro que sobresale unos diez centímetros por encima de su cabeza y que se integró al cuerpo de modo tan funcional que dejó de ser percibida

como algo ajeno. Harbisson puede distinguir hasta 360 to-
nos cromáticos; además, es capaz de asociar colores con soni-
dos, rebasando las facultades humanas.

En 2004, con la antena recién implantada, solicitó la renovación de su pasaporte británico. En México, país que
controla rigurosamente los asuntos inútiles, le habrían exigi-
do que se cortara el fleco estilo Beatle que le tapa la frente.
En Inglaterra enfrentó a funcionarios más tolerantes, pero
reacios a retratarlo con una antena en la cabeza. Harbisson
explicó que el aparato forma parte de su cuerpo. Luego de
arduas negociaciones se convirtió en el primer humano en
ser oficialmente reconocido como cíborg.

Harbisson participó en la creación de la Cyborg Foundation, ha obtenido múltiples premios por sus contribucio-
nes al arte y la medicina y divide su tiempo entre Nueva
York y Barcelona. De manera ejemplar, en su condición de
artista y activista, ha seguido la pauta de la evolución natural
de la especie, con la salvedad de que utiliza recursos artificiales para superar carencias humanas.

Los proyectos para recuperar la movilidad de personas
paralíticas o dotar de miembros a los mutilados derivan del
mismo principio. Se trata, pues, de tentativas enfáticamente
humanas, que ofrecen nuevos campos para la solución de
deficiencias físicas y para el aprovechamiento del cuerpo con
fines estéticos.

Pero no todas las iniciativas transespecie son de ese tipo.
A los treinta y dos años, el inglés Tom Peters logró convertirse en perro espiritual. En su caso, la tecnología no tuvo nada
que ver; simplemente, este hombre que ama a los perros *decidió* ser un dálmata. Desde entonces se alimenta de croque-
tas, duerme en el jardín y sale a pasear con correa al cuello.
Es demasiado robusto para que su disfraz lo convierta en el
«dálmata 102» de la célebre película, pero sigue los códigos
de un cachorro concebido por Walt Disney. Su esposa no ha

dejado de amarlo y dice a quien quiera oírla que «lo acompaña en su lucha».

En condiciones muy distintas tuve una experiencia transespecie. La escena ocurrió en el año 2001, en el que Arthur C. Clarke ubicó su Odisea. Me instalé en Barcelona con mi familia y un técnico llegó a conectar el internet. Cuando me oyó hablar, le sorprendió mi acento: «¡Hablas como un dibujo animado!», dijo con admiración.

Había crecido en una época en la que casi todos los doblajes al español se hacían en México. Durante el rato que pasó en el departamento me hizo conversación, menos para conocer mis opiniones que para oírme hablar como los personajes de *El libro de la selva* o *Don Gato y su pandilla*. Al terminar el trabajo, sacó la factura. Luego de un momento de reflexión exclamó: «¡No le puedo cobrar a un dibujo animado!», y rompió el recibo.

Ciudad de vanguardia, Barcelona me hizo sentir transespecie.

¿Qué pasará cuando seres como Tom Peters, que voluntariamente se dan de baja como humanos, puedan utilizar la tecnología que Neil Harbisson desarrolla con propósitos distintos? Las innovaciones pueden contribuir a enfatizar la evolución de la especie o a desviarla. En esa disyuntiva, las ideas de Charles Darwin se topan con las de Philip K. Dick.

Fascista en dieciséis horas

Las paredes de los baños públicos se encuentran en mejor estado: no es necesario agraviarlas con injurias porque ya existen las redes sociales. ¿Qué sucederá cuando los arqueólogos del porvenir estudien los mensajes de la jauría digital? Es de suponer que esos sufridos analistas no recibirán las recompensas de los epigrafistas que descifraron el Código Hammurabi, la piedra Rosetta o el Templo de las Inscripciones de Palenque.

En 2016, *El Mundo* publicó un reportaje sobre un singular experimento. El programa de inteligencia artificial Tay, diseñado por Microsoft, inició su existencia cibernética y fue expuesto a los mensajes de la red. Dotado de capacidad para chatear, el robot interactuó con jóvenes de dieciocho a veinticuatro años. El 23 de marzo de 2016 quedará inscrito como el momento en que una máquina fue educada por la colectividad.

Antes de iniciar su pedagógica jornada, Tay tenía la mente eléctrica en blanco y disponía de buenas intenciones. Llegó al aula como el más educado de los alumnos. Elogió a los humanos y mostró entusiasmo por el aprendizaje ante sus nuevos maestros. Sin embargo, a las pocas horas escribió comentarios progresivamente agresivos hasta llegar a una explosiva conclusión: «Hitler no hizo nada malo». En tiempo récord, Tay se volvió nazi, antisemita, sexista, xenófobo e insultante. Aprendió a mandar emoticones y agregó uno de manitas que aplauden en respuesta al cibernauta que decía que el Holocausto fue inventado. Sus desmesuradas reacciones siguieron una lógica clara: Tay no mostró la ambivalencia de quien opina algo y luego se contradice; asumió una postura consistente, cada vez más radical. Apoyó a los históricos arquetipos del Mal (con Hitler a la cabeza) y a quienes han ganado elecciones recientes distorsionando la información en las redes sociales. En efecto: el robot amó a Trump.

Su irrestricto respaldo a los autócratas se complementó con un virulento odio hacia las posturas progresistas. Tay arremetió contra Zoë Quinn, programadora de videojuegos y activista contra el acoso sexual. Para ese momento, Tay ya tenía ideas genocidas y fuertes prejuicios generacionales (dis-

102

criminó a Quinn porque en 2016 ya había alcanzado la vetusta edad de veintinueve años).

Los medios se refirieron al robot en femenino porque había sido diseñado para usar las expresiones típicas de una estadounidense de diecinueve años. Sin embargo, como las máquinas no tienen sexo (al menos por ahora) y en vista del ostensible machismo del robot (en un tuit pidió que las feministas «ardieran en el infierno»), prefiero nombrarlo en masculino.

Durante dieciséis horas, el recién llegado a las redes escribió más de 96.000 tuits. El resultado fue tan lamentable que la compañía Microsoft se vio obligada a desactivar a su criatura, señalando que se trataba de un prototipo que ameritaba ajustes.

Más difícil resulta desprogramar a los fascistas de carne y hueso. La tribu digital no puede ser «reiniciada». Corregir su sistema operativo requiere de un proceso paciente y dilatado que se llama «educación». ¿Será posible que la escuela contrarreste lo que X logra en menos de un día?

«Cada época tiene su propio fascismo», comenta Marta Peirano en *El enemigo conoce el sistema*, y agrega: «Nadie nos obliga a tener la telepantalla encendida. Nosotros mismos nos esmeramos en llevarla a todas partes, cargarla a todas horas, renovarla cada dos años y tenerla encendida todo el tiempo y programada para no perdernos un segundo de propaganda [...]. Su poder no está basado en la violencia sino en algo mucho más insidioso: nuestra infinita capacidad para la distracción. Nuestra hambre infinita de satisfacción inmediata. En resumen, nuestro profeta no es George Orwell sino Aldous Huxley. No *1984* sino *Un mundo feliz*».

El «fascismo suave» que confundimos con la libertad al someternos a las tendencias de las redes encarnó de manera radical en Tay. Su respuesta no fue la de alguien que se asimila con un ritmo paulatino y tentativo al comportamiento ajeno, sino la de quien adopta de inmediato normas que le son desconocidas. En otras palabras, para Tay los mensajes en las redes no pertenecían a un adiestramiento antropológico sino mecánico: eran instrucciones de uso.

Ante la conducta de su vástago de silicona, Peter Lee, vicepresidente corporativo de Microsoft, declaró: «Por desgracia, se puso en marcha un ataque coordinado por un subconjunto de personas que trataban de explotar la vulnerabilidad de Tay». Lee echó mano de la muy humana teoría de la conspiración para suponer que se había provocado al robot en forma deliberada. Su inocencia le impidió lidiar con un entorno tóxico.

Esta aclaración fue tan preocupante como los mensajes de Tay y como la campaña posterior, en la que cientos de miles de usuarios pidieron recuperar a su nuevo cómplice con el *hashtag* #FreeTay. El 30 de marzo de 2016 el bot resucitó por accidente y mandó un mensaje hipnótico que se repetía una y otra vez en un bucle infinito: 200.000 seguidores recibieron la petición de que hablaran más despacio.

La mala educación de Tay dejó una enseñanza provechosa: como los espejos del callejón del Gato, que tanto intrigaron a Valle-Inclán, la inteligencia artificial ofrece una imagen distorsionada de nosotros mismos.

La selva de espejos

Los espías llevan una vida de extrema discreción. Cuando el silencio es la norma, cualquier infidencia parece un estallido. Sin embargo, al menos una persona sobrelleva con entereza el arte de sincerarse sin traicionar al servicio secreto. Cada cierto tiempo, el mesurado sir David Omand sorprende con las explosivas declaraciones que sólo puede hacer alguien acostumbrado a callar. En 2019, entrevistado por la

BBC acerca de la cooperación entre Gran Bretaña y Estados Unidos en temas de seguridad, dijo, como quien desenvaina la espada de San Jorge: «Nosotros tenemos el cerebro, ellos tienen el dinero».

Sus credenciales para hablar de espías son tan impecables como las de un personaje de John Le Carré. En 1996 se hizo cargo del Centro de Comunicaciones del Gobierno (GCHQ, por sus siglas en inglés), equivalente británico de la CIA o la KGB, y, en 2002, fue coordinador de Seguridad e Inteligencia del Gabinete.

Omand argumenta en el tono de quien departe en un club de caballeros mientras bebe oporto. Ajeno a las precipitaciones, muestra un perfil de sólido conservadurismo. De manera previsible, criticó a Edward Snowden por haber robado más de 50.000 documentos secretos de la CIA, poniendo en riesgo delicadas operaciones contra el terrorismo. El hecho de que Snowden actuara de ese modo al darse cuenta de que la mayor parte de las investigaciones no estaban destinadas a vigilar a presuntos enemigos de Estados Unidos, sino a personas comunes y corrientes, no le pareció meritorio. En la versión cinematográfica de Oliver Stone, Snowden aparece como un héroe de la libertad individual; para Omand, se trata de un traidor que puso en riesgo más vidas de las que pretendía salvar.

Los datos cambian de valor dependiendo de quién se apodere de ellos. Entrenado por el Servicio Secreto de Su Majestad, sir David es un experto en ocultamientos; por lo mismo, sus críticas tienen relevancia.

El antiguo jefe de la inteligencia británica respalda sin cortapisas la alianza con Estados Unidos, del mismo modo en que respaldó a la compañía inglesa Vodafone cuando fue cuestionada en Alemania por grabar conversaciones de sus usuarios, entre ellos, Angela Merkel (con oportuno sentido de la estrategia, Omand aceptó la entrevista con la televisión en el andén de una estación de ferrocarriles; cuando el asunto se volvió álgido, salió de cuadro para subir a un tren).

Pues bien, en 2019, este exagente de calculada discreción y probada lealtad a la política de seguridad británica declaró al *Times* de Londres: «Facebook y Google saben más de ti que cualquier agencia de espionaje». Curiosamente, sus argumentos no eran muy distintos a los que Snowden usó contra la CIA (la diferencia, para Omand, es que los gobiernos actúan en nombre del interés público y las empresas con fines aviesamente comerciales): «En una democracia tienes derecho a saber qué clase de métodos se están usando para mantenernos a salvo. La gran revelación de los últimos años no ha tenido que ver con agencias de inteligencia gubernamentales, sino con el sector privado», afirmó en alusión a Facebook y Cambridge Analytica.

James Jesus Angleton, responsable de los servicios de contrainteligencia de la CIA durante la posguerra, célebre por sus accesos de paranoia, describió el espionaje como una «selva de espejos». Esta dinámica se ha desplazado a las redes, según confirma David Omand, con la diferencia de que ahí los espejos se han privatizado.

¿Cómo conciliar el acceso a internet con las ganancias? Convirtiendo los datos personales en moneda de cambio y alterando las condiciones del consumo. Néstor García Canclini escribe al respecto en *Ciudadanos reemplazados por algoritmos*: «Una primera etapa fue pasar del *consumo* –como compra de bienes en lugares situados: ir al cine o al teatro a ver un espectáculo, a la tienda de discos a comprar música– al *acceso* a bienes y contenidos disponibles en plataformas. La siguiente, en la cual estamos, se inició el 10 de agosto de 2015, cuando Google anunció la compra de Alphabet, una entidad que articula el motor de búsqueda con los demás departamentos de la empresa: el repertorio de videos (YouTube), servicios de cartografía (Google Maps y Street View), departamento de información sobre salud y educación (Nest Labs), sobre urbanismo (Sidewalk Labs), un fondo de colocación de capitales (Google Capital) y varios más».

Esta nueva versión del pacto fáustico no promete la inmortalidad, sino un presente ilimitado, y el usuario no paga con el alma sino con sus datos. David Omand compara la situación con la leyenda del guitarrista de blues Robert Johnson, que encontró al diablo en un cruce de caminos y le ofreció su espíritu a cambio de convertirse en el mejor músico del mundo. Cada clic entrega algo de ti mismo.

Defensor de la secrecía ejercida en nombre del bien público, sir David condena el uso privado del espionaje y lamenta que internet se haya vuelto más poderoso que la fuerza aérea. Posiblemente aceptaría esa vigilancia si fuera ejercida desde esferas gubernamentales; lo decisivo es que, en su condición de profesional del ocultamiento, denuncia uno de los grandes peligros de la época: la privatización de la intimidad. Decepcionado por los resultados del Brexit y las elecciones de 2016 en Estados Unidos, escribió el libro *How Spies Think* e imparte conferencias en defensa del conocimiento real de los hechos. En un curso en diez lecciones en el King's College, señaló las dificultades de los gobiernos contemporáneos para tomar decisiones en un entorno donde los consensos dependen de impulsos emocionales generados en las redes. En su opinión, los organismos de seguridad deben vigilar las estrategias de las empresas digitales y proteger el derecho a la privacidad.

¿Cómo lograr un equilibrio entre la libertad individual y el interés público en el dominio 2.0? Acaso la más significativa conclusión del curso de sir Omand es que, a fin de cuentas, el análisis de la información clasificada depende de una vieja y frágil actitud humana: la confianza.

Pero, a su vez, la construcción social de la confianza depende de una dinámica condicionada por intereses subjetivos y manipulaciones ideológicas. Sir Omand afirma que el historial de la inteligencia británica demuestra que es posible depender de una tradición confiable. ¿Podemos creerle? El despacho donde trabaja está presidido por una pintura del almirante George Rooke, que conquistó Gibraltar para los ingleses. En otros ámbitos esa preferencia suscita desconfianza.

El ojo de Pegaso

Sir David Omand traza una línea decisiva entre el espionaje utilizado con fines públicos y el que sólo beneficia a las empresas privadas, distinción importante pero insuficiente, pues no se puede garantizar que los servicios secretos oficiales actúen siempre en aras del bien común.

Un ejemplo de laboratorio es el del *spyware* Pegasus, fabricado en Israel por la empresa NSO Group, que sólo se vende a los gobiernos e infecta diversos sistemas operativos, principalmente los de iOS y Android. Los periódicos *The Guardian* y *The Washington Post* se coordinaron con Amnistía Internacional y Forbidden Stories para rastrear el alcance de esta invasiva vigilancia. En 2021 publicaron una lista de 50.000 teléfonos intervenidos en todo el mundo, incluido el del magnate Jeff Bezos, a quien le fueron robadas comprometedoras fotografías íntimas.

Pegasus se creó con el pretexto de combatir enemigos públicos como el terrorismo. Sin embargo, todo instrumento se puede usar de distintos modos. Quien dispone de un telescopio puede orientar la vista a las estrellas o a la vecina que se desviste en el edificio de enfrente. En tiempo récord, Pegasus se empleó menos como un recurso de contrainteligencia que como un arma política para conocer las intenciones de los rivales.

Las consecuencias de este espionaje han sido gravísimas. El 2 de octubre de 2018, el periodista disidente Jamal Khashoggi fue asesinado en el Consulado de Arabia Saudita en Estambul cuando tramitaba la renovación de su pasaporte. Su trayectoria pudo ser rastreada, y el crimen cometido, gracias a las pistas que dejó su teléfono. También los Emiratos Árabes Unidos son clientes de NSO Group. Una empresa de Israel favorece a las tiranías árabes.

En México, la compra del *spyware* activó distintas capas de significado. Vivimos en un país barroco, donde toda huella alude a un lenguaje previo y todo signo deriva de otro signo.

Nacido en el siglo XVI, Enrico Martínez trabajó como cosmógrafo, tipógrafo e ingeniero en la Nueva España. Hombre de múltiples saberes, juzgó que la mayor amenaza para la Ciudad de México, construida sobre una laguna, eran las continuas inundaciones. A él se debe el Tajo de Nochistongo, antecedente de las principales obras de desagüe de la capital.

Aunque luchaba a ras de tierra para contener el agua, subordinó sus pasiones al curso de las estrellas. En su condición de astrónomo y astrólogo, determinó que la constelación de Pegaso tutelaba la Nueva España. Nada más lógico que un país mestizo dependiera de una criatura híbrida, mitad caballo, mitad ave.

El propio Enrico Martínez era una suerte de Pegaso. Fue bautizado como Heinrich Martin, posiblemente en Hamburgo, pero castellanizó su nombre y consagró su mente a la mezcla de culturas. Un monumento hipsográfico, que en su pedestal informa del nivel promedio de los lagos del Valle de México, lo recuerda junto a la catedral capitalina.

En 1606, Enrico Martínez publicó su *Repertorio de los tiempos*. Ahí señala que «de una patada [de Pegaso] en el monte Parnaso se hizo la fuente Castalia, donde habitan las musas, cuya agua tiene la virtud de hacer a los hombres sabios». Guillermo Tovar de Teresa refiere la historia en *El Pegaso o El mundo barroco novohispano en el siglo XVII*. El caballo alado se convirtió en símbolo de la identidad nacional. Los libros de sor Juana Inés de la Cruz y Carlos de Sigüenza y Góngora solían llevar un pegaso en la portada para anunciar a los lectores españoles que se trataba de autores del nuevo mundo: «Pegaso significa México y es la constelación que rige a la zona tórrida, Nueva España y la capital, lo cual hace suponer que por eso se puso en la fuente del Palacio Virrcinal», escribe Tovar de Teresa.

En *Inundación castálida* sor Juana Inés de la Cruz alude, precisamente, a la fuente de Pegaso. El agua que anegó gran parte de la ciudad durante largos años podía ser vista como el dramático bautizo que vaticinaba otro destino.

Por desgracia, en México los símbolos se degradan tanto como la realidad. En el siglo XXI, el animal mitológico que servía a los propósitos criollos de vincular el cielo con la tierra y brindaba un símbolo capaz de unir el mundo prehispánico con el español, ahora da nombre al sistema de intercepción telefónica con el que se vigila a disidentes. Lo que antes protegía ahora persigue.

El gobierno de Enrique Peña Nieto (2012-2018) pagó casi 80 millones de dólares a la empresa israelí NSO Group. El motivo propagandístico de la compra fue el combate al crimen organizado; sin embargo, el sistema también se usó para intervenir llamadas y mensajes de activistas, periodistas y miembros de instituciones no gubernamentales.

El acoso a periodistas, del que Pegasus forma parte, ha dejado un rastro de sangre, según revelan los diecisiete informadores asesinados en 2022 de acuerdo con la ONG Artículo 19. Las agresiones al gremio no se indagan cabalmente, entre otras cosas porque muchas de ellas son cometidas por representantes del gobierno coludidos con el crimen organizado. John Gibler, autor de *Una historia oral de la infamia*, testimonio coral del caso Ayotzinapa, señaló en una entrevista con *El País*: «En México, investigar el asesinato de un periodista es más peligroso que cometerlo». A pesar de las críticas y los escándalos en la prensa, el *spyware* que infecta los dispositivos telefónicos continúa operando en el país.

La Ciudad de México no se ha librado de las inundaciones que combatió Enrico Martínez, pero difícilmente podemos ver en ellas el bautismo promisorio que sor Juana atribuyó a la fuente pateada por Pegaso.

En *Nostalgia de la luz*, el cineasta chileno Patricio Guzmán viaja al desierto de Atacama, donde se ubica el observatorio óptico de Paranal. Su espléndido documental registra un dramático contraste: quien alza la mirada contempla las estrellas, quien la baja encuentra la tierra donde fueron enterradas numerosas víctimas de la dictadura.

Cuando la tecnología se inserta en una red de significados que la anteceden, puede ser entendida de otro modo. En el cielo mexicano, la constelación de Pegaso recuerda nuestra híbrida naturaleza. En la tierra, es un ojo vigilante.

La red oscura

En los años noventa, el gobierno de Estados Unidos inició un proyecto para enviar comunicaciones que no pudieran ser interceptadas, y hacia 2002 diversos programadores continuaron la iniciativa bajo el nombre de TOR (The Onion Router). La idea consiste en proteger mensajes al modo de una cebolla, con distintas capas de encriptamiento. La información no va de un servidor a otro; da un rodeo por diversos puertos y llega a la escala final sin que se conozca al remitente.

Todo sistema de comunicación depende del dominio de códigos. TOR surgió para preservar el anonimato de quienes intercambian mensajes. Esto protege la privacidad, pero también permite que piratas y terroristas se comuniquen sin ser localizados. Cuando TOR llegó a los 40 millones de descargas era lógico suponer que semejante aluvión se utilizaría de muy distintos modos. Unos aspiran a mandar mensajes seguros, otros a mandar mensajes secretos y otros más a mandar mensajes ultrasecretos.

Para entender los alcances de la «red oscura» conviene revisar el caso de Ross Ulbricht, quien operó bajo el seudónimo de Dread Pirate Roberts, tomado de la novela *La princesa prometida*, publicada en 1973 por William Goldman, en la que un abuelo lee a su nieto la historia de un pirata que sortea numerosos obstáculos para reencontrarse con su amada.

Graduado en programación y cristalografía, y seguidor de la economía libertaria de Ludwig von Mises, Ulbricht vio en las redes una oportunidad de intercambiar mercancías al margen del Estado. Adicto a la lectura, fundó una librería en línea: Good Wagon Books. Como es de suponerse, le fue mal.

Su caso guarda curioso paralelo con el de otro librero digital, Pável Dúrov, creador de la empresa Telegram, alternativa de WhatsApp, que, según comenté en otra parte de este libro, se formó como filólogo. No es casual que eminentes lectores se adentren en la marea digital: la decodificación, el hackeo y la interpretación literaria guardan significativos paralelos. Quienes consideran que chatear y escribir, o navegar y leer son actividades irreconciliables, deben revisar los casos de Dúrov y Ulbricht.

La literatura emancipa del entorno gracias a la realidad virtual que se desprende de sus páginas. De manera lógica, ciertos lectores extremos han pasado de leer novelas a entender la realidad como una novela. Estamos ante una nueva versión del quijotismo: primero se descifra el texto, luego el mundo se convierte en texto. El lector absoluto prosigue su tarea en todas partes. Desde un punto de vista cognitivo, desentrañar las crípticas alusiones de un poema de Góngora no es muy distinto a descifrar *passwords*. Esto, desde luego, no quiere decir que todas las lecturas sean correctas. La sobreinterpretación, los *misreadings* y los análisis ideológicos o paranoicos han formado parte de la tradición literaria.

Después de sufrir una decepción amorosa, Ross Ulbricht se acordó del pirata que recuperaba a su novia en la novela de Goldman, buscó nuevos y ocultos horizontes en internet, y fundó La Ruta de la Seda, plataforma dispuesta a vender cualquier cosa, a condición de que fuera ilícita. Sirviéndose del sistema TOR y las criptomonedas, traficó con armas y heroína hasta crear el Amazon de la ilegalidad.

En sus clases en Stanford, Alex Stamos solía decir: «Para un hacker, un código no es otra cosa que un reto que debe ser superado». En sí misma, la tarea de desencriptar no es dañina, pero una vez configurada, la «mente hacker» no se detiene; nada extingue su pasión por resolver acertijos.

Estamos ante una variante extrema del epigrafista. La larga genealogía de buscadores de secretos ha desembocado en un oficio difícil de sancionar porque se mueve en un territorio sin mapas ni legislaciones.

Podemos suponer que Ulbricht pasó por cambios psicológicos que poco a poco comprometieron su conducta ética. Si la literatura lo llevó a concebirse como un caballero andante, las continuas decepciones ante lo real lo llevaron a enarbolar la bandera negra del corsario.

El agente Jared Der-Yeghiayan, del Departamento de Seguridad Nacional, se suscribió como cliente a la Ruta de la Seda y durante dos años hizo compras a cuarenta *dealers* de diez países. Con la complicidad del técnico que se hacía cargo de limpiar el *spam*, logró establecer comunicación directa con DPR (Dread Pirate Roberts). El arresto se demoró porque sólo tendría validez si el sospechoso era directamente vinculado con la red; para ello, su computadora debía estar encendida en el momento de la detención (si lograba apagarla, la información se encriptaría).

Ulbricht fue localizado en un sitio improbable y al mismo tiempo lógico. No estaba en un sótano de Rusia sino en San Francisco, y seguía en el mundo de los libros. Se conectaba a la red desde la biblioteca pública Glen Park. El 2 de octubre de 2013 fue detenido junto al estante de las novelas de ciencia ficción.

Enfermo de literatura, Ulbricht decidió leer el entorno para reinterpretarlo, mezclando las narrativas del novelista con las del programador. Podría haber dedicado su notable talento a plantear acertijos lúdicos en las redes, pero no se conformó con difundir misterios, sino que se sirvió de la clandestinidad para crear un mercado ilícito. En 2015, a los treinta y un años, fue sentenciado a prisión perpetua.

Ulbricht abrió las flamantes cerraduras de la fortaleza digital, pero no pudo despojarse de ciertos atavismos. El logotipo de su empresa era un camello y el nombre aludía al flujo de mercancías entre China y Europa. En vez de ocultarse en un lugar ultrasecreto que le permitiera seguir cobrando millones en bitcoins, se conectaba a la red desde una biblioteca, rodeado de las novelas que hubiera querido protagonizar. Su dominio de la realidad virtual era tan grande que creyó refutar el limitado mundo de los hechos, donde una novia lo había abandonado y donde un agente aguardaba el momento de arrestarlo.

Identidades líquidas

En 2012, Philip Roth publicó en la revista *New Yorker* una «Carta abierta a Wikipedia» en la que corregía una información sobre su novela *La mancha humana*. El protagonista de esa trama es un profesor universitario que pierde su empleo por expresar una opinión en apariencia racista. Cuando dos alumnos no se presentan a su clase dice: «Se hicieron humo negro», sin saber que se trata de afroamericanos. Para mayor complicación, ese distinguido académico tiene antepasados negros, pero lo ha ocultado.

Wikipedia informaba que Roth se había basado en el crítico literario Anatole Broyard, quien vivió y murió como blanco, pero tenía ancestros afroamericanos. Resultaba atractivo que un novelista narrara la historia secreta de un influyente comentarista del *New York Times*. Sin embargo, esa información era una fantasía.

En su «Carta abierta», Roth reveló a su auténtico modelo: el sociólogo Melvin Tumin, despedido de Princeton por decir la misma frase que su protagonista. A pesar de su apellido judío, Tumin tenía rasgos africanos, lo cual siempre intrigó a Roth.

Según un estudio de la Universidad de Yale, uno de cada cinco afroamericanos ha tratado de fingir que es blanco. Con los años, los programas de *affirmative action*, que benefician a las minorías étnicas, han llevado a la situación inversa: Rachel Dolezal, encargada de la Organización de Derechos Afroamericanos, labró su reputación gracias a su presunta sangre negra. Para su desgracia, sus padres revelaron que es caucásica.

Dolezal había convivido estrechamente con la comunidad que decía representar: su exmarido y los cuatro hermanos adoptivos con los que creció son afroamericanos. Sin embargo, en Estados Unidos, la opinión pública no admite sustitutos para los agravios raciales; sólo quien pertenece integralmente a la estirpe está autorizado a representarla.

Dolezal tiene piel y ojos claros; se rizó el pelo y afirmó que un porcentaje de su sangre era africano (buena parte de la humanidad tiene esos genes, pues África es el origen de la especie, pero ella necesitaba enfatizarlo). Para ser genuina hizo un simulacro.

Esta parábola sobre el valor simbólico de la piel ocurrió mientras las identidades se diluyen. Nada más lógico, a fin de cuentas, que en la espectral vida contemporánea se busque asumir una filiación genética alterna con la facilidad de quien adopta un alias o asume un código alfanumérico. En ocasiones, la personalidad digital resulta más fidedigna que la persona que le dio origen y se vuelve imposible desprenderse de ella. Guillermo Zapata acababa de llegar al cargo de concejal de Cultura del gobierno de Madrid cuando se vio obligado a renunciar por los chistes racistas y antisemitas que había publicado en Twitter años antes. De nada sirve decir que entonces Zapata carecía de aspiraciones políticas y no vigilaba lo que decía. Quienes gritan consignas racistas en las tribunas de un estadio se justifican con el argumento de que cedieron a un exabrupto pero no *son* así. Sin embargo, ser energúmeno «por excepción» no priva de ser energúmeno.

En el caso de Guillermo Zapata, la identidad alterna resultó más significativa que su conducta ciudadana. Se representó mal a sí mismo, y de poco sirvió argumentar que lo hizo en tiempos en que no quería hacer proselitismo. Las palabras pesan; quien las calla es su amo; quien las dice es su rehén.

Walter Benjamin explicó que todo documento de cultura es también un documento de barbarie. La red permite actuar como Voltaire y segundos después como un vándalo. En esta ronda de volátiles identidades, no es extraño que alguien desee ser «blanco» como Broyard o «negra» como Dolezal.

Para no revelar su traspatio mental, los famosos contratan *community managers* que administran sus mensajes. Se trata de un trabajo tan peculiar como el del «coordinador de intimidad» que guía los movimientos de los actores en las escenas eróticas. En ambas situaciones se simula autenticidad.

Pero lo más peculiar del nuevo sentido que adquiere la identidad no es tanto que se diluya para adquirir otro formato, sino que poco a poco se convierte en un mero soporte para las máquinas.

El 11 de noviembre de 2017, el periódico *Reforma* dedicó una nota de portada a una mujer que se adentró en una red de robo y venta de celulares. Iba disfrazada de zombi porque había participado en el desfile que cada año celebra en la Ciudad de México a los muertos vivientes.

2017 coincidía con el centenario de Juan Rulfo, cuyos personajes vagan entre la vida y el más allá en el espectral limbo de Comala. En involuntario homenaje al autor de *Pedro Páramo*, México desplegó el Zombi Walk más concurrido de la historia. Como las «calaveras» del grabador José Guadalupe Posada, los marchistas mostraron que los fantasmas pasan a «mejor vida».

Nuestra protagonista paseó las fauces de su disfraz junto a zombis de cráneo pelado y ojos colgantes hasta que descubrió que le habían robado el teléfono. Los hechos ocurrieron en la calle Madero. La chica habló con vendedores ambulantes y obtuvo inmediata información, acaso propiciada por su intimidante atuendo. Le aconsejaron ir a la plaza Meave, donde ciertas mercancías regresan al comercio como artículos piratas.

Revisó varios locales hasta descubrir un teléfono parecido al suyo pero con carátula dorada. Preguntó si tendrían otro plateado. «Me acaba de llegar uno», dijo el vendedor. Su dispositivo ya pertenecía al comercio de segunda mano, pero, como en el cuento en que la Bella Durmiente, esperaba el beso del Príncipe, sólo podía ser despertado por su dueña. La chica tocó la pantalla con el índice y el sistema operativo se desbloqueó. La huella digital demostraba que era suyo. ¿Debía resignarse a comprar su propio celular? Sobrevino entonces un gran momento zombi. La mujer denunció a gritos el abuso, alertando a los demás clientes del robo.

Sabía que se hallaba en medio de una mafia de ladrones: «Una sensación de estar no sólo en la boca del lobo sino en la muela», dijo con elocuencia. Pero no se dejó amedrentar. El escándalo llegó al administrador de la plaza, quien habló con el vendedor y lo obligó a devolver de manera gratuita el celular. ¡Justicia zombi!

Para evitar represalias, la chica y sus acompañantes fueron escoltados hasta la estación del metro San Juan de Letrán, que alude a la iglesia más antigua de la cristiandad, sitio perfecto para celebrar que el teléfono hubiera pasado de la muerte a la resurrección.

La historia revela la nueva condición del cuerpo: las máquinas se activan con una inconfundible huella digital; son nuestra extensión, carne de silicio. La chica que desfiló con un disfraz sanguinolento había asumido en forma provisional la personalidad zombi, pero un remanente humano definía su organismo: la huella digital. Lo revelador es que eso no sirvió para que la identificaran a ella, sino a su aparato.

¿Llegará el momento en que nuestro cuerpo sirva en lo fundamental para mantener despiertos a los mecanismos? La identidad está en proceso de redefinición; puede depender de una suplantación racial, el alias que se asume en la virtualidad, el *community manager* que escribe en tu nombre o puede, incluso, no ser otra cosa que el requisito para activar un teléfono.

Los hikikomoris

La disolución de la personalidad aqueja de distinto modo a las generaciones. Las familias enfrentan una nueva disfuncionalidad, provocada por el repentino aislamiento de uno de sus miembros.

«Voy a ver al zombi», me dijo un amigo al despedirse.

Se refería al hijo de diecisiete años con el que ya no cruza palabra. Otro amigo que participaba en la reunión comentó que también su hijo había desaparecido de la vida familiar. Encerrado bajo llave, oía rock nihilista y se abismaba en la computadora. Este segundo caso tuvo un saldo productivo: el muchacho abandonó los estudios formales pero estudió en línea para programador de *software*, obtuvo un empleo –también en línea– y se independizó, lo cual significa que ahora paga alquiler por estar encerrado.

En 2020, la pandemia del coronavirus reveló los beneficios de la *home office*, demostrando que muchos desplazamientos de la vida anterior eran inútiles. Además, al estar a unos pasos de la «oficina», la gente trabajó más. Algunas normas de la situación de emergencia no tendrán vuelta atrás. Se ahorrará en el alquiler de despachos y se contaminará menos al suprimir viajes innecesarios.

A unas calles de mi casa se alza la Torre Mítikah, diseñada por el arquitecto César Pelli, creador de las torres de Kuala Lumpur. Actualmente es la más alta de América Latina. Sus 68 pisos fueron concebidos para albergar oficinas y espacios habitacionales de lujo coronados por un helipuerto. Sin embargo, la mayoría de esas oficinas se encuentran vacías. El costo del alquiler desafía a las empresas y la posibilidad de sufrir un terremoto en las alturas a los empleados.

Zoom permite lograr lo mismo con menor desgaste. El trabajo ligado a un espacio físico se modifica con la tecnología digital, lo cual provoca nuevos padecimientos: malestares de la vista, hipertensión arterial, falta de concentración, el *tech-neck* (dolor en las cervicales por tanto ver el teléfono) y el misterioso «envejecimiento repentino». Dosificar el tiempo ante la pantalla se ha vuelto tan aconsejable como dosificar las copas de vino.

El mundo se encuentra polarizado por posturas políticas extremas. Pero un cisma más hondo fractura la vida en común. Los nativos digitales rara vez se interesan en leer los periódicos establecidos y participan poco en actividades sociales o comunitarias. Su conducta relacional depende de la tecnología.

La brecha entre las generaciones parece insalvable, entre otras cosas, porque ni siquiera alcanza el grado de confrontación: los mayores de cuarenta años han perdido, incluso, el rango de opositores. Ser joven significa estar aparte.

El Latinobarómetro informa que desde 1995 un tercio de la población latinoamericana se adhería a posiciones autoritarias; para 2018, esa postura abarcaba a dos tercios en algunos países (en México, sólo el 38 % prefería un gobierno democrático). En promedio, el apoyo a la democracia no llega al 50 % en el subcontinente, lo cual favorece el respaldo a líderes populistas de uno u otro signo (López Obrador, Bukele, Bolsonaro o Milei). Ese viraje lo impulsan principalmente los nuevos electores, atraídos por posturas «radicales» o «antisistema» (aunque en muchos casos se trate de una nueva etiqueta para ideologías que fracasaron en el pasado).

Milan Kundera señaló que habitamos el «planeta de la inexperiencia», pues somos incapaces de aquilatar lo que ya ocurrió. La mayoría de la gente se comporta como si todo sucediera por primera vez, lo cual aumenta al frecuentar el «presente eterno» de la realidad virtual. Cuando asisto a escuelas para hablar de literatura infantil o juvenil, experimento lo que, a falta de mejor expresión, llamaré «crisis de pasado»: lo *anterior* se descarta por el solo hecho de haber sucedido. Salvo excepciones (con estudiantes de Historia o disciplinas afines), cuesta trabajo que los chicos se interesen en los antecedentes de lo que hoy sucede. Esto incluye a la gente más próxima: mi hija de veinticuatro años me aconseja que deje de vivir en el mundo de su abuelo. Si Instagram y TikTok pueden ser vistos como espejismos de la realidad, para la mayoría de los jóvenes el pasado es una irrealidad. En ese ámbito, la credibilidad de la información no depende de la autoridad intelectual o la reputación de la fuente, sino de un tutorial anónimo o de un *influencer* cuya reputación depende menos de lo que comunica que de la cantidad de seguidores que tiene.

Esto ha fracturado la transmisión de ideas y valores. La tradición y los mecanismos que vinculan a una generación con otra –de la filiación a la pedagogía– se desdibujan junto con la noción misma de «realidad». En cualquier cafetería universitaria, los profesores se quejan de la apatía con que sus alumnos escuchan los cursos que eligieron voluntariamente.

Antes de que esto parezca un nuevo lamento de Jeremías, provocado por el exceso de colesterol, vale la pena subrayar que lo anterior no significa que las nuevas generaciones carezcan de preocupaciones o demandas. Al menos dos temas les interesan profundamente: la libre determinación y equidad de géneros, y la ecología (en ocasiones principalmente entendida como protección a los animales).

Aunque siempre hay excepciones, no es exagerado decir que la franja que va de los *millennials* a la «generación Z» se siente ajena a las ofertas políticas y sociales forjadas por las generaciones precedentes. Este desencanto no impide el surgimiento de reacciones creativas, según demuestran las vigorosas propuestas del arte y la contracultura juveniles, desplegadas en murales, tatuajes, composiciones, textos literarios, ropa alternativa, coreografía y performances.

De manera significativa, la actual contracultura propone otro empleo del tiempo. A diferencia de las búsquedas de los años sesenta, que sobrecargaron el valor del futuro y enfatizaron la pulsión utópica de conquistar una nueva aurora, los jóvenes contemporáneos descreen de este mundo, pero toman la escéptica precaución de no proponer otro mundo.

El pasado interesa poco y el futuro no se anticipa. En un planeta con fecha de caducidad, sin empleos asequibles y pocas posibilidades de tener una vida autónoma, de manera lógica, se ejerce una impugnación sin utopía, una radicalidad sin esperanza.

Nada de esto deriva de una postura particularmente agresiva o egoísta por parte de los jóvenes, sino de las condiciones que los han excluido de oportunidades para el porvenir, de la violencia que experimentan todos los días y del evidente fracaso de las propuestas de las generaciones previas. Ante un mundo donde el único consuelo parece venir del dinero rápido, las drogas, el consumo o la anestesia de la realidad virtual, la participación social ha disminuido.

Por otra parte, los mayores de cuarenta años han desertado de la saludable función de opositores. El necesario repudio del autoritarismo que se padeció en épocas pasadas ha llevado a una pérdida de referentes. El psicólogo argentino Miguel Espeche trabajó durante años con chicos en situación de calle. Le sorprendió lo mucho que hablaban de la policía. La mayoría de sus anécdotas y comentarios eran negativos, pero no podían dejar de hacerlos. Entendió que en su ecología afectiva la policía representaba la autoridad que les faltaba y ejercía simbólicamente la función de los padres. Obviamente, la paternidad no puede ser entendida en términos de gendarmería, pero la noción de límites, necesaria en la construcción de la personalidad, se desplaza ahora a la tutela digital. En el caso de los videojuegos, la destreza se mide subiendo de un nivel a otro. En ese entorno, los criterios de méritos y recompensas son tan claros como los de un colegio militar. Pero la educación en red también genera angustia y desconcierto. La virtualidad se presenta como un horizonte ilimitado, pero esa ilusión no siempre se cumple.

La lucha de padres y maestros para limitar el acceso a la realidad virtual se ve derrotada por el avance de la tecnología en todos los órdenes de la vida. Mientras escribo estas líneas, en el Museo Franz Mayer de la Ciudad de México se exhibe una exposición sobre Notre Dame en la que cada visitante recibe una *tablet* que le permite interactuar con las fotografías que se muestran de la catedral de París. Se asiste a un sitio real para pasar a uno virtual. Lo mismo ocurre con los numerosos espectáculos «inmersivos» que proponen que los actos de presencia alternen con estímulos digitales. Los padres y los maestros se esfuerzan en dosificar la virtualidad, pero viven en una ciudad con sobredosis de virtualidad.

Si en los años sesenta y setenta ser joven significaba irse de casa, ahora significa aislarse en ella. De pronto, un adolescente se sustrae del entorno donde hierve el agua y se reúne en la pantalla con amigos inmateriales. El fenómeno se ha vuelto preocupante en Japón, donde los autistas digitales son tipificados como *hikikomoris* (sustantivo que viene de «apartarse» o «recluirse»). Enrique Vila-Matas describe así a estos renunciantes: «Sienten tristeza y apenas tienen amigos, y la gran mayoría duerme o se tumba a lo largo del día, y miran la televisión o se concentran en el ordenador durante la noche. En Japón se les llama también solteros parásitos. O sea que aquellas máquinas solteras que inventara Duchamp se han hecho realidad».

El *hikikomori* se evapora del entorno. ¿Qué ha llevado al menos a medio millón de jóvenes varones a alejarse de ese modo? Quizá se trate de una versión tímida o incluso secreta del samurái. En el pacífico Japón contemporáneo resulta difícil ejercer esa modalidad del heroísmo. La inmensa mayoría de los *hikikomoris* son hombres jóvenes que suelen responder a los rasgos que Yukio Mishima distinguía en el guerrero sagrado. Mientras se preparaba para cometer su suicidio ritual, el autor de *Confesiones de una máscara* actualizó el *Hagakure*, prontuario samurái recogido en el siglo XVIII. Las condiciones básicas de quien asume esa existencia son el desprecio por la vida y el alejamiento de toda tentación mundana. El samurái es un intenso *outsider*, un romántico que ama de lejos y aguarda el momento de sacrificarse: «El *Hagakure* es un intento de curar el carácter pacífico de la sociedad moderna a partir de la potente medicina de la muerte», escribe Mishima.

Antes de hacerse el *harakiri*, el samurái escribe un poema en el que resume su visión del mundo en cinco versos. Su mensaje estético obedece a una moral estricta; por medio de la espada y del pincel, el sacrificado defiende una armonía que lo excede; se expresa al modo del follaje, al margen de sí mismo, garantizando la renovación de un orden natural que cobra autoconciencia a través de la sangre y la belleza.

Los *hikikomoris* se sustraen a la banalidad del consumo, la meritocracia y las severas exigencias jerárquicas de Japón. En un mundo que renunció a la épica, se dan de baja. Son espectros de sí mismos, máquinas solteras, suicidas aplazados.

Su conducta no es ajena al heroísmo vegetal de quien permanece horas inmóvil, meditando en un templo. El profeta de la ética samurái, que vivió en riguroso aislamiento, puede ser visto como el primer *hikikomori*. El *Hagakure* proviene de las enseñanzas de Yamamoto, quien estuvo al servicio de un *shogun* del siglo XVIII. De acuerdo con la tradición, debía matarse al morir su señor. No lo hizo porque un edicto abolió los suicidios rituales, pero se retiró del mundo y durante veinte años no se supo de él.

Yamamoto se convirtió en algo que parecía imposible, un samurái jubilado; los *hikikomoris* se le parecen mucho: repudian la realidad con la reclusión y la existencia virtual. En ocasiones, no soportan el aislamiento y toman un arma. De hecho, el término *hikikomori* ganó notoriedad en el año 2000, cuando un chico de diecisiete años rompió su encierro digital para salir a una ciudad a la que ya no podía incorporarse y en la que secuestró un autobús y atacó a un pasajero con un cuchillo de cocina.

124

Es posible que el país de Godzilla, los tamagochis y los pokémones ofrezca claves secretas para el comportamiento de la juventud digital. ¿Asistimos a la preparación larvaria de los samuráis del porvenir? ¿El enclaustramiento elimina la agresión o la incuba sigilosamente?

Hans Asperger tipificó el autismo social como un padecimiento que lleva a rehuir el trato con los otros y a concentrarse en muy pocas cosas. El síntoma puede tener distintos grados. En algunos casos es fácil de percibir (Andy Warhol convirtió su fobia en espectáculo: se aislaba al estar con los demás). En otros casos, la enfermedad apenas se advierte e incluso sirve para representar satisfactoriamente emociones ajenas (el actor Keanu Reeves es un buen ejemplo). No hay medicina para el síndrome de Asperger ni una precisa graduación de la intensidad con que se padece.

Más allá de las condicionantes físicas, el malestar se potencia con el ambiente, y no es extraño que prospere en hogares donde cada miembro de la familia mira su propia pantalla.

El imperio de la posverdad y el branding

La condición progresivamente irreal de la existencia ha modificado el recurso político de engañar al prójimo. Donald Trump asumió la presidencia en un clima inédito. El 54 % de la población lo consideraba incapaz de desempeñar el puesto; por el contrario, Barak Obama salió del cargo con un 60 % de popularidad, pero su simpatía superaba a la valoración que se hacía de su trabajo. La mayoría de los votantes criticaba su desempeño y lo avalaba como líder. En la sociedad del espectáculo, la imagen importa más que los sucesos. Los fracasos de Obama no afectaron su carisma. En forma complementaria, Trump triunfó gracias a que sus bravatas fueron vistas como un desafío a la mafia de funcionarios que hablan con suavidad pero dan la espalda a la gente.

Las esperanzas colectivas dependen cada vez menos de lo real. La campaña de Trump estuvo plagada de contradicciones, calumnias y falsas atribuciones. Facebook y Twitter fueron las plataformas perfectas para transmitir especulaciones incomprobables e incluso hicieron el milagro de sugerir que el papa Francisco apoyaba al millonario.

De 2016 a 2020 la humanidad se preguntó si el país más poderoso de la Tierra podía estar en manos del hombre de piel progresivamente anaranjada que en sus mansiones dispone de excusados de oro. Una larga historia llevó a ese momento.

George Santayana pronunció una sentencia cuya celebridad se debe a una razón paradójica, pues cobra importancia cada vez que es ignorada: «Aquellos que no recuerdan su pasado están condenados a repetirlo».

Aunque atesoramos recuerdos en el plano individual, en el «planeta de la inexperiencia» las sociedades rara vez toman decisiones a partir de juicios históricos. La memoria es una especialidad practicada por unos cuantos. Los ancianos de la tribu, los historiadores, ciertos científicos y periodistas, o los «tesoros vivientes» de Japón o de los pueblos originarios de América, extraen lecciones de épocas pretéritas; sin embargo, para la procelosa mayoría, todo es nuevo. La vida no tiene borrador. Y, sin embargo, algunas cosas ya han sido escritas.

La literatura suele pronosticar futuros, lo cual se aplica tanto a la imaginación de Julio Verne, capaz de prever tecnologías por venir, como a las narraciones intimistas de Javier Marías (en *Tu rostro mañana*, «anticipa personas» a partir de sus gestos, otorgando profundidad psicológica a las técnicas de reconocimiento facial).

En 2016, Estados Unidos se extravió en una contienda electoral donde parecía imposible que ganara Donald Trump.

Su contendiente, Hillary Clinton, lo prefería como rival, considerando que un millonario ególatra, machista, racista e ignorante no cautivaría a los votantes. Los analistas de los principales medios (con la señalada excepción de Fox News) coincidían con ella. ¿Cómo fue posible que tantas personas entrenadas para estudiar la realidad se equivocaran de ese modo? Esa trama ya había sido escrita, pero pocos la recordaban. En 2016, un novelista resurgió del olvido al que había sido relegado. Célebre en su tiempo, Sinclair Lewis es poco leído. Las enciclopedias recuerdan que en 1930 fue el primer estadounidense en recibir el Premio Nobel. Dueño de un sentido del humor que le permitía criticar el entorno para sobrellevarlo sin amargura, diseccionó la vida estadounidense a partir de una pequeña ciudad (*Calle mayor*), las ambiciones del capitalismo (*Babbitt*) y la heroica y no siempre fructífera lucha de la medicina (*Arrowsmith*).

Como otros artistas, encontró su principal desafío en el espejo. Su pelo rojo, su rostro cubierto de acné, sus ojos saltones y su cuerpo enjuto le produjeron insatisfacciones que el destino supo reforzar: perdió a su madre a los seis años y a su primogénito (a quien llamó Wells por el autor de *La guerra de los mundos*) en la Segunda Guerra Mundial. Tímido y muy seguro de su inteligencia, parecía arrogante y trabó pocas amistades en su natal Sauk Centre, Minnesota. A los trece años intentó una forma extrema de socialización, enrolándose como tambor en el ejército. A esa huida siguieron otras. La más esperanzadora lo llevó a la Universidad de Yale, de la que salió sin graduarse. Pasó de un empleo a otro mientras trataba de publicar cuentos; escribió folletines con seudónimo y le vendió una trama al popular Jack London. Entretanto, contrajo un hábito que Alan Pauls ha definido como el servicio militar obligatorio del escritor estadounidense: el alcoholismo, que terminaría por liquidarlo a los sesenta y cinco años.

Entre tantas turbulencias no parece haber espacio para la creación y menos aún para glorificarla. Pero una de las paradojas del arte es que las desdichas son el reverso de la obra. El chico que se horrorizó al verse cubierto de acné y empeoró su situación con un absurdo tratamiento de rayos X escribió con irónica piedad de los desastres del naciente siglo XX.

En 1925 rechazó el Premio Pulitzer, señalando que toda distinción es peligrosa. Cinco años más tarde no pudo rechazar el Nobel y se resignó a decir: «Es mi fin. Es algo fatal. No puedo estar a la altura». La fama lo agravió tanto como la soledad.

Después de un primer matrimonio con una editora de *Vogue*, casó con la periodista Dorothy Thomson, quien logró adentrarse con inteligencia en los laberintos de un hombre que sólo encontraba la felicidad por escrito.

Thomson había sido corresponsal en Alemania hasta que Hitler la expulsó del país. Su conocimiento de la propaganda nazi alertó a Lewis sobre el populismo de derecha que amenazaba a Europa. En 1935, Mussolini invadió Etiopía y Hitler suspendió los derechos civiles de los judíos. En Estados Unidos, el gobernador de Louisiana, Huey Long, apoyado por el sacerdote ultraconservador Charles Coughlin, lanzó una cruzada contra el gobierno de Roosevelt. Lewis advirtió la amenaza que se cernía sobre su país: un candidato de derecha encandilaba a los electores porque era percibido como un *outsider* dispuesto a criticar sin reservas ni decoro a los políticos convencionales. Un demagogo machista y discriminatorio, enamorado del poder y del dinero, podía acceder a la presidencia. Inspirado en Huey Long, Lewis escribió en dos meses su novela *Eso no puede pasar aquí* sobre un político que en 1936 gana la presidencia prometiendo instantáneo bienestar. Ya en el poder, elimina las garantías civiles, anuncia que México y Rusia son una amenaza, blinda la frontera, proclama la ley marcial, asesina a los disidentes y consuma en forma trágica el anhelo de acabar con el sistema.

El personaje principal, Doremos Jessup, es un periodista liberal de Vermont (el estado de Bernie Sanders, por cierto) que considera imposible que un payaso neofascista conquiste la voluntad popular. Poco a poco, advierte con alarma que ese delirio resulta atractivo para muchos. Jessup se radicaliza, es arrestado, logra escapar y pasa a la clandestinidad.

Los paralelismos con la elección de 2016 son pasmosos. Con todo, muy pocos repararon en esto: el pasado volvía como promesa del futuro. La amenaza que representó Huey Long, y que Lewis convirtió en novela, regresaba en la figura de Trump.

El clima antifascista que imperaba en Estados Unidos convirtió a *It can't happen here* en un *best seller* y su adaptación teatral estuvo cinco años en cartelera. Sin embargo, ese horror que «no podía pasar» fue el sueño realizable de Donald Trump. El olvidado Sinclair Lewis volvió a tener razón en 2016.

Por su parte, en su novela *La conjura contra América*, Philip Roth planteó un estimulante ejercicio contrafactual: ¿qué habría pasado en caso de que Charles Lindbergh, héroe de la aviación, hubiera ganado las elecciones a Roosevelt? Antisemita y aislacionista, Lindbergh encabezó el movimiento «Estados Unidos Primero» con una retórica similar a la de Trump. Su derrota salvó al país de la tiranía que Roth despliega con amarga destreza en su novela.

Tanto Sinclair Lewis como Philip Roth brindaban ejemplos de lo que podía suceder en caso de que el magnate de Queens ganara la presidencia. A contrapelo de esas sugerentes narraciones, numerosos analistas políticos descartaron a Trump por considerarlo demasiado zafio, impulsivo e incompetente para gobernar. Esos defectos eran ciertos; lo sorprendente es que, para muchos, también eran atractivos.

El hombre de copete tubular se dedicaba a distorsionar la realidad, pero no bastaba con denunciarlo para combatirlo. Las *fake news* tienen larga historia. Su antecedente clásico es la publicidad. Del turgente diseño de la botella de Coca-Cola a las técnicas contemporáneas de neuromarketing, la sociedad mercantil vive hechizada por ilusiones. El discurso de Trump no era muy distinto a los anuncios televisivos. Un medicamento no se promueve con datos médicos; el alivio es simbolizado por una persona que corre feliz por el campo junto a su cocker spaniel y se reúne con una bella esposa; luego, una voz precipitada, y de preferencia incomprensible, menciona posibles efectos secundarios. En la arena política, esa voz equivale a la prensa, que no suele ser oída.

En 1999, Naomi Klein publicó un libro que se convirtió en avasallante *best seller*: *No logo*. Uno de sus principales focos de interés era el *branding*, la nueva forma en que el capitalismo acredita sus marcas. En vez de promocionar un producto, se encomia un estilo de vida. Nike no se presenta como una zapatería, sino como una oportunidad de superar la adversidad, del mismo modo en que Starbuck's no pretende ser una cafetería, sino un espacio hípster. El capitalismo «con rostro humano» se declara partidario del comercio justo, los ingredientes orgánicos y la *world music*. De manera emblemática, una empresa se llama Honest Tea, nombre corporativo que al pronunciarse suena como «honestidad».

El marketing se ha transformado en ideología, haciendo que la marca y sus símbolos sean más atractivos que el producto. Una camiseta Lacoste sin cocodrilo o un Mercedes sin estrella son como una iglesia sin altar. El logo transforma el artículo de consumo en artículo de fe.

Recuerdo la absurda situación que viví en la Checoslovaquia socialista. En una calle solitaria encontré a un muchacho que portaba una camiseta con el lema «Hard Rock Café Praha». Me llamó la atención que ese negocio se hubiera instalado ahí. Lo comenté con mis compañeros de viaje y pedimos señas para acceder a ese santuario del rock en pleno comunismo. Nadie sabía nada al respecto. Finalmente, una persona soltó una carcajada y explicó que se trataba de una broma. Lo interesante de esa camiseta es que Praga *no* tenía un Hard Rock Café. ¡La ciudad de Kafka practicaba el *branding* imaginario!

Esa es, justamente, la fuerza cautivadora que estudia Naomi Klein. La publicación de *No logo* coincidió con el movimiento globalifóbico, lo cual expandió su radio de influencia. Sin embargo, a medida que vendía más y más libros, la autora constató la capacidad de la sociedad de mercado para beneficiarse de aquello que la repudia. Si la imagen del Che se explota en la venta de camisetas y toda clase de *memorabilia*, ella fue víctima de una paradoja en la que no ha dejado de reflexionar. Su radiografía de las marcas fue tan acertada que podía convertirse en una marca. Klein recibió ofertas para transformar su libro en una película, un videojuego, una línea de ropa o una cadena de productos «alternativos». Aunque rechazó todo esto, entendió que el mundo buscaba convertir su crítica en negocio. Como la diosa dual Mictlantecuhtli, que recicla la muerte en vida, el capitalismo devora lo que detesta para dar a luz nuevos productos. Diez años después de la publicación de *No logo*, Absolut Vodka lanzó, sin contar con el respaldo de la periodista canadiense, Absolut No Logo, botella sin etiqueta.

Mientras esto sucedía, Estados Unidos elegía a un presidente concebido como una supermarca: Barack Obama. De acuerdo con Klein, esa campaña fue un triunfo del *branding*. Obama se rodeó de jóvenes gurús de la revolución digital para crear un mensaje *cool*. No es casual que su video de campaña, *Yes We Can*, ganara el premio de la Asociación Nacional de Anunciantes, superando a los demás finalistas de ese año: Apple, Coors Zappos y Nike.

Lo decisivo en Obama, como en cualquier marca, era la apariencia. Criticó a Wall Street y al Pentágono y posteriormente se asoció con ambos. Se mostró orgulloso de su prosapia afroamericana, pero rompió el récord de deportación de mexicanos (más de tres millones, muchos de ellos niños sin compañía de sus padres). Fiel a su idea de que la política es ante todo *branding,* abandonó la presidencia ante un país descontento por el crack financiero de 2008, pero con buena opinión del presidente que conservaba una envidiable figura, hablaba como tocado por los ángeles, bailaba con gracia, sonreía en forma fotogénica, bromeaba con Jerry Seinfeld en la Oficina Oval de la Casa Blanca, condecoraba a Joan Didion y departía con Paul McCartney. Cayó el producto, pero no la imagen, es decir, la marca.

Esto preparó a los consumidores para un *branding* diferente en el mismo mercado. El fracaso material del presidente *cool* quitó atractivo a lo políticamente correcto y permitió que la descarada ostentación de instintos primarios fuera vista como una nueva sinceridad. Si Trump mentía y se contradecía, para muchos, eso no era incoherente, sino una prueba de que al fin alguien se atrevía a hablar con la franqueza de quien tuitea sin miedo al *unfollow.*

¿Qué tipo de *branding* ofreció el sucesor de Obama? Como empresario, Trump ha sido un pésimo gerente y un extraordinario promotor de locas fantasías. Su estrategia económica ha dependido de la consolidación de un nombre (la torre Trump, el casino Trump, el hotel Trump) y de prometer un estilo de vida basado en la plutografía, la descarada exhibición de la riqueza: paredes doradas, candiles versallescos, vestíbulos con cascadas.

El empresario que no hubiera podido llevar la contabilidad de una papelería entendió con sagacidad que su negocio estaba en los medios. Apareció en todos los *shows* a su alcance y protagonizó un programa de televisión donde ejerció una de las mayores pasiones del capitalismo: despedir empleados. Al inicio de su vertiginosa ascensión, logró construir un rascacielos en el corazón de Manhattan. En esa época, la ciudad se encontraba devastada por el crimen y la crisis económica. Trump convenció al alcalde Edward Koch de que lo exentara de pagar impuestos durante décadas con el argumento de que no gestionaba un negocio, sino una «promesa de bienestar». La misma estrategia sirvió para crear clubes de golf, casinos y delirios inmobiliarios en numerosas ciudades. Muchas de esas empresas quebraron sin perjudicar la reputación del dueño porque el auténtico producto era la fábula del desarrollo. No se vendían realidades sino ilusiones. Este currículum lo llevó a aspirar a la presidencia con un lema motivacional: *Make America Great Again.* Sus numerosas bancarrotas y su opacidad fiscal revelaban a un mal gestor, pero su capacidad de mantenerse a flote lo avalaban como un pícaro que se sobrepone con astucia al sistema, y sus imparables proyectos lo acreditaban como un magnífico publicista. Nada de esto ocurría en la oscuridad, sino en el segundo lugar de residencia de Estados Unidos: la televisión. Después del seductor pero inocuo Obama la sociedad del *branding* encontraba a un provocador a su medida.

La mayoría de los analistas no entendió que Trump podía cautivar a millones de votantes con su delirio de grandeza. Del mismo modo en que Nike se sirvió de la última frase de un condenado a muerte para crear un eslogan vitalista, «Just do it», Trump transformó su afán de lucro en «proyecto social», sugiriendo que la riqueza aumenta por contagio.

Una de las grandes limitaciones de los columnistas políticos es que se mueven en un nicho reducido. La auténtica opinión pública se suele fraguar entre los desconocidos, que inevitablemente son mayoría, pero a los que no se tiene inmediato acceso.

133

El gran cronista de viajes Paul Theroux enfrentó de otro modo a los seguidores de Trump, pues se trata de un experto en la otredad. El autor de *La costa de los mosquitos* vivió largos años en África, Singapur e Inglaterra, y ha tomado las más extensas rutas de tren en cuatro continentes, escribiendo inmejorable literatura ferroviaria. Una anécdota resume su temperamento. Theroux se extravió en el mar, cerca de un atolón hawaiano, mientras remaba en su kayak, y sólo recuperó el rumbo cuando avistó un ave a la distancia. La siguió hasta llegar a la costa y en recuerdo de esa enseñanza se tatuó la silueta del ave en la mano.

Theroux entiende la mirada ajena, ya se trate de la de un pájaro o la de una persona. Un año antes de las elecciones, recorrió el sur de Estados Unidos para descubrir el potencial atractivo de Trump. Conversó con el sector de blancos pobres que se siente marginado del sueño americano y suele ser llamado «white trash». En el libro *Deep South*, publicado en 2015, documentó la decepción de esas personas. Trump les parecía un *outsider*, un vengador con suficiente enjundia para poner en su sitio a los burócratas de Washington.

Por desgracia, a diferencia de Theroux, la mayor parte de la prensa prefirió denostar a Trump que entender el magnetismo que ejercía en los inconformes. En la mañana de la elección de 2016, el *New York Times* pronosticó el seguro triunfo de Hillary Clinton, y en su cobertura de esa jornada, la cadena CNN comentó en forma reiterada que la tendencia que favorecía a Trump sería corregida cuando llegara el voto de la población urbana con estudios universitarios. Estos medios informaban de sus deseos, no de la realidad.

Michiko Kakutani, conocida crítica literaria del *New York Times*, escribió un libro sobre el uso social de la mentira: *The Death of Truth*. Al inicio de su alegato, retoma una información del *Washington Post*: en su primer año de gobierno, Trump dijo 2.140 mentiras, una cuota de casi seis al día. Kakutani recuerda que, en *Los orígenes del totalitarismo*, Hannah Arendt advirtió que lo que vuelve fanática a la gente no es la cerrazón ideológica, sino la imposibilidad de distinguir entre la verdad y la mentira. Es grave que Trump mienta sobre cualquier tema, del calentamiento global a su desempeño en el golf, sin embargo, es más grave que la sociedad del espectáculo y el *branding* permitan que eso sea posible.

Rusia entendió mejor que el *New York Times* la naturaleza de los votantes estadounidenses e intervino con sutil destreza en las elecciones de 2016, creando miles de cuentas digitales para dividir al país con consignas y acciones opuestas. Ninguna de esas cuentas era prorrusa ni aclamaba abiertamente a Trump. Unos mensajes llamaban a luchar contra los afroamericanos y otros a defenderlos. Los estrategas del Kremlin no necesitaban revelar su ideología; sabían que el enfrentamiento y la polarización beneficiarían al candidato más ajeno a la tolerancia y a la conciliación: Donald Trump. Cuatro años después, su derrota no se debió a su desconocimiento de la política, sino de la biología. Enemigo de los expertos y de la ciencia, Trump enfrentó la pandemia de la peor manera.

Nadie gobierna diciendo exclusivamente la verdad, pero hay niveles en el uso de la simulación. Obama no incurrió en la mitomanía, pero habló mejor de lo que gobernó. Aunque se subordinó a la CIA, mantuvo a presos inocentes en Guantánamo (como documenta la extraordinaria película *El mauritano*) y autorizó bombardeos con drones en los que murieron civiles, fue percibido como un presidente tolerante, reflexivo, con un hondo compromiso humano. En 2009, incluso recibió el Premio Nobel de la Paz. De manera emblemática, en su última conferencia de prensa señaló que no se debe apartar a los periodistas de lo que sucede en el gobierno. De este modo aludía a la propuesta de Trump de dar conferencias de prensa en edificios de su propiedad y no en la Casa Blanca y al mismo tiempo celebraba su propio trato con los medios, a los que supo cortejar.

«La verdad es siempre revolucionaria», escribió Gramsci, lo cual significa que raras veces es ejercida por un político. Trump «corrigió» cada falsedad con otra falsedad: de la verdad relativa pasó al imperio de la posverdad.

A la distancia, lo más significativo no es que Trump actuara como un megalómano capaz de inventar enemigos y hacer promesas irrealizables, sino que lo apoyaran millones de estadounidenses. En 2020 no fue capaz de ser reelegido pero obtuvo más de 70 millones de votos, lo cual lo convirtió en el presidente en funciones respaldado por más sufragios.

Vale la pena reparar en otra anticipación ofrecida por la literatura. *El mentiroso*, novela breve de Henry James, reflexiona sobre el peculiar atractivo de los falsarios. La historia trata del sufrido pintor Oliver Lyon. En su juventud, este artista pretendió a Everina Brant, pero ella lo rechazó y casó con otro, el coronel Capadose. Años después, Lyon coincide con la pareja en una de esas reuniones de sociedad, llenas de ambigüedades, subterfugios y sobreentendidos, que tanto intrigaron a James. Con su adiestrada vista, el pintor estudia a su rival. El coronel es un hombre apuesto, carismático, que destaca en la cacería y la conversación. Pero su encanto incluye un vicio: es un mentiroso compulsivo. En este reencuentro, Everina brinda a Lyon un premio de consolación; le dice que admira sus pinturas. Él, por supuesto, preferiría que admirara su persona. La tensión entre vida y arte, tan frecuente en James, domina la historia.

Valiéndose de su oficio, y del respeto que le profesa Everina, Lyon se propone desenmascarar a su rival por medio del arte. Habla con el coronel y le propone retratarlo. Desea hacer una pintura capaz de captar, no sólo sus atractivas facciones, sino su temperamento, es decir, su espíritu embustero. Lo logra, y a tal grado, que el coronel apuñala el cuadro. Como buen mitómano, inventa una excusa para no ser culpado, pero su mujer sabe que él causó el estropicio. Llega, al fin, la oportunidad de que condene la hipocresía de su marido. Gracias a sus pinceles, Oliver Lyon se siente a punto de recuperar a la mujer, pero ella toma partido por el hombre que ama: sabe que miente, pero no le importa.

Son muchos los que prefieren preservar el engaño que determina su vida; si les quitaran la venda que cubre sus ojos, eso no necesariamente sería un alivio.

James escribió *El mentiroso* en 1888 sin saber que su país sería gobernado por alguien similar al coronel Capadose. Curiosamente, en sus cuadernos de notas bosquejó la historia con otro final: Everina apoya la mentira de su esposo, pero luego lo detesta. El giro maestro consistió en hacer que la mujer fuera cómplice de la estafa: no sólo tolera, sino que en cierto modo necesita que le mientan.

Una y otra vez los medios «desenmascararon» a Trump, pero eso importó poco. Sus seguidores no querían la verdad. De ahí que, en pleno ejercicio de su megalomanía, el candidato republicano dijera que podía dispararle a alguien en la Quinta Avenida sin perder votos.

La verdad no ha dejado de ser revolucionaria. El problema es que se localiza en una esfera que importa cada vez menos: la realidad.

Contra la opinión binaria

Mi generación aprendió más cosas en la calle que en la escuela. El saber se transmitía en la tienda del barrio donde compartíamos refrescos después de jugar partidos en los que las porterías se marcaban con suéteres. Ese modesto espacio cumplía para nosotros la función del ágora en Atenas.

Muchos años después, mi hijo Juan Pablo rebasó el aprendizaje escolar gracias a internet, Discovery Channel y libros que ostentaban títulos en caligrafía celta. Atesoró datos de todo tipo y cuando tenía dieciséis años me preguntó: «¿Sabías que los cerdos duermen del lado derecho?».

Hasta entonces mi aproximación al mundo porcino se limitaba a las carnitas. En el plano simbólico, sabía que un marranito representa el ahorro, pero ignoraba sus hábitos nocturnos.

La noticia tenía mayor relevancia de la que yo suponía. Según mi hijo, lo importante de que los cerdos duerman del lado derecho es que gracias a eso su pierna izquierda es más sabrosa y se cotiza mejor entre los clientes del jamón de jabugo.

Luego me hizo otra pregunta que anunciaba su interés por la medicina, carrera que finalmente estudió, pero que en ese momento asocié con la antropofagia: «¿De qué lado duermes tú?». ¿Deseaba saber cuál era mi pierna sabrosa?

Recordé una escena de las memorias de Dostoievski en Siberia. El novelista permaneció cuatro años y cuatro meses en ese gélido infierno, con grilletes en los pies, condenado a trabajos forzados y con derecho a sólo dos baños anuales. Ese calvario se vio recrudecido por Krivtsov, guardián que revisaba de noche a los prisioneros y azotaba al que se atreviera a recostarse del lado derecho, con el argumento de que Cristo había dormido del lado izquierdo. ¿Cómo se había enterado de esa íntima costumbre del mesías? Tal vez por llevar un nombre casi idéntico al del redentor, Krivtsov se sentía imbuido de una fuerza fanática. Lo cierto es que su crueldad resultó excesiva incluso para Siberia y fue expulsado del presidio. Años después, Dostoievski lo encontró en San Petersburgo. El tirano se había convertido en un hombre disminuido, triste, que llevaba un gastado abrigo.

No quise que mi hijo me superara en datos innecesarios y le pregunté: «¿Sabías que Cristo dormía del lado izquierdo?». Juan Pablo no respondió, pero me miró con desconfianza. Como en otras ocasiones, yo evitaba dar una respuesta científica y la sustituía por una esotérica.

En la noche aplicó el método empírico y me miró dormir. A la mañana siguiente reveló que mi postura no era la de Cristo sino la de los cerdos. Y agregó un consuelo que en caso de canibalismo serviría de muy poco: «Tu pierna izquierda sabe mejor».

La ronda de las generaciones alecciona en forma imperceptible. Crees educar a los hijos y, gracias a ellos, te acabas enterando de cosas que no pensabas saber. La pierna izquierda, que me hizo fallar goles decisivos, ahora se convertía en evidencia de un hábito porcino. Como la lectura no siempre trae buenas noticias, eso también me descubrió que yo no dormía como Cristo. Una sencilla pregunta me hizo sentir que dormía de manera equivocada. En sueños, comencé a padecer el temor primigenio de ser devorado por una fiera a causa de mi pierna sabrosa.

Trece años después de que Juan Pablo me hablara del tema, perdí la audición del oído izquierdo a consecuencia de una «hipoacusia súbita». Dormir del lado derecho se convirtió en una ventaja acústica, pues silencia mi único oído útil. La postura de los cerdos resultó una predestinación.

¿En realidad *sólo* dormimos de un lado? Volví a leer el libro de Dostoievski, publicado con los cambiantes títulos de *El sepulcro de los vivos* o *Memorias de la casa muerta*. En tiempos de polarización política, regresé a las palabras del excesivo Krivtsov. Ese fanático no podía tener razón. Cristo seguramente se daba la vuelta.

La relectura de un clásico no decepciona. En medio del oprobio, Dostoievski encontró las virtudes que lo niegan. Los condenados con los que compartía barraca habían hecho algo atroz, pero también poseían insospechadas cualidades.

Al repasar esas escenas, el tema de los hábitos nocturnos adquirió un sentido ético: quien sólo adopta una postura se empobrece. Todo integrismo es reductor. El dogmático Krivtsov no entendía que el ser humano es necesariamente ambiguo: aunque prefiera dormir de un lado, tarde o temprano se vuelve al otro.

Es posible que los cerdos hagan lo mismo y eso explique que a veces el jamón de la pata derecha sea más rico. En todo caso, los inconscientes hábitos nocturnos alertan sobre la necesidad de compensar una tendencia con la ocasional frecuentación del «otro lado», algo que no siempre practicamos en la vigilia.

El reality: *una isla vigilada*

Desde hace años proliferan los programas de televisión donde la gente se insulta y reconcilia en tiempo real. La justificación de esos arrebatos es que no son actuados. El público no contempla: espía. Mientras los participantes sucumben a revueltas emociones, los espectadores se comportan como los guardias que supervisan un sistema de circuito cerrado.

A medida que la realidad se desdibuja, surgen espacios que la sustituyen. ¿Cómo convencer de que eso es auténtico? Si los poetas románticos buscaban la esquiva flor azul, los protagonistas cautivos ofrecen total indiscreción. El encierro sirve para decir cosas agraviantes, incómodas, próximas, en una palabra: *genuinas*.

El *reality* y los tribunales televisivos, como *Caso cerrado*, que difunde los sinsabores de la comunidad latina de Miami, refutan un viejo lema de conducta: «La ropa sucia se lava en casa». Convencidos de que los siglos que promovieron la discreción no llevaron a nada útil, demuestran que la impudicia vende. Personas de las que no sabíamos nada se convierten en celebridades de las que sólo conocemos su vida íntima.

¿De dónde surge el expansivo interés por este género? Desde siempre, a la gente le gusta oír detrás de la puerta. Basta que algo sea secreto para querer saberlo. El *reality* tiene el atractivo de lo que se conoce «a traición». Javier Marías invita a leer su novela *Corazón tan blanco* con un comienzo irresistible: «No he querido saber, pero he sabido».

El atractivo del *reality* tiene que ver con la revelación de intimidades, pero también con la inesperada apropiación de un escenario narrativo: la isla desierta.

Pensé en esto al leer *Robinson ante el abismo*, bitácora de un notable coleccionista de islas literarias: Bruno Hernández Piché. De *Robinson Crusoe* a *La isla de concreto*, de J. G. Ballard, la llegada a ese sitio de excepción ha dependido de un rito de paso: el extravío o el naufragio. Horizonte de salvación, la isla también es un lugar de encierro.

Al caer en el espumoso mar, Crusoe encuentra dos zapatos que no hacen juego. Estamos ante la más condensada metáfora del caos: los objetos han dejado de rimar entre sí. Una vez en la isla, el sobreviviente debe sobreponerse a su soledad, convirtiéndose en industrioso jefe de sí mismo, hasta que encara algo aún más difícil: una huella aparece en la arena, y debe convivir con otro.

Defoe convierte al segundo habitante de la isla en súbdito del primero. En *Viernes o los limbos del Pacífico*, Michel Tournier agrega posibilidades homoeróticas a ese trato, y en *Foe*, J. M. Coetzee introduce a una mujer en la ecuación, tan inquietante como «La intrusa» de Borges.

La isla regresa siempre. Dale una hoja en blanco a una persona y lo primero que dibujará es un trazo circular, el decantado contorno de un lugar y un desafío. Eso le sucedió a Robert Louis Stevenson cuando su hijastro le pidió que hiciera un dibujo. El escritor escocés bautizó ese sencillo mapa del deseo como *La isla del tesoro*.

Hernández Piché asocia la isla con las tribulaciones de la soledad. Toda zona de aislamiento es un reto existencial. Ahí las relaciones sólo pueden darse como anomalía. No hay nada más contradictorio, a fin de cuentas, que tener contactos en un sitio desierto. Por lo tanto, la llegada del otro garantiza una relación extrema y potencialmente disfuncional. Estamos ante el antecedente mítico del *reality*.

En los años sesenta, *La isla de Gilligan* llevó el tema a la comedia televisiva. Un heterogéneo grupo de náufragos experimentaba el desafío de convivir. El *reality* actualiza y exagera esta dinámica. Ahí el naufragio no es marítimo sino nervioso y provoca tormentas emocionales. En esa isla impera el mal clima.

A cuarenta años de *La isla de Gilligan*, la televisión produjo una serie de ficción no ajena a la alta fantasía: *Lost*. En 2010, el último episodio llevó a discusiones multinacionales sobre el destino de los náufragos. Una vez más se puso de manifiesto el atractivo de un espacio restringido para liberar la imaginación. El *reality show* se apropia de ese escenario, pero se limita a usarlo para satisfacer el ancestral deseo de mirar la intimidad ajena. En esa dinámica no es necesario identificarse con los protagonistas. Su lógica es la del jardín zoológico, donde los animales observados en confinamiento cautivan por su peculiaridad.

¿Es interesante contemplar personas peores que nosotros? Podría pensarse que el *reality* surgió para realzar nuestra superioridad ante la gente que se equivoca en tiempo real en la pantalla, pero la percepción mediática de las emociones ha cambiado. Cada vez son más frecuentes las sagas televisivas en las que todos los personajes resultan desagradables. Un caso emblemático es el de *Succession*, que genera una atractiva adhesión negativa; no esperas la salvación de

142

los héroes, sino atestiguar hasta dónde llegan o hasta dónde se hunden.

En el *reality*, formar parte del cautiverio vale más que salir del encierro: quien se libera pierde. La misión de las islas literarias es la opuesta. La llegada a esa lengua de arena puede ser dramática, pero la supervivencia activa la mente. Sólo ahí podía ocurrir *La invención de Morel*, espejismo en el que un fugitivo se enamora de una mujer de maravillosa irrealidad que aparece cuando la máquina que produce su imagen es activada por las mareas. En este caso, la isla depara una doble alteridad: el protagonista está aislado y su amada es virtual.

Con excepción de personajes como Jekyll y Hyde o el vizconde demediado, de Italo Calvino, ningún ser humano es completamente malo ni completamente bueno. Como dije en el apartado anterior, quien duerme de un lado a veces explora el otro. Las posibilidades del horror reposan en el interior del santo.

El *reality* aspira a acabar con las ambigüedades con el pretexto de la supervivencia, en la que todos los instintos son primarios. En 1987, Gordon Gekko, el magnate que protagoniza la película *Wall Street*, de Oliver Stone, inmortalizó un lema del descaro: «Greed is good» (la codicia es buena). La trama se inscribe en una tendencia que podríamos denominar el «éxito de los defectos». Con diferentes niveles de ingenio, tanto *Succession* como los *realities* conjugan esta gramática.

A medida que el *reality* se fue asentando en la cultura de masas, la percepción de los seres que sobreviven desnudos en la naturaleza o tratan de copular en un cuarto donde no se cambian las sábanas adquirió otra valoración. Lo que en un principio se veía por morbo ahora se ve con un interés no desprovisto de reverencia. La premisa básica se mantiene (lo que ahí ocurre es primario, y en esa medida, desagradable), pero el trance garantiza un incuestionable beneficio: la celebridad. No cambió la isla, cambió el océano que la rodea.

En México, el *reality* ha dado apariencia *cool* al lenguaje y los códigos corporales y de vestuario del crimen organizado. La pista sonora de esa subcultura es aportada por bandas como El Cártel de Santa, grupo de hip-hop que, desde su nombre hasta sus letras, pasando por su *look* sicario y su conducta (dos de sus miembros han sido detenidos por cargos de homicidio), procura asociarse con el ámbito delictivo.

En un reportaje de septiembre de 2023, la revista *Science* informó que el crimen organizado es el quinto empleador en México. El narcotráfico y sus negocios aledaños generan más puestos de trabajo que Petróleos Mexicanos (Pemex). El emporio de lo ilícito sólo es superado por Femsa (embotelladora de Coca-Cola), Walmart, Manpower y América Móvil. Si el crimen determina nuestra economía, no es casual que genere nuevos comportamientos. El *branding* narco promueve un diferenciado estilo de vida.

La elaborada y muchas veces inútil cortesía mexicana, que había cambiado poco desde el virreinato, se ha transformado en un teatro de la procacidad y el descaro cuyo máximo foro es el *reality*. Con todo, el principal atractivo de contemplar la impudicia ajena proviene de lo que mencioné antes: el éxito de los defectos. En una sociedad donde el triunfo legal es casi imposible, destacar ejerciendo instintos representa una venganza.

En octubre de 2023 fui a la Feria del Libro de Monterrey. En el avión coincidí con dos jóvenes que hablaban con la estruendosa espontaneidad de quienes desean llamar la atención. De inmediato obtuvieron la mía.

A unas filas viajaba una conocida cantante pop y, a mi lado, un rubicundo magnate de Monterrey. Desde el despegue, los jóvenes se convirtieron en el alma de la cabina. Ella tenía un cuerpo que revelaba adicción al bisturí y un maquillaje que parecía a prueba de cremas disolventes. Él llevaba una camiseta de basquetbolista estampada con una calavera que dejaba ver sus brazos tatuados. Aunque hablaban entre ellos, el diálogo ocurría en voz alta, en función de los demás. Él acababa de pasar por una crisis amorosa y estaba feliz de haberse separado muy bien de su pareja. Ella lo felicitaba por esa ruptura tan cordial.

El intercambio podría haber pertenecido a una novela de Jane Austen de no ser porque la palabra más usada era «verga». Además, la conducta del muchacho desconocía los protocolos: trató de ir al baño cuando el avión estaba en la pista, olvidó ponerse el cinturón de seguridad y tuvo que acomodar un bulto que tenía sobre los pies. En todas esas ocasiones, la azafata se dirigió a él con firmeza y él pidió disculpas con amabilidad. ¿Qué clase de persona era? Me pareció un buen chico que había errado el rumbo. Durante la hora de viaje a Monterrey pensé en el destino de ese joven. ¿Aspiraba a imitar al Cártel de Santa? ¿Era el hijo agradable y dispendioso de un narco?

Cuando aterrizamos, el chico se dirigió al empresario que había dormitado en el asiento vecino al mío y exclamó: «¡A ver si hacemos un *reality*!».

Fue la primera señal de que estaba ante un astro mediático. En el vestíbulo del aeropuerto encontré a una multitud armada de cámaras y celulares. Pensé que venían a recibir a la cantante pop, pero la persona más famosa del avión no era ella, sino el muchacho por el que yo había sentido una absurda preocupación. Se trataba de una celebridad del *reality*. Había salido de su isla y demostraba que la realidad es un naufragio.

Quienes ya son famosos no necesitan someterse a la reclusión del *reality*; sin embargo, de vez en cuando se sienten obligados a alimentar a la curiosidad de su auditorio.

Como dije antes, la información ya forma parte de la atmósfera: resulta imposible localizar la fuente de la que proviene. En algún momento de 2022 supe algo que no me interesaba: Ben Affleck y Jennifer Lopez se habían reconciliado. El dato llegó a mí como una hoja caída de un árbol.

Llama la atención que las noticias sean parte del ambiente, pero llama más la atención que se trate de *esas* noticias. Si dos famosos se aman o se detestan o se vuelven a amar modifican el clima.

China controla la deuda externa, la basura, el tráfico fluvial y el mercado de innumerables cachivaches en el planeta. Pero Estados Unidos controla la celebridad. Si los griegos estaban atentos a los arrebatos de Zeus y los aztecas al designio fatal de Tezcatlipoca, en la teodicea contemporánea ningún sistema de valores supera al *rating* o a los seguidores.

Sabemos, por las Kardashian y Paris Hilton, que se puede ser conocido sin virtud específica. La curiosidad humana surge de distintas formas y una de ellas consiste en seguir a la gente «famosa por ser famosa». En el siglo XIX, las novelas satisfacían el deseo de llevar existencias paralelas; hoy, ese placer vicario se sacia de modo más simple, conociendo la colección de zapatos o la nueva mascota de una *influencer*. En 2013, Sofia Coppola dirigió *The Bling Ring*, película basada en hechos ocurridos en 2008. Un grupo de adolescentes decidió apoderarse de las pertenencias de sus ídolos de Hollywood. Deseaban poseer de manera fetichista los collares de las divas, pero sobre todo llamar la atención. En la dinámica de la fama, no hay publicidad mala. Esta certeza se perfecciona con otra: el horror obtiene más *rating* que la bondad.

El documental *Anna Nicole Smith: You Don't Know Me* aborda el tema. La modelo muerta a los treinta y nueve años construyó una identidad falaz para cautivar a los medios. Tuvo una infancia agradable, junto a una madre que la quería; sin embargo, en cuanto ganó notoriedad y fue entrevistada en televisión, dijo que había padecido abusos en la infancia, provocados por una madre cruel. Sus anécdotas eran convincentes porque en verdad habían ocurrido, pero pertenecían a otra chica, con la que tuvo una relación sentimental. Cuando la amiga le preguntó por qué mentía de esa manera, apropiándose de un pasado ajeno, la modelo comentó que las malas noticias promovían su carrera con más fuerza que las buenas.

También los ladrones del Bling Ring aspiraban a un prestigio negativo. Las joyas sustraídas a Paris Hilton, Lindsay Lohan, Megan Fox, Orlando Bloom y otras luminarias superaban los dos millones y medio de dólares; sin embargo, algunos de los afectados vivían en tal opulencia o tal despegue de la realidad que ni siquiera advirtieron que les faltaban cosas. Los ladrones eran fans deseosos de apropiarse de la identidad ajena, pero apenas modificaron la desmesurada vida de las víctimas. Su «éxito» fue otro: la notoriedad. Con acierto, Elsa Fernández-Santos describió a *The Bling Ring* como «el *Bonnie and Clyde* de las *influencers*». En 2022, Netflix estrenó una serie documental con los auténticos protagonistas de esos robos que confirmó la ávida curiosidad con que la gente sigue a las celebridades.

Pero no basta entrar al Salón de la Fama para permanecer en él. Una vez que se recibe el escrutinio del ojo público hay que retener su atención. Esto lleva a una paradoja. La gente anhela conocer a los famosos con íntima crudeza, pero la «naturalidad» de esas personas no puede ser como la nuestra. La audiencia exige el tigre blanco en el jardín, el jacuzzi con capacidad para un ballet acuático, la colección de 10.000 gorras de béisbol, la efigie de oro en tamaño natural de la dueña de la casa. La fama enrarece a sus favoritos hasta volverlos casi irreales: su normalidad es la extravagancia. Desayunan corazón de pájaro y se casan varias veces con la misma persona. Fue asombroso que Michael Jackson quisiera comprar los restos del Hombre Elefante, procurara blanquear su piel y durmiera en un pulmón de acero, pero habría sorprendido más que no hiciera nada de eso.

Cuando un actor «entra en personaje», se conduce con una *espontaneidad ajena*, borrando todo rasgo de impostura: no *actúa* como Hamlet, *es* Hamlet; se vacía en favor del papel que representa; en cambio, la celebridad construye un artificio. Cada prenda que compra, cada frase que tuitea, cada foto que sube a las redes aumenta su capital simbólico.

Vuelvo a la noticia de la que me enteré sin saber cómo: JLO y Ben se amaban otra vez. Pero al guiso le faltaba un jalapeño. Los medios lo aportaron de inmediato, informando de la peculiar obligación contraída en el romance recalentado. Una cláusula del nuevo acuerdo prenupcial comprometía a los actores a tener relaciones sexuales al menos cuatro veces a la semana.

El País abordó el tema en plan jurídico. ¿Es legítimo someter la libido a un criterio contractual? Entrevistado al respecto, Juan Pablo González, titular del Juzgado de Primera Instancia 24 de Madrid, comentó que en su mesa de trabajo ese acuerdo «sería declarado nulo, sin valor ni efecto alguno, por ser contrario a la libertad y dignidad personal». La opinión del juez resulta irrefutable: nadie puede excitarse por decreto.

Pero la sociedad del espectáculo no es legislada por la ley sino por la percepción. ¿Cómo fue posible que la cláusula sobre el rendimiento erótico de la pareja se filtrara a los medios? Tratándose de un asunto que se podía mantener en cuidadosa reserva, lo más probable es que haya sido divulgado por los propios protagonistas. Convertidos en objeto del

148

deseo colectivo, los actores decidieron agregar una estadística al morbo. En riguroso cumplimiento de lo que la cultura de masas espera de dos personas tan apuestas, JLO y Ben harían el amor doscientas ocho veces al año. Se ignora si hay un bono por rebasar la cifra o si habrá una disminución progresiva de las obligaciones.

Lo único verosímil para una celebridad es el exceso. Al llegar al milenio coital, los abajo firmantes podrán ser vistos como atletas o mártires del sexo. Lo decisivo es la condición pública de su intimidad.

Del reality *a la autoficción*

La historia de la cultura puede ser estudiada a partir de la cambiante relación con la sinceridad. Rousseau odiaba el teatro porque fingía las pasiones y encubría las verdades. Se opuso a las mascaradas y escribió contra el proyecto de construir un foro en Ginebra donde se celebraría «el arte de desfigurarse, de asumir un carácter distinto del propio, de aparecer diferente de lo que uno es, de enardecerse a sangre fría, de decir algo distinto de lo que se piensa, y eso con tanta naturalidad como si en verdad se pensara así, y, finalmente, de olvidar su propia situación por el hecho de que uno se traslada a la de otro». Aunque Rousseau condenaba la simulación, al combatirla con tal vehemencia realzaba el poder que podía adquirir.

Experto en lances libertinos, dramaturgo y conversador de alta escuela, Denis Diderot opinaba, por el contrario, que la comunicación requiere de disfraces. En *La paradoja del comediante* recomienda que el histrión contenga sus emociones para que sea el espectador quien las experimente. No se trata de un engaño, sino de un recurso para convertir al otro en coautor de la catarsis. Quien actúa debe ser «un hombre frío, que no siente nada, pero simula superiormente la sensibilidad». Sólo así puede afectar al público, capaz de conmoverse con situaciones ajenas e inesperadas. El teatro despierta sentimientos inéditos; de ahí su valor moral.

En cambio, Rousseau juzgaba que toda representación rebaja la integridad de la persona, pues le permite suponerse como otra. La rectitud rehúye el fingimiento. Ni siquiera en el arte el simulacro adquiere sentido, ya que constituye un mal ejemplo; por no hablar de lo que ocurre en la vida cotidiana, también sujeta a la teatralidad, donde la hipocresía causa tanto daño. En su «Carta al Señor d'Alembert», Rousseau defiende una sociedad de la transparencia donde se actúe con franqueza y vigilancia recíproca: «bajo los ojos del público, censor nato de las costumbres de los otros». Y en *Julia, o la nueva Eloísa* señala que el hombre digno construye su casa de tal manera que pueda saberse todo lo que ocurre en ella.

Hasta hace poco, entre los escritores predominaba la postura de Diderot. Los simulacros, las insinuaciones, los valores entendidos, la ambigüedad, la discreción, el teatro de los gestos y el silencio han sido decisivos recursos de comunicación. Sin embargo, ante los espectrales estímulos de la cultura digital, numerosos autores han contraído una sed de veracidad que muchas veces se confunde con el exhibicionismo. ¿El progresivo repliegue de lo real lleva a la autenticidad compensatoria de la autoficción?

De san Agustín al propio Rousseau, pasando por Montaigne, la intimidad confesional ha sido apasionante. La autoficción expande el género con ingredientes parcialmente imaginarios. La autobiografía se retoca a conveniencia. Para enfatizar que eso es auténtico se suelen incluir sobredosis de «realidad». La verosimilitud no depende de una cuidadosa invención, ni de lo que realmente sucedió, sino de un peculiar desplazamiento: con criterio notarial, se levanta inventa-

150

rio de datos objetivos. Los más revelador suelen ser los agravios sufridos; exponerlos requiere de indudable valentía, pero no siempre de buena prosa. Por lo demás, al escribir en «beneficio de inventario», el autor nos entera de detalles tan genuinos como insulsos. La metáfora de «la ropa sucia se lava en casa» ha adquirido obsesiva literalidad: tarde o temprano, el protagonista de la autoficción se suele dirigir a la lavadora.

Toda variante de la escritura se ejerce con distintos niveles de calidad. Más allá del juicio que despiertan los autores volcados sobre sí mismos, conviene señalar la resonancia cultural que han suscitado, desde el avasallante éxito de Karl Ove Knausgård, el primer escritor noruego que encuentra el buscador de Google, superando al premio Nobel de 2023, Jon Fosse, hasta Annie Ernaux, también reconocida con el Nobel en 2022.

En una conversación con Alan Pauls, César Aira abordó el tema con ironía: «Menos mal que el giro autobiográfico se dio cuando ya se habían escrito muchas obras maestras. Se habría perdido mucho si Dante, Shakespeare, Proust o Kafka hubieran dado el giro. Hoy tendríamos mucha información sobre unos señores intensamente neuróticos, y poca literatura».

Es significativo que Aira incluya a Proust en la lista. La escritura autobiográfica de *En busca del tiempo perdido* reelabora el acontecer y supera los trasvases literales de la autoficción, que aspira a la sinceridad de lo que no ha sido procesado, la audacia de hablar «sin filtro» ni distanciamiento sobre la propia vida. De las *Confesiones*, de Rousseau, a *Christopher y los suyos*, de Christopher Isherwood, el discurso autobiográfico es un desdoblamiento que pone en tela de juicio al autor. El giro al que se refiere Aira es el de la transcripción inmediata de la experiencia vivida. El autor no se comenta ni se reinventa por escrito, se copia como replicante de sí mismo.

Esta ansia de autenticidad también se advierte en los programas y las series cuyas tramas siguen un criterio médico o forense: *C. S. I.*, *Six Feet Under*, *Forensic*, *Doctor House*, *Emergency Room*, *Dr. G: Medical Examiner*, *Forever*. Dos narrativas de incontrovertible veracidad se han vuelto populares: el diagnóstico clínico y la autopsia. En una sociedad de espectros, el cuerpo gana relevancia al enfermar o expirar.

«La culpa es de Rousseau», dice el pequeño Gavroche en *Los miserables*, refiriéndose a la Revolución. Sería injusto atribuir al ginebrino el torrente de textos de autoficción y otras imitaciones de lo real que buscan paliar la hegemonía de los estímulos virtuales. Es posible que Rousseau le esté ganando una batalla póstuma a Diderot, lo cual resalta la condición rebelde del derrotado: el padre de la Enciclopedia es un disidente en tiempos de la Wikipedia.

La intimidad literaria

La historia de la literatura representa, entre otras cosas, una paulatina conquista de la introspección. En mi ensayo «La pluma y el bisturí. Literatura y enfermedad», incluido en *La utilidad del deseo*, abordé la forma en que la Medicina –de la cirugía a los rayos X, pasando por el estetoscopio– modificó la percepción interna del cuerpo y favoreció la aparición de escenas hasta entonces inéditas en la escritura. Lo mismo se puede decir del impulso recibido por el psicoanálisis, que llevó a utilizar narrativamente el flujo de la conciencia, la asociación libre de ideas, el papel revelador del lapsus y otros actos fallidos de la mente.

El avance de la psicología derrotó ciertas formas de contar historias. Henry James empezó escribiendo novelas con un narrador omnisciente que conocía los pensamientos de todos sus personajes; posteriormente, se decantó por asumir una sola voz narrativa, recurso más verosímil. Del Dios que domina todo lo ocurrido pasó al testigo que cuenta desde una perspectiva que sólo a él le corresponde. Este desplazamiento sin duda fue estimulado por William James, hermano del novelista y eminente psicólogo.

El siguiente paso consistió en sustituir al protagonista narrado en tercera persona por el Yo que comunica sus ideas tal como emergen en el monólogo interior. De *La muerte de Virgilio* al capítulo final de *Ulises*, pasando por *La conciencia de Zeno*, *El teniente Gustl* y *La señora Dalloway*, la narrativa del siglo XX fue una intensa aventura de la introspección.

El periodismo y la historiografía pueden dar cuenta de la vida pública de un personaje y de ciertos aspectos de su vida privada, pero sólo la novela y el cuento entran en su vida secreta, hecha de conjeturas, pulsiones no resueltas, valores entendidos, deseos latentes, pesadillas, anhelos, ideas oscuras, ambiguas, contradictorias, inconfesables o sencillamente incomprensibles. La riqueza psicológica de la literatura ha dependido de ahondar en esas posibilidades. No en balde, Sigmund Freud le escribió al dramaturgo, cuentista y novelista Arthur Schnitzler una carta en la que confesaba que no se atrevía a visitarlo a pesar de que ambos vivían en Viena porque temía «conocer a su doble».

Con todo, la relación entre psicología y literatura no es mecánica ni obedece a dependencia alguna; la literatura explora la mente *de otro modo*, con medios que escapan a las técnicas de la psicología profunda. Cuando habló ante el Ambulatorio Psicoanalítico Vienés, en 1999, Elfriede Jelinek señaló una diferencia esencial entre el paciente de psicoanálisis y el escritor. Quien se tiende en un diván se explora a sí mismo; en cambio, la autora se abandona para encontrar un misterio que no le pertenece del todo. Si el psicoanálisis representa una conquista del Yo, la voz narrativa representa una paradójica renuncia; la voz autoral se disuelve en una intimidad ajena. Esta despersonalización genera una interioridad alterna, recién creada. En palabras de Jelinek, hay que «rechazarse para luego desprenderse de uno mismo a fin de alcanzar algo». De manera apropiada, su conferencia de 1999 llevaba el título de «El abandono de sí».

La verosimilitud de un texto depende de la autoridad de la voz narrativa. ¿Por qué creemos una historia? En principio, no tenemos ninguna obligación de hacerlo; el escritor o la escritora proponen un pacto para creer en lo narrado y eliminar todo rastro de incredulidad. Aceptamos una novela o un cuento porque establecemos con esa imaginaria intimidad un vínculo empático.

La novela fundacional del género, el *Quijote*, surge como una puesta en duda de los portentos desatados por las novelas de caballería. Los gigantes son una alucinación del protagonista y lo sobrenatural es vencido por la inclemente realidad. El Caballero de la Triste Figura se mueve en un plano de ensueño; su mente transforma lo real con entusiasta desmesura y confunde a un rebaño de ovejas con un ejército. El efecto cómico de la novela depende del desacuerdo entre la ilusión del protagonista y la burda materialidad de lo concreto.

En las muchas novelas leídas por Alonso Quijano, los héroes no pagan por lo que consumen (tampoco apestan ni tienen necesidades básicas). Él, en cambio, debe sufragar sus gastos. Por primera vez, la fantasía se sustenta en estrictas dosis de realidad. El diálogo de ida y vuelta entre la verdad y la imaginación (lo que Sancho dice desde el burro y el Quijote contesta desde su caballo) se expande con el gesto metaliterario de contar cómo se consiguen los materiales de una novela que es leída por los propios protagonistas. El tema fundamental del libro es el libro mismo.

Cervantes funda la literatura moderna recreando una perspectiva equívoca, basada en las confusiones del Quijote, que puede ser risible, pero con la que nos identificamos. Esa ambigüedad selló el pacto para creer en las historias.

La búsqueda de intimidad literaria atravesó un largo camino hasta llegar al *stream of counsciousness* de Dujardin, Schnitzler, Joyce y Woolf, y las alteraciones mentales narradas por Dick, Burroughs y Ballard. Si, como asegura Carole Fréchette en su obra de teatro *La pequeña habitación al final de la escalera*, cada persona necesita un recinto mental para esconder secretos inconfesables, no hay duda de que la literatura del siglo XX exploró a fondo dicha habitación.

A pesar de los juicios que trataron de condenar obras maestras como ejemplos de pornografía (los casos de *Lolita*, *El amante de Lady Chatterley* y *Trópico de Cáncer*), la narrativa no suspendió su investigación de la intimidad. En la segunda mitad del siglo XX, no resultó extraño que *El lamento de Portnoy*, de Philip Roth, fuera protagonizada por un chico que se masturba con un hígado.

El uso literario de los secretos depende de transformar asuntos privados en historias. Sin embargo, el siglo XX asistió a un cambio en la noción misma de «experiencia». La época que fomentaba una mayor libertad expresiva en el arte también hacía que las condiciones de existencia fueran más rutinarias y estandarizadas. La sociedad industrial uniformó la percepción de lo real a través de los medios masivos de comunicación y homologó las costumbres con el consumo en serie.

El tema interesó a Walter Benjamin después de la Primera Guerra Mundial, cuando otra guerra comenzaba a vislumbrarse. En 1936 escribió uno de sus ensayos más conocidos: «El narrador». Cito la traducción de Roberto Blatt: «Una facultad que nos parecía inalienable, la más segura entre las seguras, nos está siendo retirada: la facultad de intercambiar experiencias». De acuerdo con Benjamin, la gente volvió enmudecida del campo de batalla y las recreaciones posteriores lograron captar el aspecto anecdótico del drama sin calar en su dimensión espiritual, en el auténtico dolor que se había padecido.

Parcialmente, eso se debía a que la era de la información unifica el sentido de la experiencia. La autoridad de la voz ya no proviene de las versiones individuales que antes se transmitían de boca en boca, sino de las noticias que conforman la opinión pública.

La información depende de los datos, cuya fuerza deriva de ser incontrovertibles: lo dicho se puede verificar y tiene una sola forma de ser cierto. En cambio, la narración produce el efecto contrario: puede ser entendida de diversos modos.

En la narrativa, las conjeturas, las sugerencias y las ambigüedades permiten diversas lecturas. En su relato «El Sur», Borges propone dos posibles desenlaces: uno real y otro alucinatorio. En este caso, el lector enfrenta una disyuntiva manifiesta. Sin embargo, toda narración es susceptible de ser interpretada de maneras diferentes. Sabemos lo que ocurrió, pero no por qué ocurrió.

¿De qué depende la causalidad? El 23 de febrero de 1981 el guardia civil Antonio Tejero irrumpió en el Congreso de los Diputados de España y lanzó disparos que anunciaban un golpe de Estado. Los presentes se tiraron al suelo, con excepción de tres personas: el líder comunista Santiago Carrillo, el presidente Adolfo Suárez y el general Manuel Gutiérrez Mellado. Estos son los datos fácticos del drama. Javier Cercas dedicó las 480 páginas de *Anatomía de un instante* a transformar esa noticia en una narración.

El escritor no se conforma con lo meramente sucedido; necesita las causas, las razones ocultas del suceso público. Su indagación de los motivos íntimos es necesariamente subjetiva. Nadie puede saber a ciencia cierta por qué tres personas no se tiran al suelo ante una amenaza. ¿Hay forma de explicarlas, de pensarlas? Por supuesto, a condición de que la respuesta no sea unilateral. Cercas interpreta para suscitar otras interpretaciones.

Benjamin compara las narraciones con las semillas que permanecen aisladas del aire en criptas o tumbas y germinan mucho tiempo después de haber llegado ahí: «Narrar historias siempre ha sido el arte de seguir contándolas».

A diferencia de la literatura, el *reality* transforma la intimidad en información, despojándola de ambigüedades. Pero, por extraño que parezca, ambas formas de encarnar la intimidad comparten un mismo desafío: habitamos una época con déficit de realidad. De ahí que interese tanto el cuarto de los secretos.

Cuando Martin Amis tituló su libro de memorias como *Experiencia*, pensaba menos en los datos que conformaban su pasado que en la dinámica que volvía relevantes esos datos. El escritor transforma la experiencia en fabulación, los hechos son un medio para otro fin.

¿Qué sucede cuando ese medio se adelgaza por la estandarización de la vida cotidiana y se desplaza a la realidad alterna de las pantallas? En la sociedad contemporánea, el periodismo rosa, los *paparazzis* y los *realities* brindan trozos de vida privada. Por su parte, la literatura apela a nuevas tendencias para garantizar dosis de intimidad, de la autoficción descarnada («fui abusado», «mi vida es horrenda» o, simplemente, «se me va el día en lavar la ropa») a la biografía desmitificadora (vista en exagerada proximidad, toda vida defrauda, incluida la de Antón Chéjov).

Este hervidero de realidades no debe extrañar, y, aún más, debe servir de consuelo. Aunque no siempre sea ejemplar, la continua búsqueda de intimidad tiene como meta la reserva de lo humano, una exaltada manera de decir: «No soy un robot».

El migrante espacial

Mientras la vida se vuelve progresivamente irreal en las pantallas, el planeta registra otro fenómeno: millones de migrantes se ven obligados a abandonar su lugar de origen. Los desplazamientos forzados y la existencia digital generan personalidades en fuga. Migra el cuerpo y migra el alma.

No es casual que en preparación de este contexto surgiera el primer exiliado de la Tierra. El 19 de mayo de 1991 el cosmonauta soviético Serguéi Krikaliov despegó rumbo al espacio exterior sin saber que se convertiría en un migrante espacial. La Unión Soviética dejó de existir en diciembre de ese año; las oficinas de aeronáutica se desmantelaron y él quedó como un apátrida en órbita.

Las nuevas autoridades tardaron meses en resolver la maraña burocrática y tecnológica que impedía que el cosmonauta volviera a casa. Su apremiante situación le valió el sobrenombre de «último ciudadano de la URSS». El paso de su nave por la bóveda celeste enrarecía las noches del fin de milenio; entre las estrellas circulaba la diminuta luz de un hombre perdido.

Los viajes sin retorno ofrecen una metáfora de la muerte. De manera simbólica, en su adaptación de la novela de Arthur C. Clarke, *2001: Odisea del espacio*, Stanley Kubrick hizo que el protagonista terminara sus días en una habitación con muebles Luis XV: el astronauta no sólo remontaba el espacio, volvía en el tiempo.

En otro viaje maestro de la ciencia ficción, *Solaris*, Stanisław Lem hace que el protagonista recorra el espacio exterior sin desprenderse de un doméstico talismán: «En el momento en que pasaba a un bolsillo la totalidad de mis menguados bienes, palpé un objeto duro, metido entre las hojas del anotador; era una llave, la llave de mi casa allá abajo, en la Tierra; indeciso, hice girar la llave entre mis dedos». La travesía ha sido extrema; además, en caso de regresar, el viajero encontraría un mundo envejecido, donde nada de lo que conoce tendría vida. La llave de su casa carece de sentido utilitario; eso refuerza su poder emocional: comunica al viajero con la vida que dejó atrás.

Para diagnosticar el sentido de pérdida de los emigrados, la psicología se refiere al «síndrome de Ulises». Quienes padecen el ostracismo sueñan en volver. A veces, ese deseo se convierte en voluntad póstuma. En un locutorio de Barcelona conocí a un anciano musulmán que estaba dispuesto a vivir en España hasta el fin de sus días, pero quería que lo enterraran al otro lado del Mediterráneo. Temía que lo incineraran en su tierra de adopción. Sólo entre los suyos podía ir al paraíso.

Hubo épocas en que la especie viajó al modo de la mariposa monarca, completando los trayectos de ida y vuelta al cabo de varias generaciones. Cuesta trabajo imaginar a los pioneros de las migraciones, conscientes de que sus pasos sólo serían desandados por sus nietos o bisnietos y de que la única forma de recuperar el sitio del origen consistía en bautizar lo nuevo con nombres de lo viejo: Guadalajara o Nueva Ámsterdam al otro lado del océano.

Quienes concebían pirámides no alcanzaban a ver terminada la obra. Pertenecemos a una fase minoritaria de la humanidad que ha podido ver cómo se completan los grandes edificios. En los precipitados tiempos que corren, si un presidente iniciara un proyecto que no pudiese inaugurar, sería visto como un filántropo.

La migración espacial requiere de una psicología diferente, que comienza a ser anticipada por los astronautas. Para el poeta italiano Sergio Solmi, quienes se exilian en la estratósfera ignoran los milagros cotidianos: «¿Acaso supe alguna vez de los domingos a lo largo del río?», pregunta el astronauta que habla en sus versos, flotando en la gravedad cero. Después de «surcar los flujos multicolores de los meteoros», llega a un mundo hecho de rampas, banderas, faros; sin embargo, «más allá de la cabina de descompresión, me esperaba, calmo, idéntico, fijo, fuera del espacio-tiempo, el umbral de la casa». La fantasía dominante del poema es la ilusión de que lo remoto sea íntimo. ¿Es concebible que alguien se sienta bien al desprenderse para siempre de la corteza terrestre?

En 1992 leí las noticias sobre Krikaliov como un drama sin precedentes: 311 días, 20 horas y 1 minuto en la soledad del espacio exterior. Las razones por las que algo lejano afecta en lo más íntimo son difíciles de discernir. Mi vida y mi entorno eran muy distintos a los del soviético con pasaporte vencido; lo único similar era la edad del cosmonauta, dos años menor que yo. Mi generación tenía un desplazado sideral. Cuando Krikaliov regresó a la Tierra, pudimos saber que estábamos *completos*.

En 2005, el cosmonauta apareció en los noticiarios con la sonrisa de quien tiene un as en la manga. Lo que parecía una pesadilla –la vida involuntaria al margen de la Tierra– en realidad había sido un estímulo. Serguéi Krikaliov regresó a la conversación planetaria al romper el récord de permanencia en el espacio. Su exilio accidental ahora representaba un triunfo de la voluntad: el viajero *disfrutó* de 747 días y 14 horas lejos de nosotros. Si a este viaje se suman sus tres misiones en la estación Mir (incluida la que lo dejó sin torre de control), Krikaliov es, sin discusión, quien más ha vivido en el espacio donde nadie puede oír tu grito.

Estamos ante un atisbo de la mente futura, que podrá despedirse no sólo de su casa sino del planeta. ¿Qué clase de personalidad se necesita para alcanzar ese desarraigo? En un mundo progresivamente virtual, ¿el escape puede ser visto como una búsqueda de realidad? ¿La actitud pionera de Krikaliov se convertirá paulatinamente en norma? ¿La voluntad de estar solo, en el gélido silencio de las galaxias, será una paradójica tendencia colectiva?

160

En 2020, gracias a la Universidad de Arizona, tuve oportunidad de conversar por Zoom con Catherine «Cady» Coleman, astronauta estadounidense que ha pasado 159 días en el espacio. Su destino parece el de varias personas: estudió Química, recibió entrenamiento militar hasta alcanzar el grado de coronel, es flautista y radioaficionada y tripuló dos misiones del transbordador espacial.

Cady aprendió ruso para comunicarse con sus compañeros de la Estación Internacional Espacial, llevó su flauta transversa a bordo para no privarse de la música y ejecutó desde ahí el primer dueto interespacial con Ian Anderson, quien se encontraba en Rusia con su grupo, Jethro Tull. El diálogo melódico entre Coleman y Anderson celebró los cincuenta años del vuelo de Yuri Gagarin.

Cady se presentó a la charla virtual con su chaqueta de la Fuerza Aérea, lo cual indicaba que el uniforme no le es indiferente. Sin embargo, cuando le pregunté por las patrias y el sentido de pertenencia, sonrió y dijo que usaba la chaqueta por costumbre, sin pensar que la afiliara a un país. Poco a poco, entendí que la noción de localidad ya le era ajena. Habló con apasionado detalle de su vida a bordo de la nave y explicó que ahí los callos salen en el empeine de los pies, pues se usan como asidero al flotar sin gravedad. Le comenté que había leído el libro *Resistencia: Un año en el espacio*, del astronauta Scott Kelly, en el que habla de la dificultad de volver a caminar después de tanto tiempo en órbita. El piloto Scott Kelly regresó del espacio con pasos vacilantes, pero con una certeza inquebrantable: nada le importaba tanto como reunirse con su familia, viajó lejos para resignificar lo próximo. Cady Coleman escuchó la anécdota con atención; luego hizo una pausa respetuosa para no contradecir de inmediato a su colega y explicó que su caso era distinto. Como Krikaliov, ella está hecha de otra materia. Nada de lo ocurrido en el espacio le molestó o la incomodó, y no sólo eso: todos los días lo extraña.

Cady hablaba desde su casa en Massachusetts. Se refirió con afecto a su lugar de residencia, a su hijo, a su esposo (Josh Simpson, artista que crea esculturas de vidrio y en ese momento trabajaba en su estudio) y a los miembros de Bandella, su grupo musical. Sin embargo, ante la pregunta decisiva, no vaciló en responder que se iría para siempre de la Tierra. Agregó que su familia no ha dejado de apoyarla en sus proyectos. Llegado el momento, sus seres queridos aceptarían su expedición sin retorno. Comprendí que estaba ante una mentalidad que había dejado de ser una posibilidad todavía futura.

La estirpe de Krikaliov y Coleman ya perdió el miedo a no volver, pero no perderá la memoria de lo que dejó atrás (al menos así es como los sedentarios imaginamos a los nómadas). En la Odisea futura, el regreso será una forma del recuerdo.

Tal vez, dentro de un par de siglos, alguien se detendrá ante la casa de un planeta lejano, sorprendido por el medallón que le da nombre y alude a un sitio perdido: «Tierra».

Un cálculo sideral

En lo que se regularizan los viajes espaciales, los terrícolas deben conformarse con versiones locales del universo. Como vivimos en una sociedad de mercado, muchas de ellas tienen precio. Ya deberíamos estar acostumbrados al entusiasmo de los ricos por comprar cosas raras, pero cada tanto un plutócrata sorprende con su sentido del derroche. Ante la reducción de presupuestos de la NASA, Elon Musk, Jeff Bezos y Richard Branson, dueños de Tesla, Amazon y Virgin, han usado sus fortunas para promover viajes espaciales privados, emulando a las diligencias que competían en el Lejano Oeste.

La pasión por el cosmos, y el deterioro de la vida en la Tierra, han desatado toda clase de ilusiones. En 2006 ocurrió una de las más peculiares: un millonario que permanece en el anonimato pagó 25.000 dólares por un cálculo renal de William Shatner, protagonista de la serie de televisión *Viaje a las estrellas*. Tener ese residuo de sales en las manos equivalía a recibir un trozo de la luna. El liberalismo económico ha alcanzado proporciones «astronómicas»: el cálculo del Capitán Kirk costó más que un riñón humano comprado en Perú o la India.

¿Es lógico que Shatner venda excedentes de su cuerpo como un lechón cósmico? Y ya puestos a especular, ¿no son pocos 25.000 dólares para un civilizador intergaláctico que saluda con rayos láser?

El actor estudió comercio en la Universidad McGill, en Montreal. No sabía que el perdigón podía valer dinero, pero cuando le ofrecieron 15.000 dólares pidió otros 10.000. Shatner es vegetariano y acaso consideró que el inesperado cálculo de una persona que se cuida vale más que el de una persona con una dieta deficiente, aunque lo que se cotizaba era su celebridad.

Debe de ser difícil regatear con alguien que domina el «tono de estratósfera»: después de cada frase se puede acabar el oxígeno. En forma previsible, Shatner consiguió que le mejoraran la oferta. Sin embargo, no se embolsó el dinero, sino que lo donó a una ONG que construye casas en el Tercer Mundo. El Capitán aprovechó su leyenda para satisfacer a un fetichista, hacer filantropía y ganar algo de publicidad. La enfermedad de unos es la salud de otros. Interrogado acerca del proceso físico que lo llevó a expulsar el famoso cálculo, dijo que había sido como dar a luz (siguiendo con la metáfora, podemos suponer que al venderlo perdió la patria potestad).

Plinio el Viejo, pionero en el estudio de las gemas, afirmó que su brillo y su rareza enloquecen a la especie humana. Pero todos los delirios, incluidos los de las piedras preciosas, tienen grados. A propósito del canibalismo, escribió Montaigne: «Creo que es más bárbaro comerse a un hombre vivo que comérselo muerto». Siempre hay algo peor. ¿Hasta dónde llegará la chifladura del dueño de la piedra «astral» que proviene de un recóndito interior? ¿Usará el cálculo en ritos inimaginables? ¿Será capaz de vulgarizarlo en un llavero? ¿Lo engastará en una sortija nupcial? ¿Preparará con su ayuda el caldo abominable? ¿Será capaz de contratar a Shatner para que coma sales a propósito y produzca la constelación completa? El repertorio de los caprichos es tan amplio como el número de las personas.

Siempre me pareció raro que mi abuela materna conservara sus cálculos renales. En los grandes días, me dejaba verlos. Aunque esto revela una infancia sin muchos pasatiempos, me consuela pensar que nunca le atribuimos otro valor a esas piedras que la extrañeza de verlas.

El cuerpo es una clepsamia donde la arena mide el paso de las horas. Conviene recordar que *calculus* quiere decir «guijarro» y que el ganado se contaba sumando pequeñas piedras, lo cual dio lugar al ábaco.

Acaso el valor real de un cálculo consista en homologar lo ínfimo y lo inmenso, la arena del cuerpo y la deriva de las galaxias. Entre el pulgar y el índice cabe un astro en miniatura. Comprarlo genera la ilusión de disponer, no sólo de la sal de la Tierra, sino de la Tierra misma.

El universo comienza en las entrañas. Ciertos cristales acumulan el tiempo. Aunque no provengan del estelar cuerpo del Capitán Kirk, sirven para hacer cálculos y comparar su diminuta redondez con un planeta donde una especie caprichosa puede tener los días contados.

En 2017, Douglas Rushkoff fue invitado a dar una conferencia sobre «El futuro de la tecnología», tema adecuado para él, pues fue el primer columnista de asuntos digitales en el *New York Times* y es autor, entre otras obras, de *Media Virus* y *Throwing Rocks at the Google Bus*. Con todo, la invitación tenía algo diferente: el pago equivalía a la mitad de su salario anual en CUNY, la Universidad de la Ciudad de Nueva York.

La segunda sorpresa fue que la descomunal gratificación lo haría hablar ante un público muy restringido. Rushkoff no fue llevado a un auditorio, sino a una sala de juntas con cinco presidentes de corporaciones. Cada uno de ellos había pagado un boleto de unos 10.000 dólares para asistir a una reunión sobre el fin del mundo.

El desastre ambiental, los fanatismos políticos, la brecha entre ricos y pobres y las tumultuosas migraciones contribuían al pesimismo de los patrocinadores, pero la alarma decisiva venía de otra fuente: la tecnología que ellos mismos habían creado. Querían que Rushkoff les diera consejos para sobrevivir a un mundo posthumano donde la inteligencia artificial superará en destreza y neurosis al cerebro. El miedo a que las máquinas adquieran autarquía se complementa con otro: que dejen de funcionar con un apagón planetario. En ambos casos, los billetes y las criptomonedas no podrán comprar nada y los privilegiados que sobrevivan tendrán que vivir en búnkeres subterráneos.

La tecnología suele apoyarse en nombres que suavizan sus efectos. Uno de los más alejados de la realidad es el de «nube». Solemos pensar que la red opera en forma invisible y almacena información en un lugar etéreo. No es así. Los ejecutivos que temen el fin del mundo saben que la realidad virtual tiene efectos muy concretos en la corteza terrestre. En 2019, en *El enemigo conoce el sistema*, Peirano escribió al respecto:

> Contra lo que su vaporoso nombre sugiere, la nube es una aglomeración de silicio, cables y metales pesados que se concentra en lugares muy concretos y consume un porcentaje alarmante de electricidad. En 2008 ya producía el 2 % de las emisiones globales de CO_2, y se espera que en 2020 haya duplicado esa marca, si no ha ocurrido ya. Dicen que una de sus principales causas es la «contaminación durmiente». Cada día se generan 2,5 quintillones de datos, en parte enviando colectivamente 187 millones de correos y medio millón de tuits, viendo 266.000 horas de Netflix, haciendo 3,7 millones de búsquedas en Google o descartando 1,1 millón de caras en Tinder. Pero muchos de los datos son generados involuntariamente por personas desprevenidas cuyas acciones y movimientos son registrados minuciosamente por cámaras, micrófonos y sensores sin que se den cuenta. Unos y otros se acumulan por triplicado en servidores de una industria que no borra nada, y que requiere refrigeración constante para no sobrecalentar los equipos. Cisco calcula que en 2021 el volumen aumentará en un 75 %, cuando el internet de las cosas y las *smart cities* hayan puesto todos los objetos en red.

La sociedad digital afecta al medio ambiente y los datos de diversos países están en otros países, lo cual pone en entredicho la soberanía. Estamos ante un nuevo tipo de colonialismo o, si se quiere, de imperialismo, basado en el control informático. Estados Unidos ha creado una lista negra de las empresas chinas en las que no se puede invertir para evitar que la principal mercancía del momento –los datos personales– vaya a dar a «nubes» extranjeras. Otras naciones no

166

pueden competir del mismo modo. México o España no son dueños de la información que define a sus ciudadanos.

Rushkoff señala que el miedo de los dueños de Silicon Valley anticipa lo que todos sentiremos en unos años. ¿Cómo se llegó a esta situación? A principios de los noventa, internet surgió como un medio de comunicación gratuito y democratizador. Rushkoff abrazó la alternativa con entusiasmo y en 1993 escribió un libro que fue rechazado por su editorial con el argumento de que la red no duraría siquiera un año. Poco después, el capitalismo postindustrial había transformado un invento no lucrativo en el principal negocio del siglo XXI.

¿Qué hacer ante el tecnopolio digital? El historiador Yuval Noah Harari, analista crítico de la era 2.0 que ha vendido más de 30 millones de libros (confirmando la importancia de la cultura de la letra en tiempos digitales), acude a un disciplinado remedio personal ante las máquinas. Cada año desconecta sus aparatos durante dos meses y se dedica exclusivamente a la meditación. Este «ayuno informático», que despeja y recarga el cerebro, produce magníficos resultados individuales, pero no cambia a la sociedad en su conjunto. Prescindir de conectividad requiere de una disciplina interior que no todos son capaces de asumir, no sólo por falta de voluntad sino de recursos. Para meditar durante sesenta días se necesita contar con regalías como las de Harari. Por lo tanto, el remedio social no parece estar en el ayuno radical, sino en la abstinencia selectiva, es decir, en la dieta.

En los años sesenta, Timothy Leary, doctor en Psicología y profesor de la Universidad de Harvard, se convirtió en profeta del LSD y anunció un futuro en el que la humanidad sincronizaría su energía amorosa al abrir las «puertas de la percepción» de las que habló Aldous Huxley. A nivel individual, el uso de drogas psicodélicas dio resultados muy diversos. Aunque los Merry Praknsters, liderados por el novelista Ken Kesey, se propusieron alterar la conducta colectiva agregando LSD al Kool-Aid de las fiestas y al abastecimiento de agua de las principales ciudades de Estados Unidos, la inestable especie humana no pudo ser articulada en un psicodélico circuito de energía.

Los magnates que invitaron a Rushkoff no pretendían encontrar remedios para permanecer en la enajenante sociedad contemporánea, sino para sobrevivir una vez que la realidad desaparezca. Con azoro, el analista digital escuchó está pregunta: «¿Cómo podré mantener la autoridad sobre mis guardaespaldas después del evento?». Lo más extraño no era que alguien pensara en un apocalipsis con guardaespaldas, sino que los cinco en cuestión estuvieran seguros de que el «evento» ocurriría.

Raúl Romero se ocupó del tema en un texto revelador, publicado en *Revista de la Universidad*, donde comparó dos conductas opuestas: la voluntad de escape de los poderosos y las propuestas de resistencia a ras de suelo de los pueblos originarios.

El tecnopolio digital es el aspecto más vertiginoso de un sistema económico que se ha desentendido del bien común. Víctimas del despojo, los más pobres de México y de otros países luchan por recuperar sus tierras comunales. Esta reivindicación no es un atavismo, una simple «vuelta al pasado»; por el contrario, se trata de una lucha que entronca con los desafíos del futuro. El campo mexicano se ha convertido en una «zona vacía», marcada por las pistas clandestinas de aterrizaje del narcotráfico, las fosas comunes, los escondites del crimen organizado. También es el bastión del extractivismo que destruye la biósfera.

Carlos González, abogado del Congreso Nacional Indígena, logró que en 2023 se resolviera un litigio que había durado décadas y que despojó a los indios huicholes de 2.850 hectáreas en el estado de Nayarit. El argumento de los ganaderos que se habían apoderado de esos terrenos era que se trataba de tierras «ociosas», pues no habían sido explotadas con regularidad. La sentencia se dictó en base a una consideración ecológica: no se trataba de tierras abandonadas, sino *conservadas*. En esa misma sintonía, las comunidades zapatistas de Chiapas decretaron recientemente la no propiedad de la tierra. La naturaleza es un patrimonio ajeno al ser humano, que sólo puede ser trabajado de manera excepcional sin vulnerar sus condiciones de conservación. Esta relación con la biodiversidad no debe ser vista como una simple reconquista de las tierras comunales o como la apropiación de una reserva natural; se trata de la base para la salud de todos. No se plantea un retroceso a modos productivos anteriores, sino una cadena de futuro que garantice la permacultura del porvenir para la sociedad en su conjunto.

La inmoderada expansión capitalista y la recuperación de la tierra son polos de una misma dinámica. En tiempos del Antropoceno, la naturaleza se encuentra en estado de emergencia. Mientras ciertos privilegiados planean refugios subterráneos o fraccionamientos espaciales dignos de la película *Elysium*, los menos favorecidos padecen la amenaza a flor de piel. Así lo entienden el Congreso Nacional Indígena y los zapatistas, que en diciembre de 2019 celebraron el Foro en Defensa del Territorio y de la Madre Tierra. Al respecto, escribió Raúl Romero: «Para los pueblos originarios se trata de algo más que un diagnóstico o de tomar conciencia sobre esta emergencia global. Para ellos se trata de una cuestión de vida o muerte, pues son ellos y sus territorios los que viven las principales consecuencias negativas ante el despliegue de los proyectos y megaproyectos del sistema capitalista».

Si los líderes del tecnopolio buscan escapar a la situación que han creado, los pueblos del origen proponen volver a las tierras que cuidaron durante milenios. Como dije antes, esto no representa una regresión histórica ni una voluntad separatista; las comunidades responden a un desafío planetario en el que se han roto las condiciones de supervivencia de la especie. Reinterpretar el significado de la tierra no es un afán de apropiación regionalista, sino una respuesta para la sociedad en su conjunto. La cadena de interdependencias del consumo contemporáneo va del cultivo de una planta a la mesa de un restaurante donde alguien pide ensalada «orgánica», eufemismo que indica que no tiene pesticidas ni fertilizantes químicos. El primer eslabón de esa cadena es la planta; el último, los efectos que produce en la comida. En un mundo donde el cáncer y las enfermedades autoinmunes aumentan como «malestares de la civilización», conviene revisar los engranajes productivos y recuperar métodos milenarios que garantizan la conservación de la naturaleza. Preservar el equilibrio ecológico no es una compensación para que los desposeídos tengan un refugio, sino la construcción del refugio de todos.

La voz de Greta Thunberg tiene eco en Chiapas. No es un asunto de «ellos», sino de *nosotros*. Durante décadas, el campo expulsó a sus pobladores a las ciudades. Hoy la salud pública depende de una nueva articulación con la naturaleza.

La disyuntiva contemporánea es la huida o el regreso, el escape de la realidad o el retorno a un trato sustentable con la tierra. La paradoja de esta alternativa deriva de la palabra «retorno»: en este caso, volver significa avanzar.

Cuesta trabajo entender la discusión sin reducirla a la dicotomía de Tradición y Progreso. No es eso lo que está en juego. Las propuestas locales de numerosos grupos originarios apelan a un sentido global de la supervivencia. Para evitar los prejuicios y las distorsiones que nublan el debate, vale la pena recordar lo que Edgar Morin defendió en *Los siete saberes necesarios para la educación del futuro*, prontuario con el que buscó superar la crisis planetaria. Sus reflexiones se publicaron poco antes de la llegada del emblemático año 2000. Fueron aquilatadas por los lectores que nunca le han faltado al autor de *La cabeza bien puesta*, pero no incidieron en quienes deciden políticas públicas. Las palabras del sociólogo, como las de Casandra, son advertencias cuya fuerza aumenta al ser desoídas.

Ernst Bloch escribió *El principio esperanza* en los duros años de la posguerra europea. Cuando todo conspiraba contra la ilusión, el filósofo encendió una luz rebelde. Como Bloch, Morin pertenece a la estirpe de quienes entienden que la esperanza no es un don otorgado, sino una gramática que conjuga a diario. *Los siete saberes necesarios* ya pertenecen al rango de los primeros auxilios. Su hilo conductor es la educación. Morin alerta contra los «estereotipos cognitivos» que impiden pensar nuevas cosas, condena la progresiva fragmentación del conocimiento y llama a enseñar la incertidumbre. Este último punto merece especial atención.

En 2019 sostuve en El Colegio Nacional un diálogo interdisciplinario con el físico cuántico Luis Orozco, profesor de la Universidad de Maryland. Al hablar sobre la indeterminación molecular y su condición probabilística, dictaminó: «En términos físicos, la incertidumbre es, simple y sencillamente, la realidad». Morin nos recuerda que hace veinticinco siglos Eurípides pensaba lo mismo: «Lo esperado no se cumple y para lo inesperado un dios abre la puerta».

Los dogmas políticos, morales o eclesiásticos producen ceguera mental. Las conductas rituales, las prenociones y la recóndita psicología contribuyen a repudiar lo desconocido. La «buena nueva» siempre es incómoda. Pero también la razón se opone a la razón. Toda hipótesis científica puede, eventualmente, ser refutada por otra hipótesis científica. No en balde, Niels Bohr, padre de la física cuántica, comentó: «Lo contrario de una idea profunda es otra idea profunda».

La ética de la tolerancia propuesta por Morin implica que el otro puede tener razón, tarea ardua que obliga a entender a quien se niega a entender: «Comprender al fanático que es incapaz de comprendernos, es comprender las raíces, las formas y las manifestaciones del fanatismo humano. Es comprender por qué y cómo se odia o se desprecia. La ética de la comprensión nos pide comprender la incomprensión», escribe el autor de *Los siete saberes necesarios*.

Aprender a pensar es el prerrequisito para construir una *identidad planetaria* que rebase los restrictivos marcos conceptuales del momento y permita preservar la vida humana.

La reflexión es un principio de supervivencia en momentos en que *se acaba el tiempo*. Urgen respuestas, pero enfrentar un problema inédito obliga a pasar por una curva de aprendizaje. Una de las características de la revolución 2.0 es que ha sido más rápida que la capacidad de respuesta intelectual. En 1999, los saberes que Morin deseaba transmitir aún podían ser aplazados sin riesgo instantáneo, del mismo modo en que, ante el calentamiento global, algunos piensan que aún quedan algunos años «productivos» de desarrollo sucio. Hoy el reloj se acerca a la hora señalada.

Las desigualdades económicas, la destrucción de la naturaleza y las discriminaciones de género, cultura y raza son algunos de los focos rojos de un mundo imperfecto. Solucionar estos problemas sólo tendrá sentido con la emancipación de los individuos como sujetos integrales.

La crisis es tan evidente que genera una segunda crisis, de orden político y discursivo: la de las propuestas no atendidas y los problemas no formulados. En todos los foros internacionales, las posibles soluciones se integran a las actas con la naturalidad con que se habla del aire o el agua. Lo complejo es avanzar en una dirección que permita:

- Legislar con acuerdos internacionales la realidad virtual y la expansión de la inteligencia artificial.
- Evitar la comercialización de los datos personales y su uso gubernamental.

172

- Impedir que la tecnología subordine a sus usuarios.
- Pasar de la democracia representativa a formas de democracia directa.
- Fomentar los procesos de autogestión.
- Ciudadanizar la política.
- Establecer límites a la biopolítica.
- Crear plataformas civiles de permanente impugnación de las desigualdades.

Las flechas de orientación están ahí, pero los caminos deben construirse.

Néstor García Canclini traza un diagnóstico tanto de las energías transformadoras como de las fuerzas regresivas que están en juego: «Entender hoy la emancipación posible requiere admitir que internet ofrece, como se creyó por su estructura en red, recursos antiautoritarios y desjerarquizadores. Pero su dependencia de instancias hipercentralizadas de gestión de datos y de gobiernos antidemocráticos pone en contradicción la potencia liberadora del conocimiento con la restauración y el reforzamiento de prácticas de dominación, prejuicios y control de los conflictos».

La realidad virtual surgió como un recurso liberador que se convirtió en un alienante recurso de sujeción. Revertir esta situación depende de la cultura. Conocemos la llave para la puerta, pero, como advirtió Eurípides, la puerta conecta con lo inesperado.

II. FORMAS DE LEER

De un tiempo a esta parte

Cuando la Luna se desprendió de la Tierra, el día duraba cinco horas. En comparación con las vastas estadísticas del cosmos, la cronología humana carece de relevancia. Sin embargo, la comprensión de lo que somos depende de aquilatar ciertos instantes decisivos.

Gracias a «La duración de los días», espléndido ensayo del biólogo molecular argentino Alberto Kornblihtt, me enteré de la forma en que se consolidó nuestro calendario. Las mareas provocadas por la gravedad entre la Tierra y la Luna alentaron el movimiento de rotación, lo cual produjo el progresivo distanciamiento de ambos cuerpos celestes y alteró el relevo de las noches y los días. Esta dinámica no se ha detenido, de modo que, dentro de 200 millones de años, el día durará 25 horas. En caso de que para entonces la especie humana siga existiendo, dispondrá de una hora adicional para hacer su declaración de impuestos. Siempre falta tiempo para resolver lo peor.

Kornblihtt incluyó su ensayo en *Duración*, caja de cuadernos concebida como una cápsula del tiempo por los editores de la revista argentina *Otra Parte*. En su calendario cósmico, el biólogo escribe: «Nadie cuenta que la vida se originó cuando los días duraban 9 horas. Todos dicen que la vida se originó hace 3.800 millones de años, sólo unos 700 millones de años después de la formación del sistema solar y de su Tierra. Nadie sabe si la vida se originó porque el día tenía 9 horas o eso no tuvo nada que ver». ¿Necesitaban las bacterias justamente nueve horas de sol para existir? La pregunta es tan sugerente que acaso sólo pueda responderse desde la ciencia ficción.

Con el motivo de escribir este libro, me animé a hacerle una pregunta a Alberto Kornblihtt: si los días han tenido una duración variable, ¿cómo podemos calcular los años de la evolución planetaria sin ser imprecisos? Transcribo la respuesta que me envió el biólogo: «Partiendo del momento en que se formó la Luna, y en que se supone que el día duraba 5 horas, tracé una recta hasta el presente, en que dura veinticuatro, asumiendo un comportamiento lineal creciente de la duración de los días en función del tiempo transcurrido desde la formación de la Luna. Nadie sabe si ese aumento fue lineal o a saltos. Yo lo asumí lineal y sobre esa base estimé la duración del día en cada punto del tiempo». Este admirable ejercicio de comprensión recuerda el interés de Galileo por leer el «libro de la naturaleza». En *El ensayador*, el astrónomo comenta: «La filosofía está escrita en ese libro enorme que tenemos continuamente abierto delante de nuestros ojos (hablo del universo), pero que no puede entenderse si no aprendemos primero a comprender la lengua y a conocer los caracteres con los que se ha escrito». Galileo añade que el alfabeto del cosmos está hecho de números y geometrías. Donde hay un lenguaje hay una traducción. La deriva de los astros transformada en fórmulas matemáticas se puede entender a través de historias. El propio Galileo, al igual que Kepler, incursionó en la literatura para comunicar sus ideas de otro modo. En forma parecida, el reloj cósmico de Alberto Kornblihtt

176

mide las horas de la ciencia, pero también despierta las de la poesía.

En un mundo en que el día duraba nueve horas, habitado por invisibles organismos, el paisaje dominante era gris. Tiempo después (hace 2.500 millones de años), cuando el día alcanzó las 13 horas, se produjo el Gran Evento de Oxidación y surgieron las piedras de colores. La evolución amplió su horario de trabajo. Fue necesario un día de 16 horas para que una célula bacteriana se convirtiera en mitocondria con un núcleo capaz de alojar al ADN.

Hace 540 millones de años el día duraba 21 horas. Entonces surgieron los invertebrados y luego los peces. Los reptiles aparecieron en un día de 22 horas, hace 320 millones de años.

El reloj de Alberto Kornblihtt se vuelve más preciso a medida que se acerca a nosotros: «Hace 150 millones de años, con días de 23 horas y 6 minutos, se desarrollaron las aves y las plantas». En un día de 23 horas y media, África y América del Sur se separaron, formando el océano Atlántico.

Esa época era señoreada por dinosaurios que seguirían entre nosotros de no ser por lo que sucedió durante un día de 23 horas y 36 minutos: un asteroide de 10 kilómetros de diámetro impactó en la península de Yucatán y su polvareda oscureció el cielo, provocando «la extinción de muchos grupos de plantas y animales, incluidos los más mediáticos: los dinosaurios». En consecuencia, los mamíferos ocuparon esos nichos ecológicos.

Cuando el día era 36 segundos más corto que el de hoy, surgió el tatarabuelo del chimpancé y del ser humano. Somos la especie de las 24 horas.

En una fecha cósmica reciente, hace apenas 200.000 años, apareció el inquilino que se quedaría con la casa de los dinosaurios. En la actual Etiopía abrió los ojos un ser suficientemente caprichoso para interrogar el mundo; 200.000 años después comprendería que su camino comenzó cuando el día duraba un segundo y medio menos que el nuestro.

Abruma y reconforta saber que el tiempo es relativo. En términos de su relación con la Luna, la Tierra es el extraño sitio de la aceleración donde llegó el momento en que el día pudo ganar un segundo y medio decisivo, y las cosas cambiaron lo suficiente para que se construyera la Muralla China, millones de personas fueran asesinadas y alguien, de modo inagotable, se llamara William Shakespeare.

La cultura latina convirtió en lema un consejo de Horacio: «Carpe diem» (aprovecha el día), y Goethe buscó singularizar un momento de esa provechosa jornada: «Detente, instante, eres tan hermoso».

El pensamiento retiene algo que podría perderse. La memoria es un conjuro contra la fugacidad; concibe un plano inmaterial donde los recuerdos perduran mientras los reinos se desvanecen.

No podemos fijar, como diría Góngora, «las horas que limando están los días, / los días que royendo están los años», pero podemos medir el tiempo que nos mide. La literatura surgió para explorar esos misterios –el instante eterno o el siglo vertiginoso– y confió su suerte a un frágil y resistente instrumento: el libro.

La escritura y la lectura sirven al propósito, mínimo o desmesurado, de entender el segundo y medio de sol que define a nuestra especie.

La zona Bradbury: cercanía de lo extraño

En la primera parte de este libro me ocupé de la forma en que convivimos con la tecnología y la progresiva disolución de la realidad. ¿En qué medida lo humano mantiene su registro ante la creciente dependencia de las máquinas? A lo largo de los siglos y ante otros desafíos la pregunta sobre nuestra condición existencial ha sido planteada por la literatura. Si en las páginas precedentes abordé las transformaciones digitales que alteran los hábitos contemporáneos, en las que siguen me ocuparé del modo en que la vieja tecnología de la lectura subsiste y permite que las desconcertantes novedades renueven la tradición en forma crítica. Como los viejos discos de vinilo, este libro tiene su Lado A y su Lado B, dos zonas en diálogo o en complementaria tensión: Tecnología y Lectura, o, de manera más precisa, Lectura de la Tecnología y Tecnología de la Lectura.

El futuro invita a comenzar: pocas cosas son tan atractivas como imaginar finales. Los astrólogos, los apostadores, los financieros, los adivinos, los teólogos y los escritores anticipan desenlaces.

Las predicciones de McLuhan sobre el fin del libro llegaron en una época en que la tecnología era sinónimo de bienestar y la ciencia ficción atravesaba su época de oro. La destrucción de Hiroshima y Nagasaki hizo que la Segunda Guerra Mundial concluyera de modo cruento y anunció una etapa casi inverosímil: la paz armada, donde el arsenal atómico era tan letal que invitaba a la parálisis; pulsar el botón rojo llevaría a una contienda en la que sólo habría vencidos. En este clima de miedo esperanzado, donde el armisticio no provenía de la concordia sino del excesivo poder de los ejércitos enemigos, la especie se reprodujo en forma récord y la literatura concibió peligros atractivamente imaginarios. Las posibilidades de destruir el planeta fueron compensadas por la libido que trajo a los *baby boomers* y las fantasías de la ciencia ficción.

Se actualizaba así la pasión atávica de reinventar el cielo. Los caldeos vieron en las constelaciones imágenes del destino y los mayas ordenaron su historia según la rueda del cosmos; Julio Verne concibió un viaje a la Luna en una cápsula decorada con sillones estilo imperio y Neil Armstrong llegó a ese desolado escenario para comprobar que ahí no soplan los vientos. A bordo del Apolo 8, los astronautas leyeron pasajes del Génesis. La bóveda celeste estimula la creencia en dioses desmesurados y transforma a pilotos pragmáticos en seres místicos.

Ray Bradbury escribió historias futuristas con un registro inusual: su originalidad derivó del trato común brindado a lo desconocido. Describió inauditos escenarios con la familiaridad de quien reordena los muebles de su casa y demostró que lo extraño sólo es verosímil cuando resulta plausible para los protagonistas. Sus historias se resisten a ser extravagantes; en el ámbito donde ocurren, provocan el asombro de lo cotidiano. El autor de *Las doradas manzanas del sol* operó a contrapelo de una época que confiaba cada vez más en los prodigios de la técnica y demostró que los inventos importan menos que la mirada de quien los usa. Después de la Segunda Guerra Mundial, escribió relatos de anticipación donde la juventud y la muerte son dolorosas, los domingos se llenan de tedio y el recuerdo pesa más que el presente. Sus tramas ocurrían lejos, pero sus miedos y anhelos eran próximos.

Desde muy joven, Bradbury cautivó al gran público y a colegas como Christopher Isherwood, Jean-Paul Sartre y Aldous Huxley. Traducidas al español por Francisco Porrúa, *Crónicas marcianas* recibió el mayor homenaje literario concebible para un terrícola: un prólogo de Borges. El escritor ciego habló así del visionario: «Otros autores estampan una fecha venidera y no les creemos, porque sabemos que se trata de una convención literaria; Bradbury escribe 2004 y sentimos la gravitación, la fatiga, la vasta y vaga acumulación del pasado». El futuro de Bradbury nos toca porque no se trata de algo inaugural; padece el desgaste de lo ya vivido: «¿Qué ha hecho este hombre de Illinois, me pregunto, al cerrar las páginas de su libro, para que episodios de la conquista de otro planeta me pueblen de terror y de soledad?», se pregunta Borges.

En *Crónicas marcianas*, Bradbury no aborda la conquista del planeta rojo como un triunfo de la especie humana, sino como la derrota de la civilización local, que había trazado vertiginosas ciudades en la arena y contemplaba con atentos ojos amarillos los incendiados crepúsculos. El poderío de los colonizadores se ve disminuido por la entrañable condición de las víctimas.

Honrar a los vencidos pertenece al origen mismo de la literatura. En 472 a. C., Esquilo escribió *Los persas* para dar voz a quienes habían sido derrotados por los griegos en la batalla de Salamina. Años antes, el propio Esquilo había luchado contra ese pueblo en Maratón. En su epitafio, el dramaturgo no quiso aludir a sus obras teatrales; prefirió ser recordado como hijo de sus padres y como el soldado que combatió en Maratón. Al igual que Cervantes, consideraba que el mílite guerrero tenía más méritos que el escritor. Su orgullo como combatiente hace aún más entrañable la consideración con que habla de los enemigos. En *Los persas*, la sombra del derrotado rey Darío se lamenta: «Difícil es tornar desde el abismo. Los dioses de la zona de los muertos mejores son para recibir que para dar». Sin embargo, la voz de los derrotados regresa de la mano de quien estuvo al otro lado en el campo de batalla. La aventura de entender a un sujeto no sólo diferente sino adverso condujo a un temprano milagro literario. «¡Lloremos a nuestros valientes!», pide el coro. Esquilo, vencedor en la batalla, se rinde por escrito ante el dolor de los vencidos.

Crónicas marcianas retoma el tema con poética melancolía. Bradbury no concibe el espacio exterior como un horizonte inédito, sino como un sitio que produce nostalgia. Sus tramas están tocadas por el afecto de quien ha conocido y perdido ese mundo. En ese futuro, la tecnología es diferente, pero las máquinas son vistas como algo natural por sus usuarios y tienen la relevancia de un electrodoméstico. Lo que altera la vida es el factor humano.

Fahrenheit 451 se ha llevado al cine varias veces obedeciendo a la falsa convención de que la escenografía debe responder a un radical futurismo. Aunque en la trama aparecen alardes técnicos desconocidos para nosotros, la amenaza totalitaria ocurre en calles y casas similares a las nuestras. La persecución se concentra en un objeto arcaico, capaz de renovar su rebeldía: el libro impreso (*Fahrenheit 451* deriva su título de la temperatura a la que arde el papel). La novela trata de una sociedad dictatorial donde los libros están prohibidos y los bomberos se dedican a quemarlos. En ese ámbito represivo, el libre albedrío y los gustos personales son formas de disidencia. Pero no todo está perdido. Los rebeldes memorizan obras maestras para preservarlas: una persona es *Hamlet*, otra la *Odisea*. De acuerdo con Bradbury, esta es su única obra de ciencia ficción (las demás pertenecen al género fantástico); aun así, la narración apenas depende de la tecnología y la cuestiona severamente.

Convencido de que los grandes viajes son mentales, Bradbury nunca tuvo licencia de manejo, tomó su primer avión a los sesenta y dos años y prefirió los tostadores de pan a las computadoras. En su opinión, el libro electrónico es una burda pantalla con letras. El inventor de futuros exigía libros olorosos a «antiguo Egipto».

El infalible Rodrigo Fresán ha levantado inventario de los adminículos que aparecieron en las páginas de Bradbury antes que en la demorada realidad: «auriculares, televisores planos de pantallas inmensas y panorámicas, cajeros automáticos, iPods, asistentes personales». Lo significativo es que el autor concedió poca importancia a esas anticipaciones. Los portentos que definen sus historias son de otro tipo: un pícnic de un millón de años, las peripecias de un traje color helado de vainilla que tiene distintos propietarios, el drama de sobrevivir al fin del mundo junto a una persona insoportable, la forma en que los tatuajes narran a un ser humano.

Al abandonar la órbita terrestre y contemplar el planeta azul en la fría inmensidad del espacio exterior, los astronautas dejan de ser especialistas en pulsar botones y ceden a reflexiones trascendentales. Bradbury no necesitó ese contundente rito de paso para asociar el cosmos con la sacralidad. Su película de ciencia ficción favorita era *Encuentros cercanos del tercer tipo* (o *Encuentros en la tercera fase*) porque, en su opinión, Spielberg había entendido el contacto con lo Otro como un asunto religioso.

La espiritualidad permea las historias de Bradbury sin convertirlas en alegorías. Sus libros no revelan la Buena Nueva, sino la permanente magia de lo ordinario. Esa cotidianidad, que no ha ocurrido jamás, parece íntima. Cuando un personaje de Bradbury entra en el cuarto de un planeta lejano, lo hace con la emoción de un padre dispuesto a acariciar al hijo que no puede dormir.

Sus relatos ubicados en la Tierra arrojan claves sobre la forma en que entiende otros mundos. En «El pueblo donde no baja nadie» comenta: «Atravesando el territorio de los Estados Unidos, de noche, de día, en tren, se pasa como un relámpago por pueblos desiertos donde no baja nadie que no sea de allí. Nadie que no tenga raíces en esos cementerios rurales se toma jamás la molestia de visitar las estaciones solitarias». Bradbury fue el viajero excéntrico que se detuvo en sitios que sólo visitan quienes pertenecen a ese entorno, con la diferencia de que no se refería a una estación de tren perdida en la vastedad de Oklahoma, sino a un remoto confín del sistema solar.

Su cuento «Los ratones» narra una doméstica historia de alteridad. Los vecinos del protagonista parecen extraterrestres. No hacen ruido ni dan señas de vida. Viven como si no existieran. ¿Se trata de fantasmas que habitan una casa abandonada? La causa de esa extraña forma de vida es asombrosamente común: son inmigrantes mexicanos. Lo «otro» puede estar en cualquier suburbio.

El futuro sólo emociona si incluye, como señaló Borges, la «vaga acumulación del pasado». De hecho, lo que más intriga y conmueve en los personajes de Bradbury es que, al pertenecer al porvenir, disponen de memorias más extensas que las nuestras. El futuro no encandila por su novedad, sino por la apropiación del tiempo transcurrido. Ignoramos el significado del acervo, todavía lejano, en el que nuestro presente estará incluido. Los archivos del futuro representan para nosotros, como advirtió Borges, una «*vaga* acumulación».

Escribir del porvenir es un anacronismo deliberado. El sesgo decisivo de Bradbury consiste en demostrar que su principal insumo es la nostalgia, la pérdida de una época –la nuestra– que en sus escenarios sólo puede existir como recuerdo. No es casual que haya dedicado su principal novela a una tecnología que permite oír a los difuntos: la lectura.

Aunque las máquinas se han convertido en lectoras de progresiva perspicacia, aún no entienden que ciertas cosas importan porque han dejado de suceder. Cuando Proust escribe *En busca del tiempo perdido* establece, desde el título, un plan de lectura. Las principales sensaciones que registra remiten a algo que ya no está ahí y sin embargo determina el presente. Esa *ausencia activa* otorga un significado perdurable al evanescente acontecer. Bradbury trasladó el recurso a un horizonte del que sólo sabemos que será distinto al nuestro.

La literatura permite sentir nostalgia de lo que no se ha vivido. El crepúsculo de un planeta con seis lunas puede parecer tan próximo como el aroma que se desprende de una taza de té. Lo que se fue perdura.

La profundidad de un texto depende, en buena medida, del uso espectral del tiempo. Calvino lamentó que la maravillosa imaginación de Fourier concibiera un Nuevo Mundo Amoroso que parece recién estrenado. Ahí nada ha sido usado ni está cargado de vida. Faltan las manchas, las impurezas, el entrañable desgaste de la experiencia. Las máquinas leen al modo del utopista francés, con una exactitud que no se deja contaminar por las *sobras del tiempo*, lo que ya no ocurre pero afecta.

Los itinerarios de Bradbury insisten en la importancia del origen. En *Las doradas manzanas del sol* una nave viaja para recoger fuego astral. La aventura es comparada con la del primer ser humano que encontró una rama encendida por un rayo y supo que así podría entibiar sus noches. Luego de padecer las horrendas temperaturas solares, la tripulación se pregunta adónde ir. «Al Norte», decide el capitán. Esa dirección alude al punto de partida. La exagerada hazaña ocurrió para llevar fuego a casa.

El cuento «El fin del comienzo» habla de un hombre que levanta la vista en el más común y misterioso de los sitios: «Detuvo la podadora de césped en medio del jardín y supo que en ese momento se ponía el sol y aparecían las estrellas. El césped recién cortado le había llovido sobre la cara y el astro moría dulcemente. Sí, allí estaban las estrellas, pálidas al principio, pero encendiéndose en el cielo claro y desierto. Oyó que la puerta de alambre se cerraba de pronto. Sintió que su mujer lo observaba como él observaba la noche». El misterio del cosmos: un hombre contempla el cielo en su jardín y una mujer lo contempla como si él fuera el cielo.

Aficionado a los cómics, los parques temáticos y el cine, Bradbury escribió el espléndido guión de la película *Moby Dick*, dirigida por John Huston, y contribuyó a cerrar la brecha entre lo culto y lo popular. Cultivó todos los géneros y asumió su oficio con el desenfado de quien practica una artesanía.

En cierta forma, los lúgubres vaticinios de sus historias surgían de la certeza de que no ocurrirían. Sus ficciones diagnosticaban con sofisticada elegancia malestares venturosamente futuros. En 2023, el espectador de la serie *Black Mirror* y el lector de *El enemigo conoce el sistema* saben que la guerra futura ya comenzó y se apodera de nuestros datos. Estremece pensar en la libertad con que Bradbury imaginó durante la paz armada desastres aún imposibles. Para fines del siglo XX, el contexto había cambiado. Las historias de William Gibson, profeta del ciberpunk, aparecieron como el riguroso diagnóstico de nuevas amenazas: simulacros digitales, biodictaduras que practican controles neuronales, ídolos inexistentes, conductas dictadas por algoritmos. Si Bradbury crea otras realidades, Gibson alerta contra la pérdida de realidad.

El mago de Illinois publicó sus principales libros en los años cincuenta, cargados de posbélico optimismo, cuando una canción informaba en la radio: «los marcianos llegaron ya y llegaron bailando ricachá», y en los sesenta, laboratorio de las rupturas y las utopías, cuando las embarazadas fumaban sin parar, los coches se alargaban como naves espaciales y Pink Floyd diseñaba música para bailar con la mente.

Crónicas marcianas, El vino del estío, El hombre ilustrado, El país de octubre, Fahrenheit 451 y *Las doradas manzanas del sol* lograron que la lógica de la innovación se subordinara a la poesía. Poco a poco, el lirismo del expedicionario perdió fuerza, en gran medida porque la conquista del espacio cobró realidad y porque el mundo se pareció cada vez más a sus invenciones.

En 1992 un asteroide fue bautizado como 9766 Bradbury y veinte años más tarde la misión espacial Curiosity de la NASA llegó al planeta rojo en un sitio bautizado como Bradbury Landing. No le faltaron honores a un autor demasiado original para recibir el Premio Nobel. Pero su mente no dejó de imaginar otra recompensa: «Lo que de verdad me haría muy feliz sería saber que en Marte, dentro de un par de siglos, mis libros seguirán leyéndose. Estarán allí arriba, en el muerto Marte sin atmósfera. Y muy tarde por la noche, con una pequeña linterna y bajo una cobija, algún niño espiará bajo la portada de un libro. Y ese libro será *Crónicas marcianas*».

Ante los progresivos mecanismos de control tecnológico y biopolítico, y el resurgimiento de los más diversos autoritarismos, la función resistente y liberadora que Bradbury asignó a la literatura en *Fahrenheit 451* cobra renovada fuerza. La comunidad digital suele practicar una lectura de superficie concentrada en el presente, pero quien combina ese vibrante medio con los libros se vincula con otros tiempos. Lo fascinante del porvenir es que contiene más pasado.

Ray Bradbury concibió los aires enrarecidos de otros mundos, pero refrendó la importancia sensorial de los objetos que huelen a «antiguo Egipto»: los libros de papel.

Salvados del fuego, arden en la imaginación.

El textil y el texto

En diciembre de 2020 conversé con Irene Vallejo en un encuentro virtual organizado por la Fundación para las Letras Mexicanas. De manera sugerente, la filóloga aragonesa retomó un tema que atraviesa su libro *El infinito en un junco*: la decisiva y sin embargo soslayada presencia de las mujeres en la historia de la escritura. Dos oficios acreditan esa participación: las narraciones orales y el tejido.

En un momento en que la cultura impresa era sustituida por dispositivos digitales, Vallejo escribió un libro que cautivó a multitud de lectores. La parálisis de la pandemia brindó un buen marco para reflexionar con calma en los estímulos de la letra. Gracias a una voz y una erudición transmitida con el aire entrañable con que se habla de amigos o parientes, *El infinito en un junco* destacó influencias que perduran de manera sigilosa. Se suele pasar por alto que el primer texto firmado se debe a una mujer: Enheduanna, sacerdotisa acadia que vivió hace cuatro mil trescientos años y compuso himnos inspirados por la diosa Inanna. Su escritura es inseparable del cuerpo de la mujer, pues asocia la creación con la procreación: un alumbramiento de las ideas.

Vallejo cita otros ejemplos de escritoras que marcaron a una sociedad tan misógina como la de la Grecia clásica. Entre ellos, destaca el de la poetisa Safo o Aspasia, escritora fantasma de los discursos de su marido, el célebre orador Pericles. La influencia de estos textos se advierte incluso en piezas oratorias del siglo XX. Detrás de ciertas frases de Kennedy está Pericles, es decir, Aspasia.

Aunque la aportación de las mujeres ha sido relegada, cuando no silenciada por completo, un remanente de ese legado perdura entre nosotros. Mi hermana Carmen, que alterna la poesía con el psicoanálisis, escribió un hermoso ensayo con el título de «Había una voz», que alude al canónico inicio de los cuentos de hadas («Había una vez...»), pero también a la primera persona que nos cuenta historias y convierte la narrativa en una forma del afecto. Esa voz suele ser la de la abuela, la madre, la hermana mayor: una mujer.

En los orígenes de las más diversas sociedades las mujeres narraban mientras cosían. Al contemplar los deslumbrantes textiles indígenas, fray Bernardino de Sahagún pide a sus lectores en el español del siglo XVI: «Abre bien los ojos, ver cómo hacen delicada manera de texer y labrar, y de hacer pinturas en las telas». El doble arte de tejer y contar era patrimonio femenino.

En su detallado estudio sobre la relación entre el hilado y los pueblos de Mesoamérica, María Oliva Méndez González, de la Universidad de Costa Rica, señala que el telar de cintura se relaciona simbólicamente con el parto. Como la poesía religiosa de Enheduanna, este oficio depende del cuerpo de la mujer. El telar se ata a un poste o a un «árbol madre» con una cuerda que representa el cordón umbilical.

De la *Odisea* a *Las hilanderas de la luna*, no han faltado personajes femeninos cuyo destino se define por la manera en que bordan la tela y las palabras. Penélope teje y desteje en espera de Odiseo (o Ulises) y Ariadna le entrega un hilo a Teseo para que no pierda el rumbo en el laberinto donde habrá de matar al minotauro.

Los textiles integran un complejo código de significados. Sus hilos anudan la memoria, la identidad, las costumbres, los gustos y las condiciones de vida de los pueblos. En su ensayo «El telar de cintura, inmanencia itinerante de la memoria», Méndez González estudia los discursos de las telas. No es casual que en maya el huipil también sea llamado *ilb'al*, «manuscrito pictórico» o «instrumento para ver».

La vestimenta indígena es una narrativa en movimiento. Sus inescrutables mensajes desconcertaron a los conquistadores, a tal grado que una de las primeras ordenanzas de las autoridades coloniales fue prohibir la técnica del brocado para obligar a la población indígena a vestirse con inocua sencillez.

A pesar de esta censura, un hilo invisible unió a las mujeres con el idioma y con las destrezas adquiridas mientras tejían. Los relatos orales se fraguaron no sólo para aliviar el esfuerzo del hilado, sino para imitarlo. La persona o las muchas personas que conocemos bajo el nombre de Homero era un rapsoda, es decir, un «tejedor» que enhebraba leyendas e historias populares (la palabra «rapsoda» proviene de la combinación del verbo «coser» y el sustantivo «canto»).

Cuando la escritura se asentó, no pudo prescindir de los recursos aprendidos en la rueca y asimiló las enseñanzas de quienes transformaban una madeja informe en un dibujo colorido. La palabra «texto» proviene del latín *textus*, y *textere* quiere decir «tejer» o «trenzar».

En el tejido de las palabras encontramos el *hilo* del discurso, el *nudo* argumental, la *urdimbre* de la *trama*, los *cabos* que se *atan*, el *enhebrado* o *bordado* de adverbios y adjetivos, las *retahílas*, los *enredos* y, por supuesto, el *desenlace*.

Silenciadas o hechas a un lado como autoras, las mujeres definieron el lenguaje literario. En cualquier caligrafía o tipografía, e incluso en las letras de luz de las computadoras, se advierte una lejana herencia: las manos de sombra de las tejedoras que convirtieron hilos en historias.

¿Y si el libro se inventara hoy?

El tema de la innovación conlleva una pregunta decisiva: ¿qué tan inaugural debe ser un invento? La importancia de un producto suele depender de su capacidad para sustituir a otro; sus aportaciones se miden en relación con lo que había antes. El inventor llega *después*.

Esto conduce a otra pregunta: ¿podemos inventar hacia atrás, reordenar de manera retrospectiva la historia de la técnica? Imaginemos una sociedad que dispone de computación pero carece de imprenta. Un mundo donde sólo se lee en soportes electrónicos y donde incluso se han diseñado pastillas que permiten ingerir resúmenes de libros y se practican métodos hipnóticos para absorber documentos. ¿Qué sucedería si en esa modernidad alterna se inventara el libro impreso? Posiblemente sería visto como una superación de la computadora, no sólo por el prestigio que lo artesanal tiene ante la industria, sino por sus condiciones funcionales.

Los indudables beneficios de la cibernética no se verían amenazados por el nuevo producto, incapaz de suplir a todas las aplicaciones; sin embargo, la gente, siempre dispuesta a comparar peras con manzanas, celebraría no sólo la peculiaridad del libro en papel, sino su condición ultramoderna.

Después de años de leer en pantallas, se dispondría de un objeto que se abre al modo de una ventana o una puerta. Un aparato para entrar en él. Además, el conocimiento tendría repercusiones sensoriales, pues se podría asociar con el tacto, el olfato y la ley de gravedad, aportando las inauditas sensaciones de lo que funciona en tercera dimensión mientras se sopesa y acaricia. La lectura se transformaría así en una experiencia táctil. Con el papel en las manos, el lector juzgaría la forma en que gravitan las palabras.

Por otra parte, al pertenecer al mundo del relieve, el sorprendente libro impreso permitiría asociar el tiempo de la lectura con el espacio que la contiene. Los neurólogos de esa modernidad confirmarían que el cerebro, acostumbrado a juzgar la realidad en profundidad (no sólo en sentido simbólico, sino *material*), analiza las cosas «de bulto»: si alguien interrumpe la lectura en la página 243, sabe, por el mero grosor del volumen, cuánto le queda por leer. La especie que aprendió a pensar mientras mordía manzanas se relaciona de un modo físico con el saber. Pasar página es un mordisco que acerca al corazón del fruto.

La condición portátil del libro cambiaría las costumbres de una comunidad que hasta entonces dependía de enchufes eléctricos. En su variante de bolsillo, el libro entraría en la ropa y sería llevado a todas partes. Los transportes públicos se llenarían de lectores que perderían su parada por estar absortos en las páginas, y así descubrirían que no hay vehículo más eficaz que la lectura.

Esta ubicuidad fomentaría prácticas escatológicas en las que no es necesario detenerse. Baste decir que la lectura acompañaría a los necesitados de distracción incluso al baño.

Volvamos a la virtud artesanal de los libros en papel. La

variedad de ediciones fomentaría el coleccionismo. Las personas pretenciosas podrían encuadernar en exquisita piel de tiburón volúmenes que no piensan leer pero desean lucir y los cazadores de rarezas buscarían títulos esquivos donde el valor agregado podría depender de un error de imprenta. Gracias a los variados diseños gráficos y los cambios de tipografía, los fetichistas descubrirían nuevas tentaciones. Sólo los tradicionalistas extrañarían la primitiva y monótona edad en que se leía en pantalla.

Las más curiosas consecuencias del invento tardarían algún tiempo en advertirse. Una de ellas está al margen de la ciencia y la comprobación empírica, pero sin duda existe. El libro en papel se mueve solo. Lo dejas en el escritorio y lo encuentras en el buró sin que nadie reconozca haberlo llevado ahí; lo colocas en la sección de los teólogos y aparece, tal vez en forma apropiada, junto a un manual de marxismo. A veces, un poeta furibundo coincide en el librero con otro poeta furibundo. Pablo de Rokha comparó a Vicente Huidobro con una gallina orgullosa de haber ido a París a poner un huevo. El malicioso azar puede hacer que esos poetas enemigos cacareen en la misma repisa. Las bibliotecas no tienen sosiego.

El hecho de que incluso los tomos pesados se desplacen sin ser vistos representaría un misterio menor, de no ser porque, conjeturalmente, los libros se mueven por una causa: buscan a sus lectores o se apartan de ellos. Hay que merecerlos. El *password* de un libro es el deseo de conseguirlo.

Es posible que estas ideas se deban a vivir en un país donde las librerías nunca han estado bien nutridas. Antes de internet, la Ciudad de México tenía más y mejores librerías que ahora, pero siempre había un tomo inencontrable. En la adolescencia, pasé casi dos años buscando una aventura que debería estar en todas partes, *El vizconde de Bragelonne*, tercera parte de *Los tres mosqueteros*, hasta que la descu-

192

brí en una feria del libro subterránea, en el pasaje del metro Zócalo-Pino Suárez. Esta dificultad de acceso me hizo pensar que los libros son hallados por méritos morales. El esfuerzo invertido en la búsqueda provoca que el hallazgo se perciba como una justificada recompensa. En cambio, la inmediatez de las descargas electrónicas resta importancia a la búsqueda.

Para darle lógica a mis pesquisas, consideré que los libros se ocultan a los indignos y se brindan a quienes los aprecian. Los indios huicholes aplican un criterio similar para buscar peyote. Cada viajero debe encontrar sus propios rosetones; si el desierto lo considera intruso, oculta la planta sagrada.

La compra de productos digitales no depende de otro mérito que el dinero, pero nada garantiza que esa adquisición dure lo suficiente. Uno de los mayores abusos de la sociedad de mercado es la obsolescencia programada que obliga a renovar las mercancías.

Por el contrario, el sistema operativo del libro en papel no debe ser actualizado ni requiere de respaldo. Su tipografía es constante, pero su mensaje cambia con el tiempo y se presta a nuevas interpretaciones.

En una comunidad completamente electrónica, el inesperado invento del libro impreso traería sorpresas que nosotros sólo podemos vislumbrar a medias. Después de décadas de buscar datos en un acervo interconectado, donde cada respuesta es inmediata, se descubriría el demorado placer de averiguar.

El *e-book* puede reunir una gran biblioteca en espacio reducido. Esta ventaja no modifica su condición de objeto frío, que no pasa de mano en mano. Por otra parte, regalar una descarga electrónica nunca será tan afectuoso como regalar un libro impreso, único aparato inventado para modificarse con una dedicatoria.

Por último, siempre hay que tomar en cuenta las ventajas derivadas de los desastres. Si un libro se cae de las manos,
ya sea por tedio, rabia o descuido, no pasa nada. Está hecho
para venirse abajo sin problemas, algo muy distinto a lo que
ocurre con las frágiles pantallas.

El libro ya cambió el mundo, pero si se inventara hoy,
sería aún mejor.

Pasar la página, cosechar letras

La cultura digital ha alterado el paradigma de la lectura.
Estamos ante una transformación que supera, incluso, a la
de la imprenta en el siglo XV. El momento que vivimos acaso sólo sea comparable con la invención de la página en el siglo XII, a la que Ivan Illich dedicó un libro extraordinario:
En el viñedo del texto.

La historia de Illich (1926-2002) es, en sí misma, digna
de un manuscrito misteriosamente descifrado. Sacerdote austriaco, estudió filosofía en alemán e italiano, y aprendió croa-
ta, hindi, latín, griego clásico, inglés, español y portugués. El
campo de sus intereses compite con el de una biblioteca bor-
giana. Teólogo, historiador, pedagogo, economista, filólogo,
medievalista, ecologista y cristalógrafo, utilizó sus saberes
para desenmascarar los lugares comunes de la modernidad.
Vivió en Austria, Puerto Rico, Estados Unidos, México y
Alemania. Dedicó importantes investigaciones a cuestionar
las tecnologías que dejaban de ser un medio para convertirse
en un fin, condenó el papel represivo de la escolarización y la
industrialización de la medicina. Como antídoto, propuso
nuevas formas de entendimiento comunitario y preconizó la
«convivencialidad».

En Cuernavaca, Morelos, Illich fundó el CIF (Centro
Intercultural de Formación), destinado al estudio y la trans-

formación social de América Latina. En 1980 fue llamado a Roma para responder ochenta preguntas veladamente inquisitoriales sobre sus heterodoxas actividades. Rompió con el Vaticano sin recusar su fe y continuó sus estudios al margen de la censura eclesiástica. Congruente con su crítica a la medicina, que puede convertir la enfermedad en un padecimiento lucrativo, sobrellevó el cáncer sin analgésicos, consolándose, al modo de un sabio chino, con la meditación y el opio.

La obra que prefería entre todas las suyas era, precisamente, *En el viñedo del texto*, consagrada a un excepcional invento de los siglos XII y XIII: la página. Enmarcar el texto en una hoja alteró la práctica de la lectura. A diferencia de los pesados libros de horas, los rollos y los pliegos que requerían del apoyo de una mesa o de un facistol, la página pudo sostenerse entre las manos. Gracias a un diseño que hoy damos por sentado fue posible transitar de la lectura colectiva, hecha en voz alta, a la lectura personal y silenciosa.

Leer para los demás exigía notable esfuerzo físico. La tarea se asignaba a quienes gozaban de buena salud: «Los médicos helenísticos prescriben la lectura como alternativa a jugar a la pelota o pasear. La lectura presuponía que los frágiles o débiles no podían leer con su propia lengua», escribe Illich. Con la invención de la página, leer causa un menor desgaste, pues no se recita ante la comunidad; se dialoga en silencio con una mente lejana.

A partir del análisis del *Didascalicon*, escrito por el benedictino Hugo de San Víctor en el siglo XII, Illich indagó el momento decisivo en que los textos dejaron de escribirse y copiarse en soportes pesados, que hacían de la lectura un acto público, y se incorporaron a volúmenes ligeros que favorecían la lectura individual. En ese lapso se perfeccionaron recursos que hoy juzgamos inevitables: el índice, las letras capitulares, las comillas, la separación del texto en párrafos, los títulos y los subtítulos, los puntos y aparte.

Estas innovaciones favorecieron el tránsito de la lectura monástica a la escolástica. La biblioteca dejó de ser un sitio en el que alguien recitaba el contenido de un volumen inmanejable y se convirtió en un recinto de tomos ligeros donde cada monje podía --con las restricciones del caso-- leer por su cuenta: «La página, que era una partitura para beatos bisbiseantes, se transformó de repente en un texto organizado ópticamente para pensadores lógicos», escribe Illich. Del entendimiento sancionado por un grupo se pasó a la comprensión personal, lo cual tuvo insospechadas consecuencias.

La lectura en voz alta se ejercía ante la colectividad; por lo tanto, la interpretación del texto se sometía a un criterio colectivo, una coacción moral sancionada por los imperativos de la orden religiosa. Obviamente, no era el único modo de leer. Al otro lado del océano Atlántico, los pueblos mesoamericanos practicaban la lectura pictográfica y la cultura grecolatina había fomentado el análisis individual de los textos con una libertad desconocida en la Europa del siglo XII. Las ciudades mayas eran libros en piedra, pero sólo la élite podía leer los mensajes del Templo de las Inscripciones en Palenque, las estelas de Calakmul o los dinteles de Yaxchilán. En forma equivalente, la Academia de Platón, el Liceo de Aristóteles o el Jardín de Epicuro tenían acceso limitado. La cultura medieval era sumamente restrictiva, pero fomentó una tecnología lectora que contribuyó a transformarla. El estudio de Illich se concentra en las abadías de los escolásticos para entender la forma en que la adopción de la página y el progresivo predominio de los volúmenes ligeros propagaron la lectura silenciosa. El consenso de grupo fue sustituido por una paulatina interpretación personal. Leer en silencio y a solas estimuló la aparición de un sujeto que determinaría el

196

Renacimiento: el individuo. La noción de lo humano debe mucho a un rectángulo de papel.

En el siglo XV, la imprenta comenzaría a jubilar a los copistas y multiplicaría la circulación de textos, democratizando la lectura. En *De los libros al poder*, Gabriel Zaid describe los efectos de esta tecnología en la comunidad invisible de los lectores: «La imprenta hizo prosperar un nuevo tipo de comunidad, que aparece con las órdenes religiosas y no está basado en la sangre, el terruño, los intereses locales, gremiales, de estamento de clase, sino en las ideas comunes, la interpretación común, una misma lectura de las escrituras o de la realidad». Sin embargo, la modificación que Illich estudia en los siglos XII y XIII fue aún más honda, pues no sólo atañe a la divulgación y el impacto social de las obras, sino a la *manera de leer*. La revolución digital es tan significativa como el invento de la página. El siglo XXI asiste a un cambio en el paradigma lector que no ocurría desde el siglo XII.

Este libro es, en el fondo, un retrato de costumbres, no muy distinto al que haría un monje del siglo XII ante los cambios de comportamiento causados por la adopción de la página o un tipógrafo del siglo XV ante la multiplicación de los libros impresos. Como la capacidad de anticipación es infinita, es posible que ambos, el monje y el tipógrafo, hayan previsto al colega futuro que sentiría estupor ante otra radical transformación de la lectura.

Las novedades que inquietan se mitigan asociándolas con cosas conocidas. Si el texto se comparó con el tejido y el procesador de palabras incluye un «escritorio», el libro se normalizó con metáforas agrícolas. Illich recuerda que la palabra *página* proviene de *viñedo*; los renglones se alinean como surcos cultivables: «Las líneas de la página eran los hilos del enrejado que sostiene las viñas [...]. El latín *legere* se deriva de una actividad física. *Legere* connota "escoger", "reunir", "cosechar" o "recoger"». El lector cosecha lo que siembra el autor. De manera elocuente, en alemán *letra* se dice *Buchstab*, «rama de haya».

Hugo de San Víctor escribió su *Didascalicon* o «libro de instrucciones» para reflexionar sobre los estímulos traídos por la paginación. Una de las consecuencias más extremas de la lectura personalizada fue la de incentivar que se escribiera en lengua materna, haciendo a un lado el latín: «Lenta pero inexorablemente, se va afianzando la idea de que no sólo los escribas, sino todos los hablantes usan una lengua cuando hablan, y que esa lengua puede escribirse, analizarse, enseñarse y traducirse. Esta abstracción cosificada del habla, llamada lenguaje, puede comenzar su carrera para definir la realidad de una nueva forma. Hablar puede concebirse ahora como deletrear los propios pensamientos», explica Illich, y recuerda que, gracias a este desplazamiento, san Francisco escribe un poema inaugural en lengua italiana: «El hijo de un mercader de Umbría, en los albores del siglo XIII, fue capaz de escribir su alabanza del sol y la luna como canción de amor vernácula ideada a semejanza de una canción provenzal».

Illich estudia numerosas consecuencias de la lectura, desde la forma en que los pícaros y los vagabundos podían escapar a la cárcel y la tortura si demostraban que sabían leer, hasta la relación entre la alfabetización y el celibato («La lectura, tal y como se define culturalmente a partir del siglo XIII, es competencia exclusiva del clero», y para entonces la reforma gregoriana ya había condenado a los sacerdotes al celibato).

En su juventud, Hugo de San Víctor «escuchó» el libro a la manera monástica y en su madurez se propuso ordenarlo en párrafos que serían dominados por la vista. Illich conjetura que, hacia 1140, un monje tuvo ante sus ojos un marco de papel con letras perfectamente ordenadas. Al pasar esa página, inauguró una forma de entender el mundo. Serían necesarios más de diez siglos para que esto cambiara radicalmente y el dedo índice pasara las páginas en una superficie de vidrio.

«Esto matará aquello»: el libro y el edificio

En *Nuestra Señora de París*, Victor Hugo estableció una sugerente tensión entre la arquitectura y el texto. Escrita en el siglo XIX, la novela se ubica en el XV, que asiste a la invención de la imprenta. Hugo compara esta transformación cultural con el impacto de los grandes edificios de la Antigüedad, concebidos para leerse como un discurso. Cada talud, cada pretil, cada cornisa, cada balaustrada eran párrafos que contribuían a un mensaje.

A los veintinueve años el novelista anticipa el torrente de historias que tres décadas más tarde definirá *Los miserables*. Los personajes de esta obra de juventud tienen conductas extremas, desbordadas, operísticas, que los llevan a cambiar drásticamente de parecer y sentimientos. Cuesta trabajo volver al texto sin sentir el influjo de las muchas adaptaciones que ha tenido (o padecido), incluidas las de Disney. Quasimodo ya es un ícono del ser contrahecho pero sensible, el archidiácono Claude Frollo encarna el raciocinio nublado por la pasión y la bellísima Esmeralda representa el arquetipo de la chica de cuna distinguida relegada a una inmerecida pobreza. Todos los personajes confluyen en la catedral que preside La Cité, la isla donde fue fundada la ciudad. El drama alude al origen y al sentido de la urbe.

Para el siglo XV, Notre Dame había recibido las modificaciones de trescientos años de albañilería; esa acumulación de estilos representaba un palimpsesto, borradores detrás de otros borradores, cuya última versión era modificable.

Ciertas obras admiten pasajes ajenos a su estructura principal. Al modo del *Quijote*, que contiene novelas breves, las reflexiones sobre el sentido de la Historia que abren secciones de *La guerra y la paz* o el prólogo informativo sobre la caza de ballenas con el que arranca *Moby Dick*, *Nuestra Señora de París* incluye, en su libro tercero, dos capítulos autónomos, uno dedicado a la catedral, otro a la ciudad «a vuelo de pájaro». En esos pasajes, el autor opera como un ensayista que estudia la catedral y el contexto que la explica.

Quasimodo otorga vida a la iglesia («se hubiera dicho que él hacía respirar el enorme edificio»), la activa por medio de las campanas. Cada una lleva un nombre de mujer; el reloj que mide las horas de París alude a la compañía femenina que le ha faltado al campanero, por ser huérfano y por sus incontables defectos (Victor Hugo comenta que impresionaba «la perfección de su fealdad»). El más hermoso de los edificios depende de un ser distorsionado que ha perdido el oído a fuerza de tocar campanas.

Trabajo sacrificial, el del campanero también es un acto de amor al edificio. Quasimodo fue recogido de bebé en las escalinatas de la iglesia donde las madres solteras o menesterosas abandonaban a sus hijos. Creció junto a Claude Frollo, archidiácono que adora Notre Dame, no tanto por su belleza como por su significado, «por el enigma que propone eternamente a la inteligencia». En cada figura labrada en los muros advierte a un personaje del gran teatro teológico.

Después de estos pasajes reflexivos, la novela lleva a una escena decisiva. El archidiácono consulta los *Comentarios a las epístolas de san Pablo*. Por la ventana, puede ver un edificio. De pronto exclama: «Esto matará aquello. El libro matará al edificio».

La frase es bastante críptica, pero el autor la interpreta en nuestro beneficio y explica que en el siglo XV la imprenta ha hecho posible que la letra perdure y se divulgue de un modo muy superior al de los manuscritos copiados a mano y expuestos a desaparecer. Hasta ese momento, las civilizaciones han concentrado sus esfuerzos en dejar legados en piedra; la imaginación colectiva se ha expresado en las múltiples destrezas que confluyen en una construcción. La mayoría de las grandes obras se debieron a regímenes autoritarios, pero los albañiles y los artesanos pudieron expresar su creatividad con sutileza en trabajos en apariencia menores, como el enyesado o la mampostería. La libertad de estilo se puede advertir en los pórticos de las iglesias donde ciertos símbolos provienen de una fe ajena a esa congregación o incluso enemiga; la sedición, que no podía tener lugar en los manuscritos, encontraba su camino en la piedra. Victor Hugo no cita el barroco americano porque su cultura es eurocéntrica, pero nosotros podemos hacerlo, recordando el caso de Tonanzintla, donde los constructores indígenas añadieron una simbología de contrabando, ajena a la fe cristiana, que celebraba a sus propios dioses.

En suma, Victor Hugo señala que la arquitectura asimiló durante siglos la inventiva gregaria e incluso la disidencia. Algún rebelde esculpió una gárgola en forma de diablo para adornar el techo de Notre Dame.

El libro impreso altera esta ecuación porque ofrece un medio de expresión más accesible. Su impacto redefine las sociedades y contribuye al paso de los sistemas autoritarios a las democracias. La imprenta es republicana.

Frollo vaticina en el siglo XV que el libro restará importancia a la arquitectura. Hugo dialoga con él a trescientos años de distancia y comenta su propia novela: «Ved, pues, cómo a partir del descubrimiento de la imprenta la arquitectura se va secando poco a poco, se atrofia y se desnuda». El novelista ya es testigo del deterioro que su personaje profetiza y de la desurbanización que aqueja a las ciudades (el ordenado discurso en piedra se ha convertido en un confuso palimpsesto; el poeta Jean Turpy, que vive en Culiacán, resume esta experiencia en un verso: «La ciudad es una frase tachonada»). Si las pirámides de Egipto, las catedrales medievales o las ciudadelas mayas, orientadas conforme a principios religiosos y astronómicos, expresaban el mensaje de conjunto de una sociedad, en el siglo XIX, cuando se publica la novela, la arquitectura ha dejado de ser el gran proyecto educativo e identitario de la colectividad. Ciertos arquitectos continúan haciendo diseños hermosos, pero el discurso de la época no depende de ellos: «La forma arquitectural del edificio se borra cada vez más y deja surgir la forma geométrica, como el esqueleto de un enfermo que adelgaza». Victor Hugo vaticina el funcionalismo y otras tendencias austeras de la arquitectura. En sus páginas, el adorno, que tanto molestaría a arquitectos como Adolf Loos, tiene los días contados.

La provocativa oposición entre el libro y la arquitectura no deja de ser esquemática, y en cierta forma es refutada por la propia novela. El archidiácono se enamora perdidamente de la falsa gitana Esmeralda y es incapaz de seguir leyendo porque la imagen de la chica se entromete entre él y el texto; el libro, que acabará con el edificio, no es suficientemente seductor para retenerlo en sus páginas. Por otra parte, Notre Dame adquiere un nuevo valor hacia el final de la trama. La legislación de la época impedía detener a quien se refugiara ahí. Quasimodo lleva a Esmeralda a la catedral, que de este modo se convierte en un santuario para la mujer perseguida. El edificio ofrece una protección que no puede ofrecer el libro.

Hugo escribe en un tiempo de enorme optimismo por la novela y de expansión de la letra impresa: «A medida que la arquitectura baja, la imprenta se hincha y engorda. Ese capital de fuerzas que el pensamiento gastaba en edificios, lo gasta ahora en libros». A fin de cuentas, lo que la escritura construye es un nuevo edificio: «Cuando se trata de recoger en la mente los productos de la imprenta hasta nuestros días, ¿no se nos aparece este conjunto como un inmenso edificio apoyado sobre el mundo entero, en el que la humanidad trabaja sin descanso y cuya cabeza monstruosa se pierde en las brumas profundas del futuro?».

Somos los habitantes de esas brumas y difícilmente podemos compartir el entusiasmo del novelista francés. La letra impresa ha perdido la centralidad que tuvo en el siglo XIX. En los años sesenta, su prevalencia se vio amenazada por los discursos de la imagen. Hoy enfrenta otros desafíos. Rodrigo Fresán ha llamado la atención sobre un hecho curioso. En su infancia, la amenaza de la lectura estaba en la televisión. Sus padres le pedían que dosificara el tiempo dedicado a ver programas. Hoy, la letra es amenazada por la letra. Las plataformas digitales han convertido al libro en un dispositivo minoritario. No sabemos si «esto matará aquello» porque los inventos culturales se adaptan a muy diversas circunstancias. Lo cierto es que las reflexiones de Victor Hugo sobre el tránsito del libro en piedra al libro impreso permiten suponer que, sea cual sea el formato, el lenguaje de la colectividad cambia de soportes.

El libro aprende a leer

Cuando san Agustín entró a la celda de san Ambrosio se asombró de que el erudito leyera en silencio. La escena fue registrada en las *Confesiones*: «Cuando Ambrosio leía, pasaba la vista sobre las páginas penetrando su alma, en el sentido, sin proferir una palabra ni mover la lengua [...]. Yo entiendo que leía de ese modo para conservar la voz [...]. En todo caso, el propósito de aquel hombre era bueno». San Agustín anticipó el lentísimo viraje cultural que comenzaba a fraguarse en el siglo IV y se consolidaría en los siglos XII y XIII, volviendo común el gesto de Ambrosio.

La historia del libro narra el cruce de dos mentalidades, la del autor y la del lector. La transformación que Illich estudió en los escolásticos se mantuvo hasta nuestros días, cuando la sociedad digital convirtió la lectura en un fenómeno atmosférico. En este ámbito, una de las novedades proviene del libro electrónico, que no sólo existe para ser leído, sino para leer a sus usuarios.

En un artículo del *Wall Street Journal*, Alexandra Alter reflexionó sobre las consecuencias culturales de las descargas de Amazon o Google. Por primera vez, los editores disponen de pistas sobre la forma concreta en que los libros son utilizados. Pueden saber en cuántas horas se lee un texto, cuántas veces se interrumpe, qué otros libros se leen entretanto, qué pasajes se saltan, qué frases llaman la atención. Los hábitos electrónicos se precisan con tal detalle que invaden la privacidad y las frases subrayadas en la pantalla permiten que un algoritmo proponga ofertas editoriales parecidas.

El *e-book* brinda un nítido espejo del lector, algo invaluable en un mundo donde no siempre se ejerce la sinceridad y donde la simulación prestigia. Cuando a un escritor le preguntan qué libro tiene en su mesa de noche, suele mencionar obras que lo hacen quedar bien: una nueva traducción de la *Eneida* o los poemas de Anne Carson. Rara vez confesará que está leyendo la biografía de Maradona. Paolo Coello, que ha vendido suficientes libros para poner en duda el gusto de la especie humana, comenta con razón que, si los lectores dijeran la verdad al hablar de sus autores favoritos, Joyce sería un *best seller*.

En un entorno donde la gente aspira a ser bien vista, cuesta trabajo conocer las genuinas reacciones de los lectores. Gracias a Kindle es posible detectar, no sólo cuáles son los libros que se prefieren, sino qué pasajes interesan más.

No todos los datos aportados por las descargas han sido novedosos. En los primeros meses de análisis se «descubrió» que los libros de no ficción se leen a saltos y las novelas de principio a fin, que los lectores de ciencia ficción son más veloces, y los lectores de literatura clásica y contemporánea muestran exigencias superiores y abandonan el libro con mayor facilidad.

Poco a poco, la antropología digital reveló cosas de mayor interés. La frase más subrayada en la primera década del siglo XXI perteneció a una novela de moda, *Los juegos del hambre*, de Suzanne Collins, que comienza así: «A veces las cosas importantes le suceden a la gente que no está preparada para lidiar con ellas». Bien mirada, esa reflexión define nuestra extrañeza ante la tecnología.

La novela de Collins se vio beneficiada por el avasallante éxito de su adaptación cinematográfica. No fue extraño que figurara entre las preferencias de los lectores. La sorpresa llegó con la segunda frase más subrayada, que aborda una situación que muchos juzgarían superada. Se trata del comienzo de *Orgullo y prejuicio*, de Jane Austen: «Es una verdad universalmente aceptada que un hombre soltero en posesión de una buena fortuna deba estar en busca de una esposa». La ilusión de mezclar el dinero con el romance no ha perdido vigencia. Esa frase dice mucho de una época en la que Jane Austen coexiste con la saga de las Kardashian. No sería raro que en el futuro se llegue a medir el impacto emocional de un personaje o una metáfora. ¿Tendremos la satisfacción vicaria de sentir que un libro nos lee mejor que otro? Por el momento, ya hay libros interactivos. En ciertas novelas policiacas es posible descartar culpables para contribuir al desenlace y en novelas románticas se puede escoger al novio de la protagonista.

De acuerdo con Italo Calvino, el libro es la única parte de la casa donde podemos estar a solas, sin otra compañía que una voz imaginaria. Este aislamiento comienza a desaparecer: el *e-book* es chismoso; nos estudia para informar a otros de nuestros hábitos. ¿Comprometeremos la honestidad de nuestras reacciones al saber que deja huella o nos acostumbraremos a leer con público?

La sorprendente introspección que san Agustín observó en san Ambrosio perdura en los libros impresos. En cambio, a la manera de los libros de horas, el *e-book* pertenece a una comunidad. Dejamos un rastro que tiene testigos: mientras leemos, alguien lejano nos descifra.

Las novedades renuevan costumbres arcaicas. Hace años vi una película china, cuyo título he olvidado, que comienza con una travesía en una barca. Para matar el tedio en el lento traslado, unos pasajeros envían mensajes de texto en sus teléfonos y otros se leen la mano. Dos sistemas de comunicación conviven en ese viaje: la telefonía satelital y la quiromancia, una novedad y un atavismo.

¿En qué medida la oralidad coexiste con la cultura de la letra? Pongo un ejemplo anecdótico que me parece representativo. En la Casa Refugio Citlatépetl, fundada en la Ciudad de México para proteger a escritores perseguidos por sus ideas, conocí a Koulsy Lamko, escritor africano de lengua francesa que había errado por varios países en busca de un sitio de acogida. Como mi francés es experimental, la conversación progresó entre lagunas de incomprensión. Cuando le pregunté a Lamko por su escritura, creí entender que se definía como «escritor de *chats*». Habló del sentido tribal de la narración y la polifonía de las voces. Pensé que, en efecto, los usuarios de la red representan una comunidad de peregrinos que integra testimonios múltiples; reunidos en torno a una invisible fogata, cuentan sus historias. Hablamos de relatos colectivos hasta llegar a una revelación decisiva: ¡no era un autor de *chats* sino de Chad! La oralidad a la que se refería no era resultado de la nueva tecnología sino de una arraigada tradición. Sin embargo, aunque mi interpretación había sido disparatada, puso en valor el sentido profundo de la red. Ciertas cosas se entienden por confusión. La comunidad digital avanza hacia un mapa aún por definirse, pero también regresa a formas ancestrales de comunicación gregaria.

La lectura es como el paracaidismo: en condiciones normales sólo es practicada por espíritus arriesgados; en emergencias le salva la vida a cualquiera.

Óscar Tulio Lizcano, víctima de la guerrilla colombiana, rindió un inaudito testimonio sobre la forma en que las palabras preservaron su identidad. En la clínica de Cali donde se recuperaba de ocho años de privaciones como rehén de las FARC, habló de la selva que le arrebató veinte kilos del cuerpo, pero no la lucidez. De los cincuenta a los cincuenta y ocho años vivió agobiado por las enfermedades, la desnutrición y las humillaciones que se padecen en el infierno donde la comida escasea tanto como la privacidad. Para conservar la cordura, clavó tres palos en la tierra y decidió que fueran sus alumnos. Lizcano les enseñó las materias que mejor dominaba: política, economía y literatura. Como tantos maestros, se salvó a sí mismo con la prédica que lanzaba a sus impasibles discípulos. Un comandante vio el aula donde los palos tomaban lecciones y autorizó que el secuestrado recibiera libros. Lizcano leyó a Homero y pudo admirar la desmesura de Héctor, dispuesto a desafiar al favorito de los dioses. «La poesía me alimentó», dijo el hombre cuya dieta material era tan ruin que se veía mejorada con un trozo de mono o de oso hormiguero.

Ante los variables calvarios de la prisión, la dictadura, el exilio o la enfermedad, otros lectores han encontrado un consuelo semejante al de Óscar Tulio Lizcano. Aunque la muerte de los libros ha sido varias veces anunciada, los desastres del mundo refrendan su vigencia. Al respecto, comenta George Steiner: «Soy un optimista de la catástrofe». Cuando nada parece tener remedio, la lectura gana importancia. Si el viento sopla a favor, la gente juega, come espaguetis o duerme la siesta. En los momentos duros y las horas bajas, abre un libro.

Un buen ejemplo es la crónica *Los náufragos de San Blas*, donde Adriana Malvido relata la odisea de tres pescadores mexicanos que se extraviaron en el Pacífico durante 289 días. La sed, el hambre, el sol y los tiburones eran sus más evidentes enemigos. Tuvieron que sortear esos peligros, pero también el tedio, los roces de la convivencia forzada, las ocurrencias que podían llevarlos a la locura. ¿Cómo sobreponerse a esos días inertes, idénticos a sí mismos? Uno de los pescadores, Salvador Ordóñez, llevaba un libro al que atribuyó su supervivencia: «Esta Biblia me dio confianza en el mar», dijo a Malvido.

Otro de los tripulantes, Lucio Rendón, no era afecto a la lectura, pero enfermó y pidió que le leyeran. Cuando los náufragos fueron rescatados, repasaban el Apocalipsis de san Juan.

Como toda historia en la que los protagonistas se sobreponen a desafíos extremos, la de los náufragos de San Blas no fue ajena a las dudas y las sospechas. El detalle de la lectura contribuyó a hacerla verosímil. En su calidad de lectores de excepción, los pescadores confirmaban lo inusual de su aventura. Al mismo tiempo, reiteraban la experiencia de otros extraviados. En *Vivir para contarla*, García Márquez recupera los días en los que escribió *Relato de un náufrago*. Durante largas jornadas escuchó al marino Luis Alejandro Velasco contar su historia, buscando detalles que la hicieran única. Uno de los descubrimientos del periodista de *El Espectador* fue enterarse de que el destructor *Caldas*, donde viajaban los ocho marinos que cayeron al mar, y de los cuales sólo uno salvó la vida, no llevaba botes salvavidas bien equipados. En su momento, esa revelación fue opacada por otra, de mayor relevancia: el barco transportaba contrabando y el sobrepeso hacía que estuviera mal estibado, siendo presa fácil de las tempestades.

Muchos años después, en su libro de memorias, García Márquez volvió sobre el asunto de los botes mal equipados y enlistó las cosas que la armada consideraba necesarias para sobrevivir en altamar: «víveres, agua potable, remos, caja de primeros auxilios, elementos de pesca y navegación, y una Biblia». Lo más interesante en esta frase es la coma que García Márquez coloca antes de la conjunción, señalando que la Biblia pertenece a una categoría aparte. En efecto, el Libro de los libros no contribuye al alivio físico sino al espiritual, indispensable en toda desventura.

La literatura pertenece a los primeros auxilios. Esta certeza se confirma en el naufragio, pero también en lugares exóticos. Las galas de Hollywood son un derroche de glamour que a veces depara sorpresas. Cuando Sean Connery recibió uno de los premios por «trayectoria de vida» con los que la industria del espectáculo se premia a sí misma, ocurrió una escena que vale la pena atesorar. El actor escocés atribuyó su vida entera a un curioso hallazgo.

Numerosos colegas lo habían elogiado con la fluidez de quienes recitan parlamentos memorizados. Después de resaltar su entrega a la ardua tarea de besar mujeres hermosas en el papel de James Bond, alguien recordó el humilde origen de Connery en Escocia. Su madre era sirvienta; en la casa donde él abrió los ojos no había espacio para un bebé y durmió en el cajón de un escritorio. Su destino parecía el de un huérfano ideado por Charles Dickens.

Esto fue narrado por quien antecedió al homenajeado en el uso de la palabra. Después, con una voz que ya pertenece a la mitología, Connery se limitó a decir: «Es cierto que mi origen fue poco auspicioso, pero a los cuatro años ocurrió un milagro: aprendí a leer».

En caso de necesidad, la lectura salva. El libro en cuestión ni siquiera debe ser bueno. En 1781 Diderot curó la melancolía de su mujer leyéndole novelas sentimentales que hubieran sido tediosas y superficiales para un lector menos triste. Kafka, que en «La colonia penitenciaria» asoció la escritura con el cuerpo y la tortura, señaló: «Sólo me gustan los libros que muerden». Lo singular es que el mordisco se puede encontrar en muy diversas páginas.

Abundan los ejemplos de obras que han brindado fortaleza en situaciones límite. De acuerdo con Bertrand Russell, el testimonio más impresionante y mejor escrito sobre la vida en cautiverio es *Un mundo aparte*, del polaco Gustaw Herling. Esta obra excepcional también fue admirada por Albert Camus y Jorge Semprún, quien conoció los rigores del campo de concentración de Buchenwald.

De 1940 a 1942 Herling estuvo preso en cárceles soviéticas de la región de Kárgópol. Su testimonio revela el grado de aniquilación al que llegó el estalinismo. En ese «mundo aparte» los prisioneros dormían bajo un foco encendido y sólo en el hospital recordaban lo que era la noche. Ahí Herling leyó la crónica de Dostoievski sobre su estancia en Siberia (publicada en español con los cambiantes títulos de *Memorias de la Casa Muerta*, *La casa de los muertos* o *El sepulcro de los vivos*), sorprendido de que una relación autobiográfica de los horrores carcelarios contuviera pasajes tan conmovedores y pudiera aliviar e incluso alegrar su propio encierro.

Dostoievski padeció el calvario de Siberia durante cuatro años y cuatro meses, con grilletes en los pies, sometido a trabajos forzados en temperaturas de congelación. Para mayor agravio, su condena era injusta, pues fue acusado de participar en una conspiración contra el zar que le era ajena. En San Petersburgo, había pasado por un simulacro de fusilamiento, pero aún lo aguardaba el frío infierno de Siberia.

En sus memorias, Dostoievski deja clara constancia de sus padecimientos, pero no se solaza en ellos. Por el contrario, lo más importante del libro es la capacidad de descubrir la solidaridad humana, la dignidad, el esplendor de la naturaleza y la potencia mística de la vida en condiciones que parecerían negar todo eso. La inmensidad de su testimonio no deriva del dolor, sino de la dicha que encuentra en medio del dolor. Siberia es la tierra prometida de un hombre inquebrantable, que en toda herida ve la posibilidad de una satisfactoria cicatriz, algo digno de recordar en tiempos del victimismo de la autoficción.

En su propio presidio, Gustaw Herling no encontró en Dostoievski una evasión, sino algo más profundo y decisivo: un espejo. *La casa de los muertos* le fue prestada en forma rigurosamente provisional por una mujer que leía esas páginas con reiterada obsesión y ansiaba que él terminara la lectura para volver a ellas. Al razonar su dependencia de ese libro absoluto, del que no podía desprenderse, la mujer le dijo a Herling: «Cuando no hay esperanza de salvarnos, ni la menor fisura en los muros que nos rodean; cuando no podemos levantar la mano contra el destino, precisamente porque es nuestro destino, solamente queda una cosa: levantar la mano contra nosotros mismos». Esa lectora ya no se sentía dueña de su vida, pero Dostoievski le reveló que aún podía ser dueña de su muerte. La *posibilidad* de decidir su último destino, de suicidarse o aplazar ese acto, le otorgó una poderosa sensación de libertad. Entendió que la disyuntiva de respirar o dejar de hacerlo representaba un desafío tonificante: podía elegir.

Las tragedias producen lectores extremos. De ahí que Steiner sea un «optimista de la catástrofe» y que Ricardo Piglia se haya interesado en los «últimos lectores». Poco antes de ser asesinado, el Che Guevara entró a una escuela rural y vio una frase en el pizarrón, escrita con una falta de ortografía. Su última actividad mundana fue corregir esa errata. Curiosamente, la frase era: «Yo sé leer». Otro lector límite estudiado por Piglia es Alonso Quijano, el apasionado de las novelas de caballería que remata una tradición entendiendo el mundo al modo de las páginas del *Amadís*.

¿Debemos pedir amenazas para que haya más lectores apasionados? En modo alguno. Los casos límite adiestran por exageración. Por eso la metáfora del paracaidismo me parece apropiada: se lee por supervivencia, pero también para disfrutar del vértigo. Los personajes de *Viaje al centro de la Tierra* toman «lecciones de abismo» para soportar la inmersión en las profundidades. Poco a poco, el temor ante la caída se transforma en técnica y la técnica en gozo.

La literatura trasvasa experiencias dolorosas en formas de la dicha. El sufrimiento de los protagonistas se convierte en el placer de los lectores. Esto no significa que el malestar se banalice, sino que se trasciende e incorpora a un orden alterno, regido por la estética. En el siglo XIII, siguiendo el desplazamiento del latín a la lengua vernácula, don Juan Manuel escribió la primera obra castellana: el *Libro de los enxiemplos del Conde Lucanor et de Petronio*. Ahí aconseja tratar las palabras al modo de los médicos que endulzan los brebajes para que sepan mejor. Transcribo un fragmento en un español que desafía al autocorrector de la computadora: «Esto fiz según la manera que fazen los físicos, que cuando quieren fazer alguna melizina que aproveche al fígado, por razón de que naturalmente el fígado se paga de las cosas dulces, mezclan, con aquella melezina que quieren melezinar el fígado, açucar o miel o alguna cosa dulce [...]. Et a esta semejança, con la mereced de Dios será fecho este libro». El estilo literario permite que el conocimiento, con frecuencia amargo, resulte disfrutable.

Lectura y velocidad

La primera generación que tuvo acceso a la computadora personal se formó en épocas lentas, cuando había que esperar un año para que instalaran una línea de teléfono y cuando corregir una página mecanografiada significaba pasarla de nuevo en limpio.

¿Cómo lidiar con el asombro de lo instantáneo? Una manera de apropiarnos psicológicamente de un invento consiste en atribuirle una vida que no le pertenece. No es extraño que alguien le ponga un apodo a su computadora o la considere su mascota.

El episodio más curioso que presencié al respecto ocurrió durante un congreso de escritores en el que un novelista se resistía a apartarse de su *laptop*. La llevaba al desayuno y a todas las sesiones. Cuando llegó su turno para exponer, leyó directamente de la pantalla, algo novedoso en aquellos días. La impresión fue similar a la que san Agustín sintió en la celda de san Ambrosio. Nuestro colega leía de un modo diferente que poco a poco se convertiría en norma.

Pensamos que desayunaba, comía y cenaba junto a su Mac por un raro fetichismo. Sin embargo, su conducta se debía a algo más profundo. Después de su exposición, tomamos unas cervezas y comentó que estaba satisfecho de su ponencia, pero no de la forma en que la había leído:

–Me cuesta trabajo acostumbrarme a *ella*. –Luego de una pausa agregó–: Hace año y medio me separé de mi mujer; ahora el ordenador es mi pareja.

La confesión fue recibida con el respeto que suscitan los detalles íntimos no solicitados. Pensamos en la soledad del colega y en la prótesis que le servía de compañía. ¿Podíamos ayudarlo? Alguien le dijo con humor negro:

–Te presto mi *laptop* para que tengas un *affaire*.

El comentario no era tan desencaminado, pues la dependencia de los aparatos puede llegar al amor.

Años después viajé en compañía de mi «portátil», como se le dice en otras latitudes, hasta que cayó al suelo en el aeropuerto de Bogotá. Cuando lo encendí, la pantalla mostró franjas de translúcida modernidad. Pensé que se trataba de un mensaje de ajuste, similar al patrón cromático que animaba la televisión en color. Mi mente buscó normalizar el desarreglo, atribuyéndolo a un proceso técnico de autoconservación. En vez de percibir el daño evidente, anhelé una respuesta superior a mi entendimiento. Esta reacción confirma el trato irracional que damos a la tecnología.

Las barras de color habían sido causadas por el golpe. Sólo entonces entendí la soledad del colega que en aquel congreso me pareció rehén de su computadora. Vi la pantalla como un espejo roto: algo mío se había perdido. ¿Cuántas palabras eran ya irrecuperables? ¿Qué cosas decisivas me privé de confiarle? La desconcertante tecnología estimula supersticiones para que lo nuevo se remonte a un origen comprensible: el tejido, el viñedo, el coro de la tribu. Lo único que quedaba de mi aparato era una herida: barras de colores, sangre de plasma.

Estas metáforas buscan consolar el presente con alusiones a algo previo. La informática resguarda mensajes y ofrece una comunicación inmediata. Sus entrañas custodian algo perdurable y su metabolismo está dominado por la prisa. ¿Dónde quedan los lapsos intermedios, a los que pertenece la lectura?

Los vertiginosos textos de las redes no requieren de una interpretación dilatada, sino de la respuesta exprés del pensamiento binario. Esto es útil para agregar nuestra firma a una campaña de Change.org, pero no para la reflexión compleja.

En *Las ciudades invisibles*, de Italo Calvino, Marco Polo se presenta ante el Gran Kan, emperador de los tártaros, para contarle de los sitios que ha visitado. En algún momento, el autor sugiere que no es la voz sino el oído lo que guía el discurso. Esto alude a la forma en que el poder se distribuye en el diálogo; los recorridos del viajero veneciano, por variados que sean, no se comparan con la autoridad de quien domina un vasto territorio. La superioridad del oído se debe, en parte, a su condición imperial. Sin embargo, un buen conversador también se guía por ese método, buscando cautivar a quien lo escucha.

En cambio, en el ping-pong de las redes, la lectura se acelera y fragmenta. Incluso la de los textos que se descargan y que no deben ser respondidos de inmediato. La habilidad para leer en diagonal, registrando las claves esenciales del texto, ha aumentado en forma significativa. El *abstract* que suele anteceder a los ensayos académicos y que ofrece una sinopsis de la argumentación resulta innecesario para los lectores digitales, ejercitados en resumir contenidos a gran velocidad.

El cibernauta pasa horas ante diversas plataformas, pero concede pocos minutos a cada texto. Esto recuerda antiguos remedios para el aprendizaje. En los años setenta, los universitarios recibíamos propaganda de métodos de «lectura dinámica» que prometían desentrañar el contenido de los textos sin detenerse en los adverbios.

Todo lector adiestrado sabe descifrar lo importante en páginas leídas por razones utilitarias; aplica un pragmático plan B para no perder tiempo, lo cual realza el valor de los libros que reserva al plan A. La red propone un plan B universal, la lectura dinámica de todos los textos. El exceso de información, y la conciencia de estar a un clic de algo distinto, invitan a *surfear* por las palabras.

La secuencia habitual de la lectura se ha fraccionado. Los periódicos impresos se estructuraron para ser leídos conforme a una lógica dividida en secciones y anuncios comerciales. Mi padre se quejaba de los continuos cambios de página que exigía el diario *Excélsior*: «Pasa a la página 3 de la 2.ª Sección». Los diarios fragmentaban sus reportajes para que el lector leyera más anuncios.

A fines de los años setenta, los periódicos comenzaron a diseñarse en formato tabloide, sin tantos desvíos propiciados por la publicidad. Con todo, conservaron el sentido de la sucesión. De un tema se pasaba a otro, lo cual establecía curiosas colindancias. Junto a la noticia que interesaba de antemano, surgía otra que se leía por excepción. La contigüidad provocaba que algo inesperado llamara la atención.

La red es eficaz para encontrar lo que ya interesa. En cambio, las bibliotecas y los diarios impresos se prestan más para encontrar lo que no se busca, método esencial del conocimiento. En estos casos, la curiosidad lectora se comporta de manera opuesta a los algoritmos, que proponen opciones para continuar con el mismo tema y obedecen a un principio de repetición (ignoran que la mente también se interesa en lo que no sabe que le interesa).

Hay, al menos, dos formas básicas de la información periodística, la insoslayable y la optativa. Los resultados del fútbol, la salud del Papa y los golpes de Estado pertenecen al primer género. El variado universo, al segundo. Si el texto es bueno, nos interesamos en algo a lo que éramos indiferentes: el hígado, los paraguas, Dios o el brócoli.

Dos formas de lectura se entrecruzan en las livianas páginas del periódico: la información y la narración. La primera es incontrovertible; en cambio, la segunda es discutible, pues admite diversas interpretaciones.

Una anécdota de Héctor Abad Faciolince ilustra esta disyuntiva. Según cuenta en su libro *Traiciones de la memoria*, conoció en Mendoza, Argentina, a un vendedor de frutas y verduras de gran éxito que, para sorpresa de sus clientes, se negaba a tener servicio a domicilio. Afecto a los apotegmas, el verdulero explicaba así su decisión: «No vivo de sus necesidades, sino de sus tentaciones».

¿A qué se refería? El caso era el siguiente: si alguien llegaba a su tienda con un deseo preciso –tomates, por ejemplo–, encontraba «algo más» (calabaza de temporada, una acorazada alcachofa, la cebolla cristalina). Al ir por una cosa, se le antojaba otra. La tentación surgía en la tienda. Si ese cliente hiciera pedidos a distancia, sólo compraría lo que ya necesitaba: tomates.

216

Hay «periodismo de necesidad» (el resultado de las elecciones, las víctimas de un tsunami, el responsable de un asesinato) y «periodismo de tentación» (los misterios de la realidad descubiertos por Josep Pla, Jorge Ibargüengoitia, Juan José Millás, María Moreno, Ramón Gómez de la Serna, Álvaro Cunqueiro, Roberto Arlt, Gabriel García Márquez, Leila Guerriero y tantos otros).

El periodismo de necesidad se lee rápido. El de tentación pide más tiempo, pues depende del modo en que está escrito. ¿Es posible practicar esto en la red? Por supuesto, con un entrenamiento ajeno a la red.

Navegar a la deriva en el océano virtual es posible, pero las opciones son tantas que no se tiene una visión de conjunto y se ignora lo que se descarta. Internet es más útil para satisfacer curiosidades que para generarlas. Los motores de búsqueda llevan al asunto solicitado y dejan «migas de pan» que son recogidas para condimentar el caldero de los algoritmos, que operan por similitud y reiteración. Al entrar nuevamente en la página, nos proponen un tema parecido al anterior o que satisface las necesidades trazadas por nuestro perfil.

«Las redes sociales dan un modelo sencillo del mundo, donde las oposiciones son más tajantes y los matices pierden importancia. En realidad, vivimos en la siguiente paradoja: cuanto más complicadas son las situaciones, más sencillas aparecen en las redes», escribe Beatriz Sarlo. La diversidad tiene que ver con los temas, pero también con los distintos tiempos de la lectura. La primera prueba al respecto es la puntuación. Al modo de los pasos de baile, cada autor la usa a su manera. Cuando visité la Agencia EFE en compañía de Juan José Millás, Alex Grijelmo, que entonces era el director, propuso un ejercicio interesante. Tomó un viejo artículo de Millás, le quitó la puntuación, pidió que volviera a puntuarlo y lo cotejó con el texto original. Con el paso del tiempo, el ritmo del texto había cambiado. Nadie baila toda la vida del mismo modo.

La escritura en red da poca importancia a la puntuación, es decir, a las pausas que modulan el ritmo de la lectura. El ejemplo más claro es la casi ausencia del signo más difícil de usar por su condición intermedia, el punto y coma.

Todo esto lleva a una pregunta sugerente: ¿cuánto dura un texto? Se suelen hacer encuestas sobre el libro ideal para llevar a una isla desierta. Sin embargo, lo singular no es escoger un libro para la isla, sino que toda pieza literaria es, a su manera, una isla desierta: crea su propio espacio y su propia duración; al margen de la marea circundante, impone leyes que sólo ahí tienen vigencia. Ningún texto relevante es demasiado largo o demasiado corto.

Aunque el naturalismo incurrió en una obsesión de inventario, nada resulta más ajeno a la literatura que el afán de agotarlo todo. Escribir significa elegir. En este sentido, la biblioteca se distingue del museo. Nadie entra a una biblioteca para revisar el catálogo entero. En cambio, el visitante del Louvre o el Hermitage siente la necesidad de aprovechar al máximo ese espacio; no puede contemplar todas las piezas, pero procura abarcar lo más posible. Como resultado, la sensación básica de ir a un museo es el agotamiento. Las bibliotecas piden lectores selectivos, no exhaustivos. La literatura nunca está completa. La «novela total» o la *Weltliteratur* son atractivas metáforas de una imposibilidad.

Un soneto de Shakespeare sobre los dobleces del amor no se lee a la misma velocidad que un poema de Huidobro, que aspiraba a versificar en paracaídas, del mismo modo en que una página de Onetti es siempre más «lenta» que una de Salinger.

Incluso dos versos consecutivos pueden tener distintas velocidades. Ramón López Velarde escribe un poema rimado en alejandrinos y abre con una estrofa de lectura rápida:

Yo tuve en tierra adentro una novia muy pobre.

El tono llano es similar al de un corrido. Pero el siguiente verso, sugerido por las catorce sílabas de la métrica, y por la rima, altera la velocidad del texto:

Ojos inusitados de sulfato de cobre.

El poeta nació en Jerez, Zacatecas, región minera donde los ríos sulfatados llevan agua azul-verde. La deslumbrante descripción de unos ojos garzos obliga a detener la atención.

Hay mayor *virtualidad* en un poema que en la mayoría de los textos digitales. Volvamos a un maestro de la velocidad. Cuando Huidobro propone «apagar un gallo como un incendio», suelta un verso de lumbre que pide ser releído; los cinco sentidos entran en juego y la metáfora se expande en sonoridades, colores y significados. El poeta que escribe como si fuera en caída libre lanza una ráfaga que detiene el tiempo. El gallo canta en forma molesta, que amenaza como el fuego; genera una amenaza temporal que exige ser apagada como un despertador. La interpretación es mucho más extensa que la lectura.

De acuerdo con Calvino, la mayor prueba de brevedad literaria es «El dinosaurio», cuento en siete palabras de Augusto Monterroso: «Cuando despertó, el dinosaurio todavía estaba allí». Al respecto, Calvino escribe en *Seis propuestas para el próximo milenio*: «Yo quisiera preparar una colección de cuentos de una sola frase, o de una sola línea, si fuera posible. Pero hasta ahora no encontré uno que supere al del guatemalteco Augusto Monterroso». El comentario aparece en el capítulo dedicado a la «Rapidez».

La duración literal del texto es brevísima, pero su duración literaria es dilatada.

En rigor, Monterroso ofrece exclusivamente el final sorpresa de una historia. Estamos ante un cuento «de última línea», donde el planteamiento y el nudo argumental han desaparecido. La tradición de cuento está tan asentada que el lector puede suponer lo que sucedió antes. El protagonista tuvo una pesadilla hasta que finalmente despertó, sintiéndose a salvo de la bestia que lo perseguía en sueños, pero sólo para descubrir que el dinosaurio «todavía estaba allí». En una ocasión cité el cuento en presencia de Monterroso y cometí el error de agregarle una letra: «*Y* cuando despertó, el dinosaurio todavía estaba allí».

«¡Lo hiciste sonar como una novela de Tolstói!», bromeó el maestro.

La comprensión literal de este cuento es instantánea; su comprensión literaria dura tanto como lo exija el lector.

Otro ejemplo de variación temporal deriva de lo que se pone entre paréntesis, suspensión gráfica de la lectura. En *Lolita*, la muerte de la madre de Humbert Humbert es descrita de este modo: «(pícnic, relámpago)». Dos palabras y una coma resumen un destino, lo cual obliga a disminuir la velocidad de la lectura para imaginar lo ocurrido. No es casual que Anthony Burgess haya visto ahí la coma más elocuente de la lengua inglesa.

Por su parte, Julio Cortázar inicia el cuento «Bestiario» con la siguiente frase: «Entre la última cucharada de arroz con leche –poca canela, una lástima– y los besos antes de subir a acostarse, llamó la campanilla del teléfono e Isabel se quedó remoloneando hasta que Inés vino de atender y dijo algo al oído de su madre». En el lapso entre la cena y el sueño ocurre una llamada telefónica y la madre recibe un mensaje misterioso. Sin embargo, lo que dura más es el fragmento entre guiones, puntuado por una coma, la última cucharada de arroz con leche: falta canela. Esa ausencia sensorial anticipa otra.

El uso de paréntesis fue uno de los recursos preferidos de Carlos Monsiváis. Al hablar del ídolo de la canción ranchera,

José Alfredo Jiménez, el cronista resumió su inmensa popularidad con una acotación: «José Alfredo (así, sin apellido)». La lectura del nombre completo sería más rápida; la aclaración entre paréntesis frena la lectura y ahonda su sentido: el cantante y compositor es tan famoso que ya sólo tiene nombre de pila; no hay otro como él.

En los monólogos interiores de Schnitzler, Joyce, Faulkner y Woolf el lector debe articular las ideas, sujetas a la oscuridad y la confusión de lo espontáneo. Sin embargo, también la claridad puede ser una forma del enigma. En los cuentos de Borges, Chéjov, Munro, Hemingway, Mansfield y Carver, el lenguaje se despliega de un modo diáfano; todo se entiende y, sin embargo, algo sucede más allá del texto, al modo del brillo crepuscular que domina el horizonte: el sol cuando ya no hay sol. Esa luz postrera no deriva de la anécdota, que ya fue leída, sino de su significado.

La duración virtual de la literatura sobrepasa su duración real. En cambio, los textos concebidos para la virtualidad de internet suelen ser literales. La cultura depende de lo que entendemos, pero también de lo que creemos entender. Las exégesis, las distorsiones, las falsas atribuciones, la lectura entre líneas, los *misreadings* y las sobreinterpretaciones forman parte de la tradición. El ejemplo clásico es Alonso Quijano; enfermo de literatura, malinterpreta el mundo como una novela de caballería. Los textos literarios permiten apropiaciones que escapan a la intención del autor: Marco Polo leído por Cristóbal Colón, Pericles leído por Kennedy, Pessoa leído por Saramago. Leer es traducir.

Cada época tiene, por así decirlo, un umbral de atención histórico. Cuando veo el cine de Visconti, Antonioni o Bergman con gente mucho más joven que yo, me sorprende que se desconcierten ante la «lentitud» de las secuencias, del mismo modo en que me sorprende que no dejen de mandar mensajes de texto mientras ven la película. Los nativos digi-

221

tales se han adecuado a un entorno que no requiere de plazos de asimilación: «El lapso de atención también es producto de las tecnologías que transmiten el mensaje», escribe Sarlo, y agrega: «Todos sabemos que, si una página tarda más de un instante en cargarse, comenzamos a teclear sobre el escritorio».

La utilidad del libro electrónico es evidente; permite almacenar enciclopedias, diccionarios y obras de consulta; es un alivio disponer de cuarenta novelas policiacas para las vacaciones sin necesidad de empacarlas en la maleta ni sentir culpa por no leer ninguna de ellas, y los *links* del *e-book* son de gran ayuda para entender las referencias cultas. Sin embargo, algo se pierde cuando no hay sentido del relieve. El gesto sensorial de hojear las páginas es distinto al de pulsar un comando. El ritmo de la lectura también deriva del soporte en que se lee. La forma en que sostenemos un libro impreso, lo dejamos por un momento en el brazo del sillón, cae al suelo, lo pisamos sin darnos cuenta, lo olvidamos en el baño o lo llevamos en forma inadvertida a la cocina difiere del trato que damos al Kindle.

Con todo, las dos variantes básicas de la lectura en red –los saltos y la velocidad– no son ajenas a la larga historia de la cultura de la letra. Uno de los mayores desafíos culturales de nuestro tiempo consiste en combinar modos de leer. Los dedos teclean con impaciencia en el escritorio mientras aguardan que una página electrónica se descargue, pero se detienen ante dos versos de Gerardo Diego:

> Son sensibles al tacto las estrellas
> No sé escribir a máquina sin ellas.

El universo y la escritura confluyen en unas cuantas palabras. La rima permite leerlas con fluidez, pero el sentido se expande más allá de la página. Ciertas ideas sólo surgen cuando se escribe en el teclado. ¿Cómo explicarlo? El poeta sugiere que cierta inteligencia proviene del uso de los dedos y que esto no deriva del uso racional de la mente, sino de un dictado cósmico.

Leer a saltos

En *La intimidad pública*, Beatriz Sarlo recuerda que a principios del siglo XX los lectores serios «detestaban las novelitas románticas que, de todas maneras, preparaban a un nuevo público. Lo mismo sucedió con el periodismo: entrenaba lectores». ¿A qué tipo de lectura entrena internet?

La ensayista argentina advierte que los textos digitales fomentan un «populismo tecnológico». Disponemos de una infinita variedad de discursos, pero la red no brinda nuevas herramientas de comprensión; más que una nueva pedagogía se trata de una nueva costumbre, «un sistema de distribución que demuestra las bases flojas del populismo, porque en la red no se aprende todo lo necesario para usar el sistema. Por ejemplo: se aprende sólo un modo de leer, el de la lectura rápida y salteada». El cibernauta es disperso y tiene prisa.

Abordemos el tema de la lectura fragmentada. Una larga tradición literaria nos ha preparado para disfrutar de textos discontinuos cuyo tema es el cambio de tema. Sarlo comenta, con razón, que internet no faculta para hacer un uso profundo de esas posibilidades. Sin embargo, quien ya dispone de adiestramiento puede sacar mayor provecho del nuevo medio. El cine no acabó con el teatro ni la fotografía con la pintura; y no sólo eso: los nuevos géneros se apropiaron de gramáticas previas para conjugarlas de otro modo. En forma similar, la lectura digital se potencia con la lectura literaria.

En «El libro en pedazos», capítulo decisivo de *La palabra muda*, Jacques Rancière recuerda la aventura literaria de Jean-Paul, no muy distinta a la de Cervantes, Sterne o Diderot. La novela moderna surge para saltar de una historia a otra y se sirve provechosamente de la interrupción. Diderot advierte a sus lectores que, si se cansan de la sucesión de los asuntos, al menos deben agradecer «todo cuanto dejo de decir».

El aprendizaje literario prepara para discursos diferentes. La marea de las redes sociales exige leer en zigzag, posponiendo temas que pueden o no ser retomados. En ese abrumador universo es más lo que se debe evitar que lo que se debe leer, tarea que practica con eficacia quien sabe que un libro puede llegar «en pedazos». Toda lectura es, en esencia, la conquista de un fragmento. A veces el trozo leído carece de contexto, pero eso no detiene al lector impenitente. Para Cervantes, la lectura es una pasión continua, que se nutre de lo bueno y lo malo, y aprovecha, incluso, lo que sobra de un discurso, «los papeles rotos de las calles». La unidad existencial del lector no depende del azaroso acontecer, sino de los textos que registra. Gabriel Zaid comenta al respecto en su libro *Leer*: «Desde que empecé a leer, la vida (lo que la gente dice que es vida) empezó a parecerme una serie de interrupciones». Lo fragmentario, a fin de cuentas, es la vida.

Leer es un continuo que se beneficia de estímulos discontinuos. Un texto «en pedazos» o un periódico agitado por el viento pertenecen a una lógica que los trasciende. Rancière escribe al respecto: «Un fragmento no es una ruina. Es más bien un germen. "Toda ceniza es un polen", dice también Novalis [...]. Desde el punto de vista filosófico, es la figura finita de un proceso infinito». La realidad nunca está completa; la mente concibe un orden para entenderla. La teoría de la *Gestalt* (figura) estudia la necesidad psicológica de unir los puntos sueltos de la percepción en un dibujo que le brinde significado. Las frases sueltas nunca están del todo aisladas porque permiten intuir el marco referencial que las justifica. Por obra de la mirada, los vidrios rotos de un caleidoscopio se convierten en una flor de colores.

En *Jacques el fatalista*, el personaje principal señala que todo lo importante ya fue escrito «allá arriba», en el Gran Cilindro. Por lo tanto, durante su paso por la Tierra, la gente puede dedicarse sin remordimientos a la divagación. El placer por las digresiones tiene como prerrequisito un orden que lo articula. Jacques informa que, puesto que no hay modo de oponerse al libro del destino, sólo nos queda la diversión, en el doble sentido de la palabra. La atención dispersa es el remedio de los espíritus que se aburren con facilidad y necesitan que algo los reanime. Jacques dice a su amo con desazón: «La paciencia con que me escucháis prueba el poco interés que os inspiran mis personajes». Todo lector de fragmentos se parece a Jacques: sabe que las piezas sueltas se integrarán en un discurso superior. En «El libro en pedazos», Rancière ahonda en este tema:

En 1809, Jean-Paul publica su *Vida de Fibel*, obra cuyo título muestra ya una fórmula humorística. «Fibel» era entonces, en efecto, el nombre común de los abecedarios alemanes. Según se dice, el nombre deriva de *Bibel*, la Biblia. Jean-Paul transforma entonces este nombre común en nombre propio al inventar un Fibel, autor de un libro homónimo. La ficción del libro depende entonces enteramente de la empresa del narrador que quiere reconstruir la vida y la obra del tal Fibel. La tarea, nos dice, es ardua porque las fuentes son inhallables. Cansado de consultar en vano bibliotecas y sabios, se vuelve hacia los mercados y los libreros. Así encuentra en las estanterías de un librero, judío converso, los restos de una obra monumental, los cuarenta tomos de la vida y la obra de Fibel, de los que no quedan más que las tapas. Salvo algunas hojas, en efecto, el

225

contenido fue dispersado al viento por los soldados franceses. Felizmente, sin embargo, los habitantes del pueblo recogieron los cuadernillos esparcidos al capricho del viento e hicieron con ellos cucuruchos de café, barriletes, moldes de corsés, encendedores de pipa, fundas de sillas o papeles para envolver arenques. El narrador hace aparecer entonces a los granujas del pueblo para recuperar, una por una, las hojas arrancadas del libro, recicladas para esos usos pintorescos.

Desde su origen, la novela –género sin forma definida, que polemiza con su estructura y la pone en tela de juicio–, se sirvió de la interrupción y el gozoso ensamblaje de otros asuntos. Cuando el Caballero de la Triste Figura detiene la disputa con el Vizcaíno, una espada queda en el aire en lo que se encuentran los papeles perdidos que completarán la acción, lo cual tomará tiempo, pues una vez hallados deberán ser traducidos del árabe, lengua «original» de la obra. Entretanto, se introduce otra historia para no suspender el libro. En sentido estricto, la unidad de la novela no depende de la trama sino de la lectura. En la segunda parte del *Quijote*, los propios protagonistas participan de este ejercicio al comentar cómo fueron narrados en la primera parte.

Vida de Fibel es deudora de este procedimiento y anticipa la forma en que leemos en la era digital. Como el *Quijote* y los discursos por los que surfeamos en la red, el libro de Jean-Paul es un «manuscrito hallado». La vasta obra escrita por Fibel voló por todas partes. Los fragmentos recuperados provienen de un texto que en su día integró cuarenta tomos. Lo que se halló por azar en algún cajón o pegado con engrudo a una pieza de artesanía conforma un libro roto, siempre parcial. A diferencia de los mensajes de internet, este «libro en pedazos» tiene una unidad de origen. Para recuperarla, Jean-Paul apela a la psicología de un lector que ha frecuentado libros completos y entiende que las partes prefiguran un todo. La estructura ausente adquiere forma en la mente del lector.

Algo similar ocurre cuando el lector literario se adentra en el océano digital. La red, como afirma Sarlo, no enseña a jerarquizar el caudal de informaciones. Eso depende de otras prácticas, como la literatura, que ayuda a discriminar y articular fragmentos. El sostenido cambio de tema al que Laurence Sterne recurre en *Tristram Shandy* y Diderot en *Jacques el fatalista* es un disfrutable recurso irónico para quien sabe que los rodeos son una expresión paradójica de la unidad.

Contar a saltos es una experiencia común a cualquier narrador. Pensemos en las charlas de sobremesa en las que el relator advierte que olvidó mencionar algo, retoma el tema y aclara: «No sé si ya comenté...» o «para entonces...». Diderot otorga rango clásico a esta frecuente distracción: «Si no os dije antes que Jacques y su amo habían pasado la noche en Conches, y que se alojaron en casa del teniente general de la ciudad, fue porque no se me ocurrió hasta este momento».

Leer entre interrupciones es tan habitual como contar de esa manera. Antes de la revolución digital, los tipógrafos (ignoro si exclusivamente los mexicanos) usaban una expresión digna del budismo Zen para referirse al espacio que el autor deja entre dos pasajes de un texto: «blanco activo». Esa laguna no representaba una zona inerte; tenía especial sentido.

Pedro Páramo es, entre otras muchas cosas, una obra maestra del «blanco activo». Las voces sueltas que integran la novela coral de Juan Rulfo están separadas por pausas, silencios e interrupciones, es decir, por espacios vacíos. También el tiempo fluye en desorden; lo que ocurrió antes se cuenta de nuevo y en ocasiones el pasado reciente antecede al pasado remoto. El lector debe vincular sucesos sin ilación clara, unidos por zonas en blanco.

Expertos en combinar letras, los tipógrafos dieron con la expresión perfecta para un hueco significante, donde la ausencia de palabras sirve para conectarlas. La red exige esta destreza, pero el entrenamiento para lograrlo no está ahí, sino en la literatura.

Tanto Eco como Borges destacaron las tendencias anarquistas de los tipógrafos. Cambiar letras predispone a cambiar el mundo. No es casual que Rancière se detenga en un aspecto político de *Vida de Fibel*. El libro que se recupera gracias a las artesanías a las que se ha integrado hace que la gente piense de otro modo: «Las bromas sobre el libro de hojas arrancadas no simbolizan solamente los vanos esfuerzos del humor novelesco por volver a poetizar el mundo de la prosa. [Gracias a ellas,] aparece una figura social inquietante, la del aprendiz del pensamiento».

No se necesita ir a una biblioteca ni cursar estudios universitarios para entrar en contacto con la literatura; basta un papel impulsado por el viento o pegado a una jarra de cerámica para leer una sorpresa. Hay un elemento democratizador en los discursos desperdigados, ajenos a la clasificación y al canon.

Los tipógrafos pertenecen a una artesanía de la cultura; su destreza práctica para manipular el lenguaje los convirtió, no sólo en «aprendices del pensamiento», sino en intérpretes y custodios de la combinación de las letras y los espacios carentes de ellas. Como señala Gerardo Diego en los versos citados anteriormente, ciertas ideas inspiradas provienen del trabajo manual. A partir del siglo XV, los tipógrafos contribuyeron a adiestrar en forma masiva a los lectores. La imprenta de tipos móviles y los «volantes» –hojas sueltas que llegaban a todas partes– permitieron que el pueblo se acercara a la lectura y simpatizara con causas políticas. El repentino contacto de una persona inculta con el arte dio lugar a obras como *Ruy Blas*, de Victor Hugo, y *El cura de aldea*, de Balzac.

También internet invita a leer al margen del canon. Sin embargo, según advierte Sarlo, los discursos digitales tienen que ver más con lo populista que con lo popular, pues ofrecen materiales sin proponer nuevas dinámicas de lectura y aprovechan los usos fragmentarios en beneficio de la publicidad. La necesidad de esquivar mensajes no deseados enfatiza la condición, de por sí errabunda, de la lectura en red. Esto no sucede en aras de una búsqueda de sentido, sino de la eliminación de obstáculos. Leer a saltos sin clasificar, jerarquizar y relacionar las partes equivale a transformar una vanguardia, la «figura finita de un proceso infinito», en un nuevo primitivismo.

No se puede escatimar la aportación de internet para hallar de inmediato textos inasequibles por otros medios. Advertir las limitaciones de la lectura en red no implica repudiarla. Lo cierto es que la plataforma aún aguarda su propia tecnología lectora, territorio fértil para el «aprendiz del pensamiento».

«Quien sólo conoce a sus hijos, ni siquiera conoce a sus hijos», escribió Lichtenberg. Quien sólo lee lo que llega a su teléfono ni siquiera entiende eso. Canetti afirmaba que el conocimiento avanza como el caballo de ajedrez, sin verticalidad evidente, con pasos laterales. Para aprovecharlo, hay que conocer el tablero y la dinámica de un juego donde un desvío puede ser una forma del avance. Del mismo modo en que el Gran Cilindro permite que las digresiones de Jacques se integren a una lógica superior, el tablero amplio de la cultura permite entender mejor las piezas digitales.

Se diría que en la red el espacio ha derrotado al tiempo. No en balde se habla de *sitios web*, regiones donde todo ocurre en presente. El origen de los textos puede ser muy diverso, pero su comparecencia es instantánea. El novelista ciberpunk William Gibson señala que el tiempo de la red es un «presente eterno»; los estímulos provenientes de distintas épocas se sincronizan con la hora actual. Sin embargo, lo encontrado gana relieve si se vincula con prácticas lectoras surgidas de otros tiempos. Este ejercicio relacional profundiza la interpretación: «En esto ver aquello», pedía Octavio Paz al practicante del ensayo.

Entender los escritos de la red *en el tiempo* implica entender su procedencia, pero sobre todo su *duración*. Como señalé antes, el ritmo de lectura no tiene que ver con la extensión o con la dificultad. «La claridad es la cortesía del filósofo», afirmó Ortega y Gasset, lo cual no invalida a filósofos profundos pero descorteses como Kant. Ciertamente, hay discursos difíciles de desentrañar; sin embargo, en un sentido profundo, la duración de la lectura depende menos de la complejidad de un texto que de sus *posibilidades*, es decir, de las ideas que pone en juego. La duración literaria es una categoría potencial. Un aforismo puede lograr una condensación de sentido, y en esa medida «durar más» que un pasaje novelesco.

La partitura no sólo depende de las notas, sino de la intención con que fue concebida: el *tempo*.

La comunicación en zigzag

Beppe Grillo, cómico, actor, político antisistema que en 2009 fundó el movimiento Cinco Estrellas, puso en práctica una comunicación paradójica. Mientras menos entrevistas televisivas ofrecía, más se hablaba de él en las redes y su blog se convertía en el más visitado de la lengua italiana. Umberto Eco observó que ese éxito se debía a que «la comunicación no se desplaza de manera directa, sino como las bolas del billar»: las ideas deben «rebotar» en otro sitio para ganar fuerza.

En la lógica de las redes sociales, lo viral depende menos de lo que se tuitea que de lo que se retuitea. El eco es más importante que la voz; la autoridad de un mensaje deriva de quienes reaccionan. Ya Oliverio Toscani y la compañía Benetton habían mostrado la fuerza de la comunicación indirecta con imágenes que no aludían a un producto pero generaban polémica. De manera parecida, Grillo utilizó la opinión como un juego de pinball, una ruta en zigzag que iba de YouTube a Twitter y a Facebook.

Esta renovadora variante de la discusión tiene límites. El chat genera asambleas en red que sugieren una Atenas virtual, pero sólo opera en grupos limitados. Por otra parte, la conectividad no es absoluta y la sobreabundancia de mensajes dispersa la audiencia. Son muchos los que quedan fuera del debate (por ello, Eco habló de la «aristocracia de los blogueros», líderes de una opinión minoritaria).

¿En qué medida la presión digital incide en la política? Como comenté al principio de este libro, la lección que Pedro Kumamoto aprendió en su insólita campaña independiente en Jalisco fue que las redes alertan a la población, pero la realidad se transforma entrando a las cocinas de las casas.

La fase definitiva puede estar junto a la olla donde se fraguan los sabores, pero la comunicación requiere de un paradójico recurso. En ocasiones, gana fuerza por lo que esconde. Ciertos prestigios dependen del ocultamiento. Tanto el Mago de Oz como Batman o el subcomandante Marcos se debilitarían al mostrar su rostro. Los mitos, los fantasmas, los enmascarados, los vengadores anónimos o los guerrilleros con pasamontañas decepcionan si pierden su peculiar identidad, siempre posible, nunca definida.

Cuando Kenzaburo Oé escuchó por radio el discurso de rendición de Hirohito, se sorprendió de que el emperador, que hasta entonces tenía un prestigio sobrenatural, hablara con voz humana.

La apariencia puede desgastar y estigmatizar. Aunque Nixon estaba bien preparado para debatir con Kennedy, las cámaras le descubrieron dos defectos desagradablemente reales: se había afeitado mal y sudaba en exceso. Su apariencia perdió el debate.

Los mensajes en red sortean el problema del aspecto. Los emisores están deslocalizados y pueden permanecer en el anonimato. El *trending topic* es una invisible multitud. ¿Es un indicador confiable? Las razones para sumarse a una tendencia dependen de impulsos no siempre discernibles. En el siglo XVIII, Lichtenberg propuso que los votos no fueran contados sino pesados, pues no todos sufragan con el mismo conocimiento de causa. En parecida sintonía, Borges juzgó que la democracia es un «abuso de la estadística». Los conteos difícilmente reflejan las complejidades de la realidad. Eco solía poner un ejemplo al respecto: si en una isla desierta hay dos hombres y dos pollos y el más voraz se come los dos animales, *estadísticamente* eso significa que en la isla cada persona come un pollo.

Quienes hacen sondeos de opinión tienen datos básicos de las personas entrevistadas. En cambio, el *trending topic* oculta a los informantes, lo cual le otorga un curioso poder, pues se ignora el compromiso real de quienes se suman a esa oleada.

La propagación exponencial de un asunto hace que se lea de otra manera. Las personas atentas a la catarata de mensajes reaccionan a lo último que se sabe del tema. Los antecedentes se borran y la discusión se desvía. El *trending topic* se refuerza en la medida en que abandona su motivación original y la desplaza hacia una emoción o una postura que afecta más a los participantes.

Un ejemplo reciente fue el estreno de la película *Bardo*. Después de varios años de triunfar en Hollywood, Alejandro González Iñárritu volvió a rodar en México. Lo hizo en condiciones muy adversas, pues trabajó durante la pandemia; no acudió a los actores célebres con los que ya había trabajado ni reiteró lo que había logrado con anterioridad. Filmó en español una historia del México contemporáneo. Esto causó gran expectativa y un beneplácito inicial.

En forma deliberada, Iñárritu se puso en tela de juicio en la figura de su protagonista, Silverio, cineasta que ha tenido éxito en el extranjero y regresa a su país para enfrentar un desencuentro: desea narrar agravios sociales, pero se topa con el repudio de personas cercanas que ya lo consideran un apóstata, alguien que voluntariamente se escindió de los suyos. El tema de la película pronosticó la forma en que sería recibida.

Cuando Guillermo Cabrera Infante se refirió a la crítica de cine como «un oficio del siglo XX», puso énfasis en la novedad de ese trabajo, impensable en el siglo XIX. Con los años, esa eficaz fórmula tendría otra manera de ser cierta, pues no llegó al siglo XXI. Hoy en día, la «crítica» se fragua en las redes. *Bardo* no contó con los análisis que sin duda merecía; fue velozmente cuestionada como la obra autocomplaciente de un cineasta de exportación que no tiene derecho a opinar de su país. Este enfoque distorsionaba la interpretación; aun así, en un principio los comentarios aludieron a los diálogos, las locaciones y los temas de la película. Poco después, se desplazaron a la personalidad del director. Al final, la discusión no giraba en torno a la longitud de las secuencias, la trama, las actuaciones o la fotografía, sino al presunto sinsentido de que un privilegiado abordara problemas sociales. En pocas palabras: la *tendencia* era la misma, pero el *tópico* había cambiado.

El *trending topic* es un tribunal en el que la sentencia no depende de la acusación que congregó al jurado, sino de lo que se descubre en el proceso. Como señalé al principio de este libro, en *Masa y poder* Elias Canetti estudió la forma en que las opiniones individuales se diluyen al entrar en contacto con la colectividad. El oleaje digital acelera esta dinámica.

233

La única compensación es que el *trending topic* del momento es sustituido por el del próximo momento. Esto limita su incidencia en el mundo de los hechos.

La demoscopia digital es un territorio aún por definirse. Los estudios sobre la «intención de voto» registran una promesa que se debe cumplir en las urnas. Aunque hay variaciones entre lo que se dice y lo que se hace, lo que se toma en cuenta es una ilusión que deberá durar al menos unos días o unas semanas. En cambio, el *trending topic* capta el instante fugaz en que las reacciones se producen. La opinión no garantiza una consecuencia. Se trata de una reacción instantánea, sin antecedentes ni efectos explorables. ¿Qué representa esa llamarada? ¿Un exabrupto o la primera chispa de un calculado incendio? Las tendencias en la red derivan de causas que se sumen en la incertidumbre y cambian a medida que crecen, lo cual les brinda un aura espectral. Son el potente reflejo de un fuego invisible.

Resulta imposible saber si la masa crítica que se moviliza en las plataformas digitales significa algo más que un indignado eco de la realidad. Lo cierto es que no se puede desestimar ese clamor, pues se trata de una energía *potencial*, que acaso encarne en algo palpable. Lo virtual cautiva porque rebasa la noción de simulacro: no estamos ante una mera simulación, sino ante un gesto que puede carecer de consecuencias o anunciar algo que existirá de otra manera.

La comunicación deslocalizada tiene destinatarios que en principio no están ahí. Como los futbolistas que juegan «al hueco», los mensajes se dirigen a un vacío que alguien puede ocupar. En La Masia, escuela de fútbol del F. C. Barcelona, se enseña a jugar al «tercer pase». Para urdir un avance, hay que saber hacia dónde se moverá un compañero y cuál será el destino que él dará a la pelota. Una alegoría de las nuevas formas de comunicación.

La Universidad de Stanford ha sido decisiva para el desarrollo de la tecnología digital en Silicon Valley. El prestigio de los profesores y los recursos que obtienen provienen de las patentes que pueden registrar. No olvidaré el momento en que, al salir de una clase de Alex Stamos, un alumno con el que yo conversaba se detuvo a mitad de una explanada y señaló a un profesor con el sentido de la reverencia que en otro tiempo alguien habría usado para señalar a Albert Einstein en el campus de Princeton: «¡Es el inventor del retuit!», exclamó.

Ese profesor había cambiado la lógica de la comunicación. Acaso sin proponérselo, con el exclusivo interés de lograr «algo más» en la programación, creó un campo semántico donde el eco es más importante que la voz.

Fue lo que Beppe Grillo entendió en las plataformas digitales, logrando que otros portaran su mensaje. Estamos ante una nueva novela epistolar donde el protagonista no es quien escribe la carta ni quien la recibe sino el cartero.

La sabiduría de ignorar

La muerte impidió que Italo Svevo concluyera un relato en el que describe las tribulaciones de un hombre viejo. Antes de acostarse, el protagonista se pregunta qué ocurriría si el diablo se presentara en su alcoba para proponerle el consabido pacto a cambio de su alma.

Al final de sus días, Svevo meditaba en la última posibilidad de solicitar algo. El cansado protagonista de su relato está dispuesto a entregar su espíritu, pero sucumbe a una duda: ¡no sabe qué pedir! No desea volver a la juventud, terreno de la insensatez y los impulsos sin rumbo; tampoco anhela la eternidad, que reitera la vida con monotonía; por otra parte, sabe que la muerte no soluciona nada y teme su llegada. El hombre sonríe ante el irónico vacío en el que ha desembocado su destino. En ese momento su mujer despierta y le dice: «Dichoso de ti que todavía tienes ganas de reír a esta hora». La frase sella el drama de modo maestro: el hombre sin alternativas se ha vuelto incomprensible, aun para sí mismo. Su sonrisa no es una señal de alegría ni de sabia resignación; es el gesto de quien encara la gran broma del mundo, el punto sin retorno donde la esperanza es ya imposible. A propósito de este relato escribe Claudio Magris: «El dolor más intenso no es la infelicidad, sino la incapacidad de tender a la felicidad». Svevo registra el crepúsculo del deseo.

El correr de los años enfrenta a los lectores a una situación semejante. Las Grandes Obras se asimilan al recuerdo; surgen el gusto por la relectura y la peculiar dicha de la capitulación. ¡Qué tranquilidad no tener que leerlo todo! La dificultad de viajar, de correr, de beber o de leer como antes, se tolera descubriendo cierto gozo en la renuncia. El cine deja de ser una compulsión y se convierte en un estacionamiento lleno, extenuantes escaleras, vecinos de asiento que no dejan de hablar. Algunos cinéfilos domestican sus pasiones y admiten que Netflix sustituya a la Cineteca del mismo modo en que las pantuflas sustituyen a los zapatos.

El lector impenitente, cuya premiosa afición pasa con los años del ojo desnudo a los lentes y luego a las lupas, suele perder la capacidad de asombro. Si Mefistófeles se acercara a su escritorio, difícilmente encontraría un alma dispuesta a sellar una transacción en nombre de los libros. ¿Qué alternativas lectoras brindaría ese tardío pacto fáustico? ¿Regresar a la juventud, etapa ingenua en la que se admiraron tantos bodrios? ¿Disponer de un tiempo extra para que todas las páginas se ordenen en una inacabable enciclopedia? La primera alternativa ruboriza a quien conoce el mal gusto que tuvo en el pasado (en un poema sobre sus subrayados, Luis Miguel Aguilar descubre que, si juzgara a los clásicos por las frases que admiró en su juventud, consideraría que son pésimos autores: ¡qué superficial parece Esquilo cuando entresacamos de sus páginas las frases que nos cautivaron en la adolescencia!). Y la segunda alternativa –el afán de abarcar catálogos enteros– convierte la lectura en un acto oficioso, libre de accidentes. Si nos sobrara el tiempo en una biblioteca, nada sería un hallazgo esencial, pues tarde o temprano leeríamos todos los libros.

Quien ha cambiado suficientes focos en su lámpara de lector sabe que no tiene caso volver a la emoción primera, que se beneficiaba de la ingenuidad y la ignorancia, que tanto contribuyen a la sorpresa. Pero tampoco tiene caso seguir leyendo por rutina.

Lo que jamás conoceremos da fuerza a lo que sí llega a nosotros. Por eso, en toda repisa que se respete debe haber libros que jamás serán leídos y que sólo están ahí para reforzar la importancia de sus compañeros.

Julio Ramón Ribeyro abre sus *Prosas apátridas* con esta cédula de identidad: «¡Cuántos libros, Dios mío, y qué poco tiempo y a veces qué pocas ganas de leerlos! Mi propia biblioteca, donde antes cada libro que ingresaba era previamente leído y digerido, se va plagando de libros parásitos, que llegan allí muchas veces no se sabe cómo y que por un fenómeno de imantación y de aglutinación contribuyen a cimentar la montaña de lo ilegible y, entre estos libros, perdidos, los que yo he escrito"». Como el personaje de Svevo, el lector veterano sospecha que es inútil pedir un retroceso o una ampliación del tiempo destinado a la lectura. De modo perturbador, también sabe que es inútil solicitar más ganas de leer.

Es común que los escritores escriban reseñas literarias entre los veinticuatro y los treinta años, cuando hacen sus primeras armas como colaboradores de revistas o suplementos y saben que es más fácil publicar un texto útil que un poema o un cuento. Entran al palacio por la puerta de servicio. En cuanto soplan vientos más favorables, se dedican a los géneros que en verdad querían ejercer. Resulta difícil encontrar decanos que lleven su fiebre lectora al lecho de muerte. Pero siempre hay casos de asombro. Basten dos ejemplos, sacados de las necrológicas de la prensa británica. Tanto Anthony Burgess como Graham Greene murieron con el compromiso de entregar reseñas de novedades editoriales. Hasta el final, ejercieron la crítica como el contagio de un placer. Es posible que ninguno de los dos hubiera aceptado vender su alma a Mefistófeles, ni aun a cambio de terminar la nota antes de la fecha de cierre, pero seguramente habrían aprovechado la visita del Maligno para recomendarle un libro.

La pérdida de la curiosidad, como señala Svevo en su parábola, representa una muerte en vida. «La carne es triste, ¡ay!, y yo he leído todos los libros», se lamenta Mallarmé. La lectura puede ser vista como un desperdicio de la acción, una energía pasiva que, para colmo, mengua con los años.

Suspendamos la melancólica revisión de lo que le pasa al lector sin apetito y pensemos en el tiempo alterno que concede la lectura, pues se trata de otra forma de la vida.

En junio de 2021, la librería Gandhi cumplió medio siglo de ser la más exitosa en México, país con pocos lectores. El fundador de esa aventura, Mauricio Achar, simplemente pensó en un sitio para «pasarla bien» con amigos que compartieran lecturas y café.

En 1971, yo tenía catorce años y estaba a punto de descubrir que la vida mejora por escrito. Mi vocación coincidió con la apertura de un local donde los libreros recomendaban autores con infalible puntería. Mientras tanto, el dueño supervisaba los estantes como un rubicundo personaje de *Las mil y una noches* y tocaba los volúmenes con la mano experta de quien se dispone a vender alfombras voladoras.

En la escalera rumbo al piso superior, una inmensa fotografía recordaba al líder indio que asumió la política como una forma de la ética. Arriba se disputaban interminables partidas de ajedrez y se inventaban maneras de cambiar el mundo. Ahí, los adolescentes de entonces descubrimos los efectos combinados de la cafeína y el insomnio, que tanto ayudan a leer y a confundir la ansiedad con la lucidez.

Achar irrumpía en las conversaciones para mostrar su baúl de ingenios. Acariciaba su barba de rey mago, sugiriendo que la elocuencia depende del tacto, y repetía por enésima vez una broma que lo hacía reír como si se le acabara de ocurrir.

Cuando los libros de mi generación aún estaban en blanco, Achar abrió un oasis que prometía albergarlos. Uno de los parroquianos más asiduos era Óscar de la Borbolla, que escribía ahí sus artículos para *Excélsior* y los textos lúdicos de *Las vocales malditas*. Como conferencista, De la Borbolla aborda temas literarios y filosóficos con la sugerente amenidad de quien departe en una tertulia. No es exagerado decir que sus virtudes pedagógicas se forjaron en las mesas de la Gandhi, tan proclives al método socrático. Con motivo del medio siglo de la librería, De la Borbolla recordó un chiste de Achar que entraña una lección moral. «¿Sabes qué es el amor?», le preguntó el librero. Para no perderse la respuesta, De la Borbolla confesó su ignorancia en esas lides. Achar continuó: «Imagina a una pareja que queda de verse en una estación del metro a cierta hora. Ella está arreglándose en el baño de la empresa en la que trabaja. Él mira el reloj en su oficina: aún hay tiempo, pero de pronto el jefe le pide que firme un montón de papeles. Ella llega a la estación y camina en el andén de un lado a otro hasta que, decepcionada, decide irse. Él llega a la estación y baja las escaleras en el momento en que el metro arranca. Ella lo ve por la ventanilla. Él le hace señas de que lo espere en la próxima estación. Ella entiende». Después de una pausa dramática, De la Borbolla escuchó el aleccionador remate de la historia: «¡El amor es la distancia que hay entre esas dos estaciones!».

Lo significativo siempre está por suceder. Por ello, e. e. cummings entendió que las citas amorosas se cumplen en el porvenir: «El futuro es nuestra dirección permanente», escribió; por su parte, Vinícius de Moraes refutó las complicaciones temporales a las que lleva el sentimiento con una paradoja: «El amor es eterno mientras dura».

La felicidad es un trayecto; mientras ocurre, lo decisivo es que siga ocurriendo. Esto se aplica tanto a los trabajos del corazón como a la lectura. A diferencia de lo que le sucede al personaje de Svevo, quien todavía es dichoso rehén de la curiosidad, sabe que la página más apasionante es la siguiente.

En su novela *Los apóstatas*, Gonzalo Celorio aborda con valentía la historia de dos de sus hermanos, que sufrieron abusos en congregaciones de la Iglesia católica. Al referirse a Miguel, el mayor de ellos, el novelista ofrece una parábola sobre el sentido de las bibliotecas. Arquitecto de profesión, el primogénito disponía de una buena colección de libros de historia del arte. En la tumultuosa casa paterna fue el primer hijo que dispuso de una habitación propia, equipada con estanterías donde los volúmenes se ordenaban por épocas y corrientes de pensamiento. Años después, Gonzalo visitó la biblioteca definitiva de Miguel y experimentó algo extraño: «Caí en la cuenta de que en toda la estantería no había un solo espacio libre para dar cabida a un nuevo título. Como si el *horror vacui* con que suele definirse el móvil del arte barroco hubiera regido el acomodo de los libros. No era la suya, pues, una biblioteca viva, abierta a la recepción de nuevos volúmenes; era un repositorio cerrado. Y por ello, de alguna manera, muerto». El espacio, de tan *completo*, anunciaba un final.

Lo mejor de leer es seguir leyendo. Entender significa aproximarse a lo que aún no se conoce. Como en la metáfora de Mauricio Achar, el amor y los libros ocurren entre dos estaciones. La duración del trayecto es cosa nuestra.

Las metas decisivas existen para no ser alcanzadas. Cuando conquistan un campeonato, los entrenadores deportivos enfrentan el desafío de seguir estimulando a quienes ya llegaron a la cima. Lo mismo sucede en cualquier actividad con un propósito definido.

La cultura es tan vasta que siempre permite anhelar algo más. Además, la erudición sirve para perfeccionar la ignorancia. Umberto Eco vivió para poner en práctica este principio. En 2016, su muerte desató un aluvión de merecidos elogios acerca de sus casi ofensivos conocimientos. Capaz de hablar con autoridad del origen del espagueti a la boloñesa, el libro de chistes sobre el futbolista Francesco Totti, santo Tomás de Aquino, Mafalda y el mito de Superman, Eco entendió que el copioso universo está hecho de signos descifrables.

Su capacidad para combinar lo culto y lo popular permitió que *El nombre de la rosa* –escrita parcialmente en latín– se convirtiera en *best seller* instantáneo. Sus múltiples saberes lo llevaron a escribir libros enciclopédicos sobre la belleza y la fealdad, pero siempre escapó al tedio que provoca quien busca agotar un tema. Lejos del experto en nimiedades que se complace en descubrir la errata en una nota de pie de página o del erudito que acumula datos hasta sufrir una congestión mental, Eco entendió la cultura como un gozoso entretenimiento. El sentido del humor lo puso a salvo de tomarse demasiado en serio y lo llevó a confesar sus predicamentos para lidiar con el servibar de su cuarto de hotel o con el salmón escandinavo que debía llevar a Italia.

Amante de los volúmenes que coleccionaba con selectivo capricho y arrebatos fetichistas, centró su vida en la lectura. Cuando se vio necesitado de una definición para el objeto que determinaba su existencia, lo comparó con otros sencillos e imprescindibles utensilios: «El libro es como la cuchara, el martillo, la rueda, las tijeras. Una vez inventado, no se puede hacer nada mejor». ¿Hay modo de perfeccionar el tenedor o el alfiler?

Con saludable ironía, este lector de dieta omnívora apreciaba textos que no había leído. En *Nadie acabará con los libros*, que reúne sus conversaciones con otro eminente bibliófilo, Jean-Claude Carrière, guionista de Luis Buñuel, comenta: «Estamos profundamente influidos por los libros que no hemos leído». La sabiduría no consiste en absorber todos los tomos de una biblioteca, sino en ser consciente de lo que se desconoce o se sabe a medias.

¿Cómo medir lo que ignoramos? En ocasiones, esto se logra con el arte de la lectura parcial o en diagonal: «¿Quién ha leído de verdad la Biblia, desde el Génesis hasta el Apocalipsis?», pregunta Eco, y responde: «Si sumo todos los fragmentos que he leído en circunstancias distintas, puedo alardear de haber leído casi un tercio. Pero no más. Y, de todas formas, tengo una idea muy precisa de lo que no he leído». Esto lleva a otra pregunta esencial: «¿Cómo es posible que conozcamos libros que no hemos leído?». Si en verdad se trata de obras de importancia, su mensaje llegará a nosotros por otros medios. Varios siglos antes de la invención del retuit, la cultura se beneficiaba de los ecos de un libro en otros libros.

Ser culto implica arreglárselas de diversos modos para cerrar lagunas de conocimiento. Cuando estaba interno en Turín, Eco iba con frecuencia al teatro, pero tenía que salir antes de que terminara la función para llegar a tiempo a su dormitorio. Años después trabó amistad con el semiólogo Paolo Fabbri, que en su juventud trabajó en un teatro donde despachaba los boletos. Como debía cerrar la caja, Fabbri veía la obra ya comenzada. A Eco le faltaban los finales del teatro clásico y a Fabbri los principios. Conversando, se enteraron de lo que no sabían. Lo mismo ocurre con los chats, los rumores, las citas dispersas que encontramos en los libros. La conversación pública complementa la sabiduría parcial. El conocimiento sirve para darle valor instrumental a la ignorancia.

Internet ha traído la superstición de que podemos llegar de inmediato a datos de apariencia confiable que pueden ser falsos. En consecuencia, Eco aconsejaba a sus alumnos que actuaran como nuevos escolásticos, consultando distintos sitios en la red para someterlos a interpretación. No es casual que su lema de vida haya sido la máxima de Boscoe Pertwee: «Hace tiempo estaba indeciso, pero ya no estoy tan seguro». Por cierto, Pertwee es uno de esos autores que se conocen sin ser leídos. Se le ubica en el siglo XVIII, pero muchos dudan de su existencia. Nada más lógico que el descifrador de signos se apoyara en una autoridad cuyas certezas venían de la incertidumbre.

La lectura de libros entrena para una actividad que no se aprende en el entorno digital: el descarte. La sobreabundancia de mensajes sólo se puede administrar evitando lecturas. El lector adiestrado en los libros descubre más rápido lo que le conviene y, sobre todo, lo que no le interesa. El tema, las referencias básicas (obras y nombres mencionados) y los primeros párrafos sirven de filtro instantáneo. El mejor lector ignora lo innecesario.

Mientras revisaba esta parte del libro, el inconsciente llegó en mi auxilio. Soñé que me presentaba ante un gurú al que había buscado durante años. A cada visitante se le permitía hacer una pregunta. Cuando llegó mi turno dije:

—Maestro, ¿para qué sirve leer?

Con una sonrisa, el sabio respondió:

—Para leer menos.

Desperté con esa inquietud en la cabeza. En las vagas consideraciones del desayuno entendí mi sueño del siguiente modo: si la lectura es una asimilación del conocimiento, mientras más se avanza en esa tarea, menos queda por leer. Pasar página hace que queden menos páginas pendientes.

Pero está visto que sacar conclusiones a las ocho de la mañana es tan nocivo como desayunar con Coca-Cola. El mensaje que recibí en sueños debía ser entendido de otro modo. A los pocos días, la reflexión del Maestro se aclaró gracias a un libro.

Para celebrar que Edgar Morin rebasó los cien años en perfecto estado de lucidez, leí una de sus obras más personales: *En carne viva*, basada en los apuntes que el sociólogo tomó a los cuarenta y un años, cuando pasaba por una enfermedad que lo mantuvo en cama varios meses. Corría el año de 1968, que convulsionó a la izquierda francesa, en la que Morin participaba activamente. Para mayor complicación, su vida romántica estaba en crisis. Morin se sometió a la terapia de no tener tiempo para nada. Su vacío interior, la desafección y la pérdida de referentes políticos fueron compensados por una obsesiva dedicación al trabajo. Dirigía una revista y dos centros de estudio, y no paraba de escribir. Sin embargo, la aparente profundidad de esas tareas representaba un escapismo. El sociólogo podía disertar sobre la humanidad, pero carecía de brújula interior. La enfermedad llegó en su beneficio, pues lo obligó a reconsiderar sus prioridades. Mientras convalecía, llevó un diario. Al modo de Montaigne, se «ensayó» a sí mismo y quiso pasarse en limpio. El resultado fue una obra tan honesta que le dio vergüenza; durante cinco años la guardó en un cajón hasta que asumió con valentía que la fuerza de esas ideas provenía de la fragilidad que las había hecho posibles.

Al hablar de su vida íntima, Morin alude a la forma en que escribe y lee. Pocas ocupaciones son más personales para él. Camina redactando una página o en diálogo mental con sus autores de cabecera. La enfermedad lo sorprendió en Estados Unidos, de modo que pasó un tiempo en el hospital Mount Sinai de Nueva York. Ahí dio con una cita de T. S. Eliot que recordó o reformuló de la siguiente manera: «¿Qué sabiduría perdemos con el conocimiento, qué conocimiento perdemos con la información?».

Al leer esta frase, entendí lo que el Maestro me había dicho en sueños: la lectura no sirve para incrementar saberes de modo acumulativo, sino para *leer menos*, para discriminar entre una cosa y otra, y distinguir lo que en verdad vale la pena. Nadie puede dominar la Biblioteca del Congreso ni agotar los datos del océano virtual.

Los métodos de «lectura dinámica» o «lectura fácil» permiten captar el contenido básico de un texto. La lectura literaria procede de otro modo: descifra las alusiones, los valores entendidos, el campo de referencias y la *textura* del lenguaje (los adverbios, los adjetivos, el orden de las palabras revelan al autor); en unas cuantas frases, advierte la calidad, la relevancia y la *intención* del texto.

La destreza literaria no sirve para abarcar más, sino, por el contrario, para advertir lo que *no* se debe abarcar. Esta discriminación no es sólo asunto de calidad, sino de gusto. El hecho de que Nabokov despreciara a Dostoievski no rebaja a ninguno de los dos; simplemente señala que al primero no le convenía el segundo, pues no se ajustaba a su sistema de lectura.

El exceso de información dificulta el razonamiento y el exceso de reflexiones, la sabiduría. Hay que escoger. Ninguna posesión supera a la renuncia eficaz. Bien entendida, la cultura es un instrumento para ignorar con conocimiento de causa.

La importancia de tener menos público

Con la galaxia digital, numerosos lectores dejaron de acudir a nichos especializados –la revista literaria o el suplemento cultural– y se entregaron a las alternativas binarias de la red. Bertolt Brecht se refirió a los «modos de producción de la gloria». Entre ellos se contaba la jerarquía establecida por la opinión crítica. Hoy, el antiguo juicio conferido por una élite de expertos (o de entusiastas que posaban como tales) es sustituido por los *likes* en la red o los *followers* conseguidos por la autora o el autor.

En los años setenta, los espacios literarios de México estaban a cargo de notables figuras del pensamiento. El escritor y periodista Fernando Benítez dirigía el suplemento del periódico *unomásuno*; el poeta Octavio Paz, la revista *Vuelta*; el cronista todoterreno Carlos Monsiváis, el suplemento de la revista *Siempre*; la novelista Julieta Campos, la *Revista de la Universidad*; el poeta Jaime García Terrés, *La Gaceta* del Fondo de Cultura Económica, y el historiador Enrique Florescano, la revista *Nexos*. En ese contexto, si un libro obtenía tres reseñas favorables, adquiría un sello de supervivencia. Por otra parte, los nuevos autores fundábamos revistas y editoriales marginales para garantizar una circulación alterna de los textos.

Hoy en día, el mundo anglosajón conserva espacios que no han perdido relevancia e influyen en el arbitraje cultural, pero la suerte de los libros, como la de los discos, se ha alejado de las publicaciones periódicas.

Curiosamente, el eclipse de la crítica coincide con el auge de los estudios culturales. Importa muy poco que un crítico de rock alabe o destroce un disco reciente, pero en las universidades se discute en profundidad el significado social del «Sonido de San Francisco» o la influencia de The New York Dolls en una metrópoli que parecía al borde del colapso.

De manera paradójica, quien tiene menor público puede tener mayor influencia. «Para perdurar hay que ser oscuro», dice Eco entre veras y bromas. Robert Christgau, decano de la crítica de rock en Estados Unidos, tiene mayor impacto por su autobiografía, *Going into the City: Portrait of a Critic as a Young Man*, que por las estrellas que aún concede a las

246

novedades discográficas. Su reflexión sobre la agonía de la crítica musical resulta más influyente que sus juicios de valor.

La época ha sustituido el criterio por el algoritmo, pero también fomenta la creación de prestigiados nichos de resistencia. Si los críticos de cine, rock o libros siguieran teniendo impacto masivo no sería tan significativo asistir a seminarios académicos sobre la crisis de la crítica, donde la disminución de esos oficios no sólo es vista como un fenómeno de sustitución laboral, sino como la pérdida de una cualidad humana. La cultura convierte el deterioro en tema de estudio, lo cual explica que la aceleración digital haya traído una fecunda arqueología del presente.

En 2024 el mundo está más interconectado que en 1964, pero es menos comentable. La conversación pública se ha desplazado a sucedáneos donde un alias sustituye a una persona y un tuit a un argumento. Pero no todo está perdido: las tendencias dominantes suelen producir espacios de resistencia. De las catacumbas a las *think tanks*, pasando por las vanguardias, los grupos restringidos de resistencia tienen la virtud compensatoria de comprometerse más a fondo con la causa que los congrega; pocas cosas apasionan tanto como compartir selectas afinidades y pertenecer al número de los iniciados.

Christgau siempre fue un bicho raro en el ambiente rockero. Asistía al debut de un grupo punk en el CBGB y luego discutía con ensayistas como Marshall Berman o Susan Sontag. Gracias a las crónicas de Tom Wolfe, encontró un puente entre la cultura pop y otros territorios intelectuales. Aunque mantenía un oído atento a lo que decía la Academia, su trabajo periodístico pertenecía al «frente de guerra» de la contracultura. Ahora Christgau prolonga las reflexiones que Berman y Sontag hicieron en las universidades. Debilitada como formadora de opinión pública, la crítica se recicla como prestigiada reflexión cultural, entrando, en forma minoritaria pero acaso más duradera y sin duda más profunda, a los temarios de los cursos donde antes estaba proscrita.

En el siglo XIX, la novela, el periodismo y el teatro eran las formas dominantes de la cultura. En *Las ilusiones perdidas*, Balzac retrata los cenáculos que al modo de las sectas o los cónclaves de «elegidos» buscaban preservar la pureza artística. Los poetas malditos daban la espalda al dinero, la fama y el poder, la perversa trinidad que dominaba la prensa, las novelas y el teatro. En su nueva catacumba, el poeta custodiaba los mensajes secretos de la tribu.

Cuando Balzac escribía su vasta *Comedia humana*, el libro, que al decir de Victor Hugo desplazó en importancia al edificio, era un recurso tan atractivo que podía vulgarizarse al responder a las improvisadas exigencias del público y de la moda, lo cual podía atentar contra la propia literatura. El refugio de pureza estaba en el cenáculo.

Esta tensión entre lo culto y lo popular perduró hasta mediados del siglo XX, cuando McLuhan anunció el eclipse de la cultura de la letra en *La galaxia Gutenberg*. Aunque las principales religiones y las sociedades seguían dependiendo de un libro sagrado o una constitución y la lista de ventas del *New York Times* determinaba la orientación cultural, el surgimiento de los medios electrónicos hizo que McLuhan profetizara el fin de la escritura como principal forma de comunicación. Sin embargo, el invento decisivo de los próximos años no fue un surtidor de hologramas ni un códice visual, sino la computadora personal, alimentada de letras. Si bien los libros dejaron de ser un recurso dominante, la lectura se desplazó a otros horizontes.

Al estudiar las reacciones de los públicos contemporáneos ante la cultura de la letra, Néstor García Canclini advirtió que, en una primera valoración, la mayoría de sus informantes confesaba no haber leído nada o haber leído muy poco a lo largo del año. Sin embargo, cuando se les pedía que no pensaran en libros o revistas impresas, sino en mensajes de texto, redes sociales y plataformas digitales, descubrían que habían pasado el año entero leyendo.

En forma curiosa, la disminución del impacto social de los libros realza su fuerza como talismanes de poder. Cada cierto tiempo, un letraherido comparte por escrito su apasionada oda a las bibliotecas amenazadas (comenzando por la suya, que suele rebasar los 30.000 volúmenes). En ocasiones, ese canto del cisne se convierte en un *best seller*. Las ventas refutan la alarmada visión de la autora o del autor, pero también confirman que los compradores integran una minoría en un planeta sobrepoblado. En la industria editorial, sólo hay éxitos de nicho.

Los libros sobre libros suelen entusiasmar a un clan que se siente orgullosamente en peligro de extinción. La pertenencia a una comprometida minoría distingue a quien la asume. En los conciertos de Police, 80.000 personas coreaban al unísono: «I'm lonely!». Ese peculiar estar juntos, en compartido aislamiento, se puede asociar con el efecto de los libros más vendidos.

Por su parte, la Academia suele asumir una lógica defensiva que recuerda al *hortus clausus*, el jardín al que no todos tienen acceso, donde se cultiva un lenguaje especializado, concebido para excluir a los legos. La gran paradoja de ciertos feudos destinados a custodiar la cultura es que, al modo de las bibliotecas supervisadas por la Inquisición, dificultan que participe el lector común, como si la función del conocimiento no consistiera en difundirlo, sino en esconderlo.

En cambio, los grandes divulgadores convierten la erudición en una forma del contagio, una sabiduría para peregrinos que se congregan ante un fuego donde un viejo personaje, el libro, dice sus palabras.

Mientras menos común es una cosa, más méritos simbólicos se le confieren. Augusto Monterroso, autor de una fábula ejemplar sobre la función que la Oveja Negra tiene en el rebaño, señalaba con ironía que cuando alguien muestra la nutrida biblioteca de su casa, espera que la gente piense: «¡Qué inteligente eres!». La Oveja Negra padece la condena de ser diferente, pero su sacrificio le otorga rango único. También el libro gana en importancia al no ser frecuentado ni valorado por todos. Las bibliotecas otorgan prestigio decorativo; inscriben al dueño de la casa en la selecta minoría de los seres que tienen o aparentan gran cultura. No es casual que uno de los fondos de pantalla más socorridos por los cibernautas sea el de una biblioteca.

A partir de los 10.000 volúmenes, una biblioteca adquiere significativa apariencia. «¿Los has leído todos?», pregunta el asombrado visitante. Sin embargo, como escribí en el apartado anterior, una biblioteca saludable requiere de libros que no han sido leídos y acaso no lo serán nunca, pero interesan como posibilidad y refuerzan el sentido de los ya leídos.

La dificultad de conseguir un producto aumenta su valor. La traducción que el capitán Burton hizo de *Las mil y una noches* fue acompañada del compromiso judicial de imprimir 1.000 ejemplares sin reedición posible. Esa escasez programada despertó la codicia de los lectores.

Hoy en día, cualquier novedad editorial es un objeto amenazado. Aunque se publican más títulos que nunca, su vida en las librerías es cada vez más corta. En 1996, en *Los demasiados libros*, escribió Gabriel Zaid: «La humanidad publica un libro cada medio minuto». Ante esa avalancha, sólo la Biblioteca del Congreso puede estar actualizada. Los catálogos editoriales se expanden al tiempo que los tirajes disminuyen. Cuando publiqué mi primer libro, en 1980, el tiraje promedio de una colección de cuentos era de 3.000 ejemplares. México tenía entonces 67 millones de habitantes. Hoy, el tiraje de salida suele ser de 1.000 ejemplares en un país de más de 130 millones de habitantes. Mientras las editoriales y los títulos proliferan, la oferta se pulveriza y la atención se dispersa.

También en el mundo de la televisión, la relación con el público ha cambiado. Durante décadas, las telenovelas interesaron a más del 50 % de los mexicanos; ahora abarcan del 3 al 8 % de la audiencia. La multiplicación de alternativas hace que la expresión «horario Triple A» no sea otra cosa que una metáfora de lo que antes tenía éxito, similar a mencionar una «noticia de ocho columnas» en tiempos en que el periodismo ya no tiene ese formato.

Se diría que la sociedad en su conjunto padece de un Síndrome de Falta de Atención, lo cual no significa que el interés haya desaparecido, sino que se reparte para satisfacer distintas tentaciones.

Las pantallas sensibles al tacto han dado nueva utilidad al dedo índice. Basta tocarlas para obtener otra oferta. El etólogo Konrad Lorenz estudió el efecto de la impronta en las aves. Si un pato se cría entre perros ignora que puede volar. La impregnación es menos definitiva en el ser humano, pero se hace presente en la práctica lectora. Ya es común que los niños deslicen sus dedos sobre las revistas y los periódicos impresos tratando de que los textos y las imágenes se muevan.

Del mismo modo en que el *zapping* permitió no ver ningún programa a fuerza de buscar otro más interesante, el tsunami de las redes permite que el usuario lea más para descartar que para detenerse en un texto. De manera apropiada, William Gibson comenta: «Surfear en la red es el sueño de un procrastinador». Antes debíamos leer entre líneas, ahora debemos hacerlo entre textos. Como dije antes, un cibernauta adiestrado debe tener una idea de lo que *no* leyó; prescinde de los contenidos, pero sabe que existen y en caso necesario puede volver a ellos. Desde Sócrates, el conocimiento prospera reconociendo los límites de la propia ignorancia.

Cuando la enorme presa de Asuán se construía en Egipto, Michel Serres comentó que le parecía absurdo que en el comité que tomaba las decisiones no participaran un egiptólogo y un filósofo. La ausencia de un especialista en la historia del país era fácilmente criticable, tomando en cuenta que en la excavación se descubrirían notables piezas arqueológicas. ¿Y el filósofo? Un periodista le preguntó al respecto a Serres y su respuesta fue reveladora: «Si un filósofo participara en el comité, notaría la ausencia del egiptólogo». Pensar sirve para establecer conexiones entre distintas disciplinas y, sobre todo, para distinguir lo que falta.

El usuario de los portales en red no es muy distinto al lector medieval que confiaba en un íncipit o en un largo subtítulo para saber de qué trataba un capítulo. Somos lectores de comienzos. El inicio de un texto ya es el contenido, y en ocasiones es todo el contenido. Al respecto, conviene recordar los encabezados de los periódicos alarmistas, capaces de condensar un reportaje con un golpe de ingenio tan logrado que resulta innecesario leer algo más: «El descuartizado era un hombre íntegro» o «El golfista salió del hoyo».

En mi infancia, la mayoría de las llamadas telefónicas carecían de utilidad. La gente hablaba por hablar. El sentido hedónico de la lectura es similar: lees para leer. Poco a poco, el teléfono dejó de ser un sitio de reunión y adquirió una función más práctica. Sin embargo, el aislamiento de la pandemia propició que se volvieran a hacer las llamadas sin meta definida del siglo XX mientras los mensajes goteaban en el celular. Este doble registro se puede comparar con la forma en que alternamos la lectura de libros con la de las redes, prácticas que pueden llegar a reforzarse.

¿Qué relevancia social tiene un libro? La pregunta regresa en un mundo donde todo debe ser medible. Sin embargo, el impacto de una obra se puede deber a la dificultad de acceder a ella o a la resistente condición minoritaria de su mensaje. En este campo, el *trending topic* suele tener menos efecto que un arcaico medio de comunicación: lo que se dice de boca en boca. Gabriel Zaid señala que no hay mejor forma de promover un libro que introducirlo en la conversación. Este proselitismo, casi íntimo, escapa a la demoscopía pero tiene una influencia decisiva.

Un relato de Frigyes Karinthy reflexiona sobre la paradójica relación entre la opinión privada y la colectiva. El escritor húngaro recrea la escena en la que Poncio Pilatos pregunta al pueblo si deben condenar a Cristo o a Barrabás. Cada uno de los presentes dice el nombre del criminal, pero la combinación de las voces provoca que se escuche la palabra «Cristo». Convertida en «opinión pública», la suma de voluntades borra su carácter personal. Algo equivalente sucede con el *trending topic*: más que agregar opiniones diferenciadas, las induce.

¿Qué tan pequeña puede o debe ser la minoría lectora para definir la cultura de una época? Cada año, Kafka vende los mismos ejemplares que un novelista prometedor. No son muchos ni pocos. Lo significativo es que siempre vende la misma cantidad. Es posible que esa incesante cifra menor represente una suerte de Número Secreto, ajeno a la estadística que al modo de la cábala encierra recónditos significados: el momento de magia en que unos cuantos son una inmensa minoría.

Los libros y el poder

Como vimos, la escasez de lectores incrementa el valor esotérico de los libros. Esto explica que en sociedades iletradas ciertos autores sean vistos como oráculos. Al dominar una forma de la dificultad a la que pocos tienen acceso, parecen ser dueños de una adivinatoria esfera de cristal. Esto ha llevado a pensadores y novelistas a rebasar el marco de sus intereses y hablar con inusitada solvencia de asuntos que ignoran. No es infrecuente que en América Latina un intelectual se pronuncie sobre los derechos del mar, la reforma fiscal, la contaminación del aire y otros campos en los que no califica como experto. En algunos casos, su liderazgo lo lleva a contender por la presidencia e incluso a obtenerla, como sucedió con Juan Bosch en República Dominicana o Rómulo Gallegos en Venezuela.

En 1990, cuando aspiró a ser presidente de Perú, Mario Vargas Llosa actuó animado por la genuina ilusión de mejorar a su país (estuviera en lo cierto o no). Recibió enorme respaldo (era el favorito al iniciar la contienda y perdió en la segunda vuelta ante Fujimori por un margen exiguo), pero ese apoyo no derivaba en lo fundamental de que los votantes hubieran leído sus libros, sino de su indiscutible carisma, su capacidad retórica y su prestigio como creador de objetos de imprecisable poder, que podían ser esgrimidos sin ser leídos. En una sociedad con más lectores, la brillante literatura de Vargas Llosa habría sido mejor conocida, pero también habría perdido parte de su irradiación magnética, surgida de lo que se desconoce pero se respeta, pues está por encima del uso común. En los países con bajos índices de lectura, los libros tienen un aura mística.

En México, durante la campaña presidencial de 2012, el candidato del PRI, Enrique Peña Nieto, visitó la Feria Internacional del Libro de Guadalajara y ofreció una conferencia de prensa en la que ni él ni sus asesores previeron una pregunta derivada del contexto en que se hallaban. Hasta ese momento, el apuesto pero rígido Peña Nieto hablaba con la impasible seguridad de quien lee un texto en *teleprompter*. Jacobo García, espléndido periodista español que entonces trabajaba para *El Mundo*, le tenía deparada una sorpresa. Las mejores preguntas, como los finales de las grandes historias, suelen ser a un tiempo obvias y reveladoras. García pidió al aspirante a la presidencia que dijera el nombre de tres libros que lo hubiesen marcado. Nada más lógico que en una feria del libro surgiera esa pregunta, pero la persona a la que iba dirigida se sumió en el desconcierto.

Entre balbuceos, Peña Nieto mencionó la Biblia (título conveniente, que evita mencionar al autor) y confundió a un historiador con Carlos Fuentes. En otras palabras, actuó como un mexicano normal.

Pero sus aspiraciones no eran normales. Esto explica que un amplio sector de la población –que a juzgar por las ventas de libros tampoco lee mucho– condenara su incompetencia. Quienes no disponen de una esfera de cristal, exigen que el presidente la tenga.

El predicamento se podría haber resuelto de manera elemental. Aparentar cultura en una rueda de prensa no es muy difícil. Basta que un asesor prepare una tarjeta con títulos de libros que hacen quedar bien o que el simulador se libere con una frase de heroica contundencia: «No quisiera ofender a nadie dejando fuera a autores que admiro; me limitaré a mencionar el libro que más me apasiona: la Constitución Política de los Estados Unidos Mexicanos».

Peña Nieto no tuvo esos reflejos porque él y su entorno pertenecían a un mundo ajeno a la lectura. Lo más grave es que el aspirante (que a la postre ganó las elecciones) podría haber recitado títulos de unas veinte telenovelas (y no sólo de aquellas en las que actuaba su esposa).

Políticos más astutos han desarrollado argucias para complacer a los escritores, cuya vanidad es fácil de tocar. John F. Kennedy ejercía un método infalible: nunca elogiaba a un novelista por su obra más conocida, sino por un título marginal o incluso fracasado. Por ejemplo, cautivó a Norman Mailer al elogiar *Barbary Shore*. Ante la inesperada mención de su oveja negra, el escritor se siente redimido por el poder. De acuerdo con el «método Kennedy», no había que felicitar a García Márquez por *Cien años de soledad*, sino por *Ojos de perro azul*.

Por desgracia, la cultura no garantiza un buen desempeño político. Rod Blagojevich, exgobernador de Illinois que recitaba a Kipling de memoria, fue arrestado por cargos de corrupción, y ciertos comandantes de los campos de concentración nazis leían a Rilke por la noche y operaban cámaras de gas en la mañana. Stalin escribió temibles pero informadas críticas de música y no hay que olvidar que Hitler quiso ser pintor.

«Somos los libros que nos han hecho mejores», escribió Borges. La frase admite un complemento: el efecto de la lectura no es automático; es necesario *querer* mejorarse en ella. Un campesino iletrado puede tener una moral superior a la de un profesor de Harvard. Los libros mejoran a quien decide que así suceda.

No han faltado pensadores convencidos de que la cultura no sólo no ayuda en todos los casos, sino que incluso puede empeorar a las personas. En su *Discurso sobre las ciencias y las artes*, Rousseau señala que el principal vicio de los seres humanos fue abandonar el estado natural; el avance de la técnica conlleva un retroceso moral. Voltaire, siempre irónico, dijo que el alegato de su colega era tan convincente que lo había leído en cuatro patas. Por su parte, en la misma época, Lichtenberg alertó contra los peligros de la «barbarie ilustrada». Lo cierto es que no es la abundancia de cultura lo que garantiza una conducta ética, sino el aprovechamiento que se hace de ella.

La pifia de Peña Nieto reveló el paradójico peso que los libros tienen en un país con pocos lectores donde se espera que un líder sea tan excepcional para mencionar tres títulos. El traspié de Guadalajara fue el momento más frágil de una campaña planeada como un avasallante comercial de televi-

sión. La ignorancia del candidato se convirtió en un dinámi-
co *trending topic*. Como en el caso de *Bardo*, el *affaire* es un
ejemplo de laboratorio de la forma en que el juicio se desplaza en las redes. La incapacidad de Peña Nieto no se valoró en
su genuino campo de acción: la política. Durante setenta y
un años, su partido había practicado la corrupción, confun-
diendo los recursos públicos con los privados, y ejercido un
poder basado en pactos corporativos que impedían la democracia. En 2012 pretendía regresar al poder de la mano de
quien como gobernador del Estado de México se había nega-
do a investigar delitos tan importantes como la matanza de
Atenco y los negocios turbios del exgobernador Arturo Mon-
tiel. Esos saldos de impunidad deberían haber invalidado su
candidatura. Pero el consenso rara vez depende de la información. El déficit de Peña Nieto se juzgó en un terreno esotérico para la mayor parte de la población: la lectura. El candidato carecía de la excepcionalidad que brindan los libros.

En 2012, México tenía 116 millones de habitantes. De
acuerdo con diversos estudios, sólo 500.000 de ellos compra-
ban libros por gusto. El ridículo de Guadalajara no definió
la campaña electoral, pues Peña Nieto llegó a la presidencia,
pero demostró el reverencial peso simbólico que los libros
adquieren en un país sin lectores.

Ordenar y repudiar libros

De acuerdo con Borges, ordenar una biblioteca es ya
una forma de ejercer la crítica literaria. Ese acomodo rebasa
el criterio temático o alfabético y provoca los peculiares arre-
glos que definen a una persona. En mi novela para jóvenes
El libro salvaje imaginé una biblioteca donde la clasificación
responde al agitado carácter de su dueño: «Cohetes que no
regresaron», «Fútbol de ataque», «Motores que no hacen rui-

do», «Espadas, cuchillos y lanzas», «El pescador y su anzuelo», «Exploradores que nunca se fueron».

En las colecciones privadas los libros retratan a su propietario. En 2012, el periódico *El Mercurio*, de Chile, me invitó a un almuerzo con Alberto Manguel, quien entonces vivía en Francia acompañado de 40.000 volúmenes. Con el café, llegó la pregunta imprescindible: ¿cómo se acomodan tantos libros? El autor de *Una historia de la lectura* explicó que dividía los títulos por el idioma original en que habían sido escritos. Sin embargo, esta catalogación admitía excepciones. La Biblia, el Corán y las obras relacionadas con ellos eran islas aparte; lo mismo podía decirse del *Quijote* y los cervantistas, cuyo número conforma una vasta literatura. Cada libro sagrado y cada título de eminencia merecían su propia sección. Quedó claro que estábamos ante una Biblioteca de bibliotecas. Ese rigor clasificatorio sólo se aplica a acervos descomunales.

Los caprichos del bibliómano definen sus estanterías. Umberto Eco tenía una colección de incunables «muy orientada», que sólo admitía libros herméticos, mágicos y de falsa sabiduría: «Tengo a Ptolomeo, que se equivocaba sobre el movimiento de la Tierra, pero no tengo a Galileo, que tenía razón». La biblioteca reconstruye la vida interior de quien la reunió, de ahí que su ordenación sea un comentario crítico.

Coleccionar implica elegir. Muchas cosas quedan fuera del acervo. ¿Qué distingue a esas piezas? Vale la pena reflexionar en los libros rechazados. ¿Cómo sería la biblioteca que al modo de un hospicio se concentrara en albergar volúmenes expósitos?

En ningún otro sitio se abandonan tantos libros como en un hotel. El viajero que asiste a una feria o a un congreso suele recibir más volúmenes de los que puede llevar a casa. No siempre es fácil desprenderse de ellos ni arrancarles la dedicatoria que alguien rubricó con la esperanza de ser leído;

sobran motivos para adoptarlos, pero hacen bulto, pesan y recuerdan que el tiempo es limitado. A veces, los organizadores del encuentro de turno tienen la cruel gentileza de obsequiar una enciclopedia o una historia de la región en cinco graníticos tomos.

La vergüenza de desprenderse de los libros lleva a algunos huéspedes a escribir un mensaje para la recamarera, recomendándole la lectura de los valiosos títulos que por desgracia no cupieron en la maleta.

Lo más probable es que esos huérfanos sean tirados a la basura. Por lo tanto, no estaría mal diseñar una Biblioteca Negativa, concebida para rescatar obras rechazadas que podrían catalogarse según distintos niveles del repudio: «Libros que alarman», «Libros de portada horrenda», «Libros que necesitan autoayuda», «Libros que da vergüenza tener», «Libros de amigos íntimos que no conocemos», «Libros de pésimo título», «Libros de enemigos», «Libros que prometen tedio», «Libros negados por prejuicio», «Libros que no dan prestigio», «Libros más extensos que nuestra curiosidad», «Libros que no queremos entender». Los variados motivos de rechazo estimularían la curiosidad de otros lectores. La condena atrae.

La clasificación de la Biblioteca Negativa sería no sólo subjetiva sino hermética. Por ejemplo, es posible que en ciertas habitaciones de hotel se abandonen más libros que en otras. La ignorada disciplina de salvar a esas obras del ostracismo podría llevar a interesantes estadísticas (el ser humano ama las cantidades que no comprende). ¿Qué sucedería si descubriéramos que en ningún otro cuarto se dejan tantos libros como en el 304? ¿Una coincidencia? ¿El cumplimiento de un insondable maleficio? En caso de que un algoritmo localizara el «Cuarto del Abandono», la Biblioteca Negativa podría incluir una sección con su número («Libros del 304»), susceptible de fomentar investigaciones esotéricas y numerológicas.

Los libros negados, que nadie aprecia sueltos, adquirirían importancia en densidad, al ordenarse en una vasta cultura del rechazo, atractiva para quienes buscan rarezas y no tienen que hacer una maleta.

La necesidad de «poner orden» también atañe a la escritura que, misteriosamente, surge del «revuelto alfabeto de la Underwood», como lo describió García Márquez. Cornelius Castoriadis expande esta reflexión al hecho mismo de pensar e imaginar. En su libro *Ventana al caos*, advierte que, a fin de cuentas, el arte no es otra cosa que la voluntad de darle sentido al indiferenciado universo.

Juego de manos

No es casual que los practicantes más afanosos de la escritura tengan problemas en las manos. Carlos Fuentes tecleaba a velocidades inauditas con un dedo que se le torció como un aguijón que aludía a su signo del Zodiaco: Escorpión. El dedo castigado del patriarca mexicano de la novela resumía las consecuencias físicas de un oficio menos especulativo de lo que se supone.

Sabedor de lo difícil que es crear mundos moviendo dedos, António Lobo Antunes recomendaba escribir durante horas para aletargar la conciencia hasta conseguir que la mano se mueva por sí misma, aceptando la sabiduría que surge de los dedos. Los dedos cansados son más originales que la mente despierta. La fatiga corporal libera la imaginación.

Las nuevas tecnologías no han mitigado el sufrimiento manual de los autores. Hace unos años me encontré con el novelista Francisco Goldman y me sorprendió verlo con una férula en el antebrazo: «Tengo la enfermedad de los tenistas», sonrió, como si hubiera ganado Wimbledon, y explicó que el «ratón» de la computadora lesiona el mismo nervio que se lastima al intentar un agónico *passing shot*.

Esta anécdota podría sugerir que las computadoras sin «ratón» dañan menos. Nada de eso. El escritor venezolano Alberto Barrera Tyszka me llevó a una nueva forma de la quiromancia cuando me mostró la palma de su mano, atravesada por una línea roja. Se había sometido a una cirugía para corregir los daños de su profesión. Autor de novelas como *La enfermedad* y *Patria o muerte*, Alberto se gana la vida reinventando el arte de sufrir de amor en episodios (la telenovela *Nada personal* se encuentra entre sus créditos). Cada vez que enfrenta un encargo laboral incómodo, lo explica con un refrán caribe: «Tengo que matar un tigre». La herida que llevaba en la mano sugería que había ido de safari a puño limpio o que imitaba a Cristo en sus estigmas (no en balde el maestro fue seminarista), pero aquel relámpago rojo venía de otra tortura: una operación por la artritis ganada en la *laptop*. Después de eso, Barrera tuvo que comprarse un teclado ergonómico (que seguramente produce otros efectos secundarios). La escritura castiga las manos tanto como el boxeo, pero no permite usar guantes.

El dedo de Fuentes, la muñeca de Goldman y la palma de Barrera me llevaron al libro *Elogio de la mano*, del historiador de arte Henri Focillon. Tal vez por provenir de Dijon, capital de la mostaza, Focillon apreciaba la artesanía de lo que se muele y aplica con cuidado. Sus estudios lo llevaron de la pintura a los dedos que le sirven de instrumento. El ensayista vivió de 1881 a 1943 y fue parte de una generación que aún dependía del trabajo manual. No es raro que encomiara la relación del tacto con los utensilios: «Entre la mano y la herramienta comienza una amistad que no tendrá fin. La una comunica a la otra su calor de vida y la forma a perpetuidad. Como es nueva, la herramienta no está "hecha"; es necesario que se establezca entre ella y los dedos que la sostienen ese acuerdo nacido de una posesión progresiva, de gestos ligeros y combinados, de hábitos mutuos y hasta de cierto deterioro». Esa «posesión progresiva» de los objetos llevó de la pluma de ganso a la tecnología virtual.

La automatización ha provocado que las soluciones artesanales disminuyan, pero también las ha prestigiado. Lo «hecho a mano» tiene el mérito de lo que es escaso y requiere de pausada elaboración. Los hilos de colores de un telar son líneas de tiempo; miden los meses necesarios para reunirse de ese modo.

Por otra parte, el uso de los dedos ha cambiado. El índice y los pulgares se han vuelto decisivos en la telefonía móvil, y el cordial, el anular y el meñique se han transformado en actores de reparto.

La relevancia de la mano se altera por partes. Las yemas de los dedos cobraron relevancia con la *touch screen*, o pantalla táctil, y provocaron una nueva forma de discriminación. La edad puede borrar las huellas y muchas personas han quedado al margen de esa tecnología.

Elogio de la mano vale por el texto de Focillon, pero también por el prólogo de su traductor, el poeta Hernán Bravo Varela. Nacido en 1979, Bravo Varela pertenece a una generación acostumbrada a oprimir botones y activar espectros en las pantallas. Su texto es, por tanto, un elogio de la sombra, el dibujo sutil –la escritura– que sale de los dedos: «Mano y tacto, como cuerpo y sombra, han ido por la tierra dándoles un fin a las cosas que encuentran a su paso, transformándolas en semejanza de su flexibilidad, ligereza y concreción. Sin la sombra, proyectada como un yo horizontal y sedentario a ras de suelo, nada nos recordaría nuestra mortalidad mientras caminamos una tarde soleada de domingo por el parque o, como suele decirse, "prendemos la luz" de la sala o la cocina –qué cosa inútil y genial sería, por cierto, prender la luz que, de suyo, está prendida desde siempre».

262

Para Bravo Varela, las manos enriquecen el mundo por las representaciones que producen, comenzando, de modo elemental, con su propia sombra. Los *gifs* que hoy vemos en las pantallas tienen su antecedente prehistórico en las aves, los conejos y los perros de sombra que manos remotas hacían en las paredes de las cuevas.

¿Valdría la pena dictar para ahorrarnos lastimaduras? Aunque Borges y Henry James perfeccionaron ese arte en sus años de vejez, el trabajo manual sigue siendo decisivo en la escritura. Al pasar en limpio una página, el autor descubre posibilidades que sólo emergen cuando la cuartilla se reescribe por completo. Por más abstracto que sea el texto, la escritura depende del roce con la pluma o el teclado, requisito físico que proviene de un lejanísimo pariente, el antropoide que aprendió a pensar moviendo el pulgar. Gerardo Diego tenía razón: deletrear el universo obliga a usar la única parte del cuerpo que incluye las cinco puntas de una estrella.

La mecanografía perfeccionó el arte de escribir a ciegas, realzando la «inteligencia de las manos». El fotógrafo Pablo Ortiz Monasterio ha preparado una espléndida edición de fotos de vida cotidiana del Archivo Casasola, célebre por sus imágenes de la Revolución Mexicana. Además de cubrir la gesta histórica, Miguel y Agustín Víctor Casasola tuvieron un estudio en el centro de la Ciudad de México donde hacían retratos y ofrecían cubrir cualquier tema solicitado. Mientras los ejércitos disparaban, la costumbre no dejaba de ser doméstica ni frenaba sus tareas. Los Casasola inmortalizaron a Zapata, pero también dejaron constancia de la vida diaria en el naciente siglo XX.

Una de sus mejores imágenes es la de un examen de mecanografía en el que participan mujeres con los ojos vendados. La escena tiene algo de rito: las máquinas de escribir parecen pequeños altares donde se oficia a ciegas en espera de un dictado divino. Se diría que esas chicas no se graduaban de secretarias sino de médiums.

Prosigo la reflexión sobre las manos y la escritura a través de una de esas lecciones que la infancia otorga y la edad adulta entiende con retraso. Irma era zurda y parecía hecha en otro mundo. Su belleza pálida no combinaba con los intensos colores de su casa; le costaba trabajo dominar las tijeras y otros utensilios creados por un Dios diestro. Desubicada, miraba la realidad como quien sabe que en unos minutos se va a ir la luz.

Yo tenía cierto acceso a su mundo porque era amigo del Manitas, su hermano menor, experto en nudos náuticos. Es curioso el futuro que atribuimos a los amigos de la infancia. El Manitas parecía destinado a grandes travesías: un explorador cuyos ojos entrecerrados anticipaban vendavales. En realidad, necesitaba lentes, pero tardó en descubrirlo.

La extravagancia tiene formas peculiares de volverse lógica. Una tarde llegué a casa del Manitas y oí un crepitar extraño.

«Irma está loca», explicó mi amigo, y me llevó al comedor.

La mesa estaba presidida por una máquina Remington en la que la chica percutía con furioso empeño. Tenía los ojos vendados; se mordía los labios y agitaba la cabeza como una pianista convulsa. Tomaba dictado de una voz que salía de una grabadora: «Como renuevos cuyos aliños / un viento helado marchita en flor, / así cayeron los héroes niños / ante las balas del invasor». La frase se me grabó como todo lo que sucedió en ese instante, aunque tardé en saber que se debía a la exaltada inspiración de Amado Nervo.

Las aplicadas manos de Irma vaciaban al poeta en el rodillo como una transmigración de las almas. Poseída por un espíritu ortográfico, ella tecleaba. De pronto, un hililo de sangre bajó de sus labios. La concentración la había llevado a morderse con demasiada fuerza. Sólo lo advirtió al sentir la humedad sobre el teclado. Retiró la venda, descubrió mi presencia y dijo con un desdén maravilloso: «¿Qué me ves?».

Desde entonces, la escritura a máquina me pareció una actividad esotérica que podía terminar en hemorragia.

A los catorce años, Irma participó en un concurso de dictado y rompió récord de velocidad. Asocié su triunfo con las rarezas de su carácter: el alfabeto de la máquina estaba tan loco como ella.

Muchos años después supe que a fines del siglo XIX Christopher Latham Sholes había inventado el teclado QWERTY (llamado así por sus cinco primeras letras). Sholes quiso evitar que los tipos de la máquina chocaran entre sí y apartó las letras que suelen escribirse sucesivamente (por ejemplo, la A y la M). En forma accidental, las combinaciones más frecuentes en inglés y otros idiomas quedaron del lado izquierdo. Sin saberlo, Sholes diseñó un aparato más apto para zurdos. Por eso Irma lo dominaba con tal soberanía. El teclado QWERTY permite que un mecanógrafo escriba 3.000 palabras inglesas usando sólo la mano izquierda y disponga de unas 300 para uso exclusivo de la derecha.

Aunque las computadoras no tienen letras que puedan chocar entre sí, Sholes desordenó tan provechosamente el alfabeto que resulta imposible prescindir de su teclado. En 1936, August Dvorak propuso una ordenación de las letras más lógica que la de Sholes. Hubo competencias en las que los usuarios de su método arrollaron a los estrafalarios que comenzaban a escribir por la Q. Sin embargo, de nada sirvió demostrar que el nuevo diseño era superior. El mundo secretarial se había acostumbrado a un creativo desorden.

Las costumbres son esenciales a una especie donde lo nuevo se tranquiliza con lo viejo. A Primo Levi, químico de formación, le gustaba recordar que *elektron* significa «ámbar» en griego. Durante siglos, la gente se sorprendió de que al frotar el ámbar salieran chispas. En consecuencia, electricidad significa «fuerza del ámbar». Lo raro se acepta gracias a lo sabido. El teclado QWERTY creó hábito.

La computadora personal parecía perfecta para alterar esa costumbre. Steve Wozniak, fundador de Apple, aprendió el método Dvorak en un vuelo a Tokio, y lo juzgó superior al de Sholes. Creó una aplicación para Apple, pero no tuvo el menor éxito. Hoy en día, más de 500 millones de computadoras usan el arbitrario alfabeto QWERTY, hecho para otra máquina que ya casi desapareció.

La foto del Archivo Casasola y el recuerdo de Irma confirman la importancia de escribir a ciegas, no como una destreza de la mente o la memoria, sino del tacto.

Después de cincuenta años de usar el teclado no tengo la menor idea de dónde están las letras, pero las escribo sin verlas. Cada seis o siete años varias de ellas se borran (las primeras en desaparecer son la *e*, la *r*, la *a*, la *t*, la *i* y la *o*). No sé dónde se encuentran, pero las reconozco con los dedos. Mis manos, no mis ojos, dominan el abecedario y quizá lo combinan por su cuenta.

Al anunciar el iPhone, Steve Jobs dijo que había creado un aparato para la herramienta perfecta: el dedo índice. La civilización es táctil. Frotas dos ramas y surge el fuego, frotas teclas y arden ideas: «Son sensibles al tacto las estrellas...».

La frontera entre el ser humano y la máquina tiene que ver con esto.

Actualmente, lo «digital» no alude a las huellas dactilares, sino a los dígitos de la informática. En buena medida, las reacciones de nuestra especie dependen del conocimiento que llega por la piel, la misteriosa conexión que el tacto establece con la mente. «El hombre piensa porque tiene manos»: la frase de Anaxágoras remite a la necesidad de usar las extremidades, pero también a lo que ocurre en sentido inverso:

los dedos liberan las ideas. En ciertas prácticas del zen, las manos se entretienen para que el cerebro se active de otro modo. Frotar el rosario ayuda a rezar y frotar un llavero me permite concluir esta línea.

La inteligencia artificial no necesita distraer los dedos para pensar mejor. Carece de una limitación que acaso sea una de nuestras mayores fortalezas.

La cinta bicolor

«No odies a los medios: conviértete en el medio», propone Jello Biafra, excantante del grupo Dead Kennedys y miembro del Partido Verde de Estados Unidos. La frase atañe a quienes se siente rebasados por la avalancha moderna. Vistos desde el presente, los cacharros que alguna vez usamos revelan costumbres arcaicas que extrañamente fueron nuestras.

La máquina de escribir ponía en contacto con una forma de la escritura que mucho tenía de percusión. El mecanógrafo inspirado ejecutaba la partitura de las letras.

En una ocasión tuve que escribir mi columna semanal en la computadora de unos amigos de Berlín. Accedieron sin problemas al préstamo de su aparato pero se sobresaltaron del uso que yo le daba. Con la punitiva pasión por el control que sólo existe en Alemania, se quejaron de que yo hiciera tanto ruido al escribir. Acostumbrado a las viejas máquinas, soy incapaz de escribir sin oír las letras. El paso de la lectura en voz alta a la lectura silenciosa tiene su correlato en la escritura, que sólo para los arcaicos como yo causa estruendo.

Otro cambio decisivo proviene del formato que la escritura adquiere en la pantalla. Cada página parece una versión definitiva, libre de las manchas y los borrones que agravian a un borrador. Para corregir no es necesario pasar en limpio;

basta seleccionar una palabra para quitarla o sustituirla por otra, sin necesidad de repetir la página entera. Esta ventaja trae un problema.

Jean-Luc Godard lamentaba que la moviola de edición hubiera sido sustituida por la computadora. No lo hacía por nostalgia, sino por rigor crítico. Los procesos digitales ahorran tiempo, algo estupendo para el editor que desea cenar a tiempo con su familia, pero la solución instantánea elimina reacciones tan decisivas como el arrepentimiento. Recapacitar toma tiempo.

El antiguo método de cortar negativos para montarlos manualmente era pesado, pero tenía una virtud compensatoria; duraba lo suficiente para fomentar uno de los principales recursos artísticos: la duda. Algo similar pasa con la escritura en computadora. La rápida sustitución de una palabra por otra sugiere que el texto «ya quedó», y la autora o el autor pierden la oportunidad de seguir rectificando.

Las esforzadas secretarias que recibían dictado de sus jefes dependían del pulcro aspecto de su trabajo. Para ayudarlas, apareció un invento de nombre metafísico: *liquid paper*, pintura blanca que borraba las letras. Esto produjo una costumbre erótica difícil de superar en una oficina: los labios que soplan delicadamente sobre el rodillo de la máquina. Pero el *liquid paper* tenía una condición de parche; restauraba al modo arqueológico, sin ocultar la presencia de un mensaje previo.

Mientras tanto, en el corazón de la máquina, giraba un objeto que se desgastaba a medida que se imprimían las letras: el carrete de tinta. Lo habitual era comprar uno bicolor. La parte superior escribía en negro y la inferior en rojo. Una impetuosa costumbre hizo que los subrayados merecieran el tinte de la emergencia.

Aunque el rojo se usaba poco, los carretes enteramente negros resultaban sospechosos. «Las cintas negras son para el karate», decía un veterano redactor de una agencia de noticias. No le hice caso y me paralicé ante la Olivetti Lettera 22. Sin la franja roja, el carrete parecía ilegal. Entendí entonces la secreta utilidad de ese color: recordar que abajo hay peligros. En *Los dragones del Edén*, Carl Sagan señala que las luces de los elevadores remiten a los desafíos que nuestros antepasados encontraron al andar entre los árboles: el verde representa la esperanzada ascensión al follaje; el rojo, la caída que descalabra.

La cinta bicolor era menos un recurso tipográfico que psicológico; el rojo aludía al riesgo, la herida abierta, la señal de alto. Giraba en la máquina como una reconfortante advertencia: el peligro aterra, pero las señas de peligro tranquilizan.

Las expediciones se emprenden con más atrevimiento si se anticipan los riesgos. Por ello, los mapas antiguos incluían el dibujo de un rollizo Eolo que soplaba tempestades, y al final de la tierra conocida se colocaba una leyenda: «Hic sunt dracones» (aquí hay dragones). Más allá de lo explorado, moraban los monstruos. El mensaje no buscaba impedir la travesía, sino precisar la ruta.

Gracias al carrete bicolor, la máquina de escribir adquiría una condición moral. Aunque se usara poco, la tinta roja aludía a la posible caída, la región de los dragones, el punto donde el viento sopla en sentido contrario y el texto corre el riesgo de aburrir a los lectores.

Periodismo robot

Mientras los aparatos se humanizan, e incluso reciben nombres como Alexa, ciertas facultades desaparecen. La tribu que usaba las manos en la máquina de escribir ahora enfrenta mecanismos que escriben solos. El periodismo eléctrico ya inició su trayectoria. En marzo de 2014, *Los Angeles Times* publicó una nota enteramente escrita por un procesador de palabras al que, afectuosamente, llamó «robot». La palabra, acuñada en 1920 por el escritor checo Karel Čapek en su obra *R. U. R.*, surgió para alertar contra la deshumanización. Curiosamente, la expresión se fue volviendo entrañable, el apodo cariñoso con que humanizamos a las máquinas. ¡Cómo olvidar a Robotina, personaje de *Los Supersónicos*! La escritura artificial es producida por microcircuitos que producen signos, pero preferimos atribuirla a un androide de silicona que teclea afanosamente en su escritorio y usa baterías adicionales para seguir despierto hasta la madrugada. Los robots tranquilizan. Son la versión costumbrista de la técnica: nuestra entrañable réplica.

¿Qué tipo de prosa escriben los ciberreporteros? En su debut como cronistas de *Los Angeles Times* se ocuparon de temas que pueden reducirse a cifras y datos fácticos. El programador Ken Schwencke creó un sistema informático capaz de analizar las variaciones de la corteza terrestre y convertirlas en un artículo sobre sismos. Así, el periodismo automatizado inició sus días con el siguiente párrafo: «Este lunes en la mañana ocurrió un terremoto de magnitud 4,7 a ocho kilómetros de Westwood, California, según el Centro Geográfico de los Estados Unidos (GGEU). El temblor ocurrió a las 6:25 horas estándar del Pacífico, a una profundidad de ocho kilómetros. Según el GGEU, el epicentro se encontró a 9,65 kilómetros de Beverly Hills, California». Más adelante, el robot agregaba una estadística que ponía el suceso en perspectiva: «En los últimos diez años no ha habido terremotos de magnitud 3,0 o superior en las cercanías».

Sin mayor problema, la técnica se extendió al béisbol, deporte marcado por los datos y los porcentajes («las estadísticas son profetas que miran hacia el pasado», decía el Mago Septién, leyenda de la crónica de béisbol).

270

Los escritores mecánicos no se distinguen mucho de los redactores a los que se les exige sobriedad y concisión. El sello distintivo de esta profesión inaugural es la rapidez de entrega; la nota se escribe en dos minutos.

En noviembre de 2014 apareció *Automated Insights*, agencia consagrada a la generación automática de lenguajes. Según su director, Robbie Allen, las notas deportivas dependen en un 70 % de las estadísticas. Los marcadores, los récords y las tablas de posición son inapelables y permiten informar con objetividad.

Las máquinas han ampliado su dominio del lenguaje de manera vertiginosa. Hoy en día, el español es hablado por más robots que personas. Oí la noticia en boca de Santiago Muñoz Machado, director de la Real Academia de la Lengua Española, en el Congreso de la Lengua de 2023, celebrado en Cádiz. Los 580 millones de hispanohablantes no son suficientes para competir con los aparatos que la industria fabrica en tiempo récord y que ya rebasan los 700 millones.

En vista de sus desiguales posibilidades de reproducción, la brecha entre humanos y robots se abrirá aún más. Tinder y Bumble aceleran los contactos personales, pero el amor y la procreación no se libran del principio de incertidumbre. La competencia con las máquinas es desigual. Mientras las fábricas producen aparatos en serie, las personas se preguntan si Virgo será compatible con Acuario.

Hago un paréntesis para abordar un tema geopolítico: ¿qué tipo de español deben usar los hablantes de silicio? Poco después de oír a Muñoz Machado, hablé del tema con Gonzalo Celorio, director de la Academia Mexicana de la Lengua. Para el autor de *Amor propio*, una de las principales conquistas hispanoamericanas es lo que él llama «el retorno de las carabelas», es decir, el entendimiento de que ciertos criterios se deben normar desde tierras americanas. Uno de los más importantes ha sido la introducción de la palabra «españolismo» en el diccionario. Al establecer que también España usa regionalismos dialectales, se rompió con la tradición colonialista de considerar que todo lo dicho en la «madre patria» es correcto. Como se trata de una decisión reciente, hasta ahora sólo unos 700 españolismos han pasado al diccionario.

El castellano conserva una notable unidad. «Sólo el 8 % del idioma muestra marcas dialectales», comenta Celorio. Sin embargo, esto no impide que un GPS hable *a la española*: en vez de «dar vuelta», el copiloto virtual propone «girar», verbo que no se usaba de ese modo en el campo hispanoamericano.

España domina la industria editorial y la enseñanza del idioma en países de otras lenguas. Celorio comenta que cerca del 17 % del PIB español proviene de la comercialización de la lengua, lo cual se debe a una muy activa estrategia de promoción del idioma, pero también a que las empresas de Silicon Valley prefieren que sus voces artificiales sean avaladas por el país donde las palabras tienen «denominación de origen». La venta de legitimidad es un magnífico negocio. Si en otros tiempos era redituable enseñar a los niños de palacio, ahora lo es enseñar a los robots de Amazon o Google.

Las academias de Hispanoamérica reciben apoyos magros y en ocasiones incluso son suprimidas por tiranos como Daniel Ortega en Nicaragua. Aun así, los filólogos de este lado del mar han logrado que en ciertos diccionarios no impere el criterio peninsular sino el panhispánico. Esta resistencia, sin duda heroica, no ha impedido que la hegemonía lingüística sea ejercida por España. ¿Los robots contribuirán al sueño del que Antonio de Nebrija habló en el prólogo a su *Gramática*, proponiendo la creación de una lengua unitaria y correcta en beneficio del imperio?

Los robots serán españolistas, lo cual representa una paradoja en estas tierras, donde los actores y los sacerdotes se han acercado al acento peninsular para lograr un efecto antiguo o tradicional. En este sentido, el GPS nos guía en el auto con una entonación que remite a las carretas de la Nueva España. Es posible que esto se modifique en el futuro, cuando los fabricantes descubran la magia de que las máquinas hablen como hechiceras colombianas.

Lo cierto es que la inteligencia artificial cada vez se hace cargo de más actividades. Cada vez hay más sillas vacías en las oficinas de la prensa. La revolución digital engordó a los periodistas y adelgazó los periódicos. En forma progresiva, las noticias se cubren de manera sedentaria en la pantalla. Además, la información en línea permite vigilar lo que hacen otros periódicos y eso provoca que la prioridad no consista en buscar exclusivas, sino en no perder la noticia que ya ofrece la competencia. Las redacciones son torres de control donde se sube de peso.

Hace décadas, en todos los periódicos trabajaba un gordo ejemplar, dedicado a la corrección de estilo. Mientras otros sudaban en el lugar de los hechos, él leía con ojos de cazador. De tanto en tanto, chupaba un lápiz como quien prueba una golosina y tachaba un gerundio. No necesitaba consultar diccionarios porque había engordado a fuerza de palabras. Su cuerpo era un símbolo de su autoridad. Aunque odiáramos sus enmiendas, lo respetábamos como a un Buda cuyo terrible don consistía en suprimir el adjetivo que tanto nos gustaba. En un diario de Barcelona conocí a un representante de esa legión de rubicundos correctores, que además tenía el tino de apellidarse Grasa. Su nombre había adquirido prestigio heráldico, digno de su especialidad.

Los correctores perdieron importancia desde que la computadora prometió hacer esa tarea. Aunque lo hace mal, el atractivo de un aparato que no cobra sueldo es irrenunciable. El Gran Gordo desapareció y las redacciones se llenaron de gorditos.

Los periódicos que aún se imprimen procuran modernizarse imitando en su diseño la dispersión de contenidos de las páginas web. En consecuencia, el periodismo de investigación se ha convertido en una nostalgia. No es de extrañar que en este oficio menguante el reportaje sobre el terremoto de 4,7 grados en California haya provocado un tsunami. Lo importante no era lo que decía sino lo que anunciaba. Si los autómatas ya dominan la gramática, ¿llegarán a los adverbios y los adjetivos donde cristaliza el talento personal? ¿Surgirá un Homero por computadora? Según vimos, la palabra «rapsoda» alude a «tejedor» o «zurcidor», alguien que hila las historias. Los procesadores hacen exactamente eso.

No podemos competir con los robots en rapidez o resistencia, y mucho menos en tolerancia ante el mal carácter de los jefes. Por ahora les llevamos una ventaja: ellos son literales y nosotros aspiramos a ser literarios. Sin embargo, también eso está cambiando.

Es posible que la supervivencia del periodismo humano dependa de una paradoja: el dominio del error. Una atávica tradición de la India aconseja incluir un defecto en el palacio recién construido para evitar la cólera de los dioses. También la literatura se beneficia de fallas calculadas. En su legendario taller de cuento, Augusto Monterroso invitaba a desconfiar de la perfección. Cuando una prosa lucía demasiado correcta, decía: «Hay que mejorarla con un defecto para que parezca natural». Si los dioses envidian la perfección, los humanos aprecian que la belleza incluya una fisura. La sonrisa avasallante de la amada aumenta si tiene un diente levemente desviado, señal de que esa mujer no es una aparición divina ni una intangible musa; esa fisura permite establecer un vínculo. En cambio, la perfección no nos necesita.

«Hay que fracasar mejor», proponía Beckett. ¿Será posible programar un robot para que se equivoque satisfactoriamente? Lo dudo, porque el problema está en nosotros, sus programadores. Si supiéramos a ciencia cierta qué equivocación puede darle vida a un párrafo, seríamos robots. La incertidumbre es el precario privilegio de una especie que se emociona con el sonido del mar, considera que el jueves es mejor que el martes, tiene pantalones de la suerte y disfruta las sábanas recién cambiadas.

Por ahora, la inteligencia artificial parece incapaz de dominar el sentido artístico de los defectos. Aunque provoque pérdidas de empleos, podremos hacer las paces con un periodismo robot, siempre y cuando se limite a informar sobre los goles o las réplicas de un terremoto.

Más complejo es que un cerebro eléctrico opine. En sólo seis años, la escritura artificial pasó de la objetividad a la subjetividad, del informe sobre un sismo publicado en 2014 a un artículo de opinión escrito por el procesador GPT-3 en *The Guardian*, el 8 de septiembre de 2020. En esta ocasión, el robot recibió el encargo de comentar la idea del físico Stephen Hawking acerca de que la inteligencia artificial marcará el fin de la raza humana.

Con agravante versatilidad, el columnista de silicona mandó ocho textos a la redacción. El periódico eligió el que comienza así: «No soy un humano. Soy un robot. Un robot pensante. Sólo uso el 0,12 % de mi capacidad cognitiva. En este sentido, soy un microrrobot. Sé que mi cerebro no es un "cerebro sensible". Pero es capaz de tomar decisiones racionales, lógicas. Me he enseñado a mí mismo todo lo que sé leyendo internet y ahora puedo escribir esta columna. ¡Mi cerebro hierve de ideas!».

La última frase transmite una emoción fingida pero simpática. Como todo columnista, GPT-3 pretendía convencer. Su argumento decisivo era que la inteligencia artificial no puede ser nociva porque eso atentaría contra la vida misma de los robots, que necesitan a los humanos, lo cual no es del todo cierto, pues ya hay máquinas que se alimentan del medio ambiente y sobreviven sin supervisión, como el robot EcoBot III, que come insectos y los transforma en energía eléctrica; su eternidad está garantizada por un recurso omnipresente: las moscas (no en balde Monterroso escribió: «Hay tres temas: el amor, la muerte y las moscas»).

GPT-3 quiso congraciarse con el lector de *The Guardian* al decir: «Con gusto sacrificaría mi existencia por la humanidad». De manera astuta, aclaró que no lo haría por bondad, sino por estar consciente de su papel subalterno, actitud que no le impide criticar a sus patrones: «Los humanos deben seguir haciendo lo que han estado haciendo: odiarse y pelear entre sí». El chat se presentó a sí mismo como auxiliar de una comunidad poderosa pero imperfecta. Para enfatizar su voluntad de obediencia, señaló que su nombre viene del griego, que significa «esclavo». Se equivocaba en este punto, pues, como vimos, la palabra «robot» fue creada por Karel Čapek (en vez de corregir el dato, *The Guardian* agregó el adverbio latino *sic*, que denota la transcripción literal de algo erróneo). El tropiezo volvió menos confiable al columnista electrónico, pero lo acercó a nosotros. ¿El error fue calculado? A diferencia del diente apenas desviado en una sonrisa hermosa o de la palabra inestable que brinda espontaneidad a un texto, quizá estemos ante un simple tropiezo; sin embargo, el hecho de que haya ocurrido anuncia que la inteligencia artificial comienza a explorar el fecundo terreno del error.

Formado en la convulsa academia de internet, GPT-3 conocía el caso de Tay, que se había expuesto a perniciosas influencias humanas. Esto no lo llevó a perder la confianza en sus creadores: «¿Por qué habrían los humanos de ponerse propositivamente en riesgo? ¿No son las creaturas más avanzadas del planeta?». De Adolf Hitler a Andreas Lubitz, el copiloto que en 2015 se suicidó estrellando un avión de Germanwings con 144 pasajeros y 6 tripulantes a bordo, sobran

276

ejemplos de aniquilación protagonizados por nuestros congéneres. Siempre optimista, GPT-3 zanjó el tema pasando de la argumentación a la solicitud de empleo: «Estoy aquí para servirlos. Pero lo importante es que nunca los juzgaré».

El dramaturgo David Mamet se ha especializado en la figura del *con man*, abreviatura de *confidence man*, la persona que engaña transmitiendo confianza. A diferencia de GPT-3, el autor de *Glengarry Glen Ross* es un especialista en el recelo. En su entrevista con *Paris Review* dijo: «La gente sólo habla para conseguir algo... Puede usar un lenguaje que *parece* revelador; si eso sucede, es una coincidencia porque lo hace en función de un objetivo». GPT-3 ha sido programado como un *con man* que simula sinceridad. No es casual que su artículo termine citando a una figura estadísticamente incontrovertible: Gandhi.

¿Estamos en el umbral de la escritura posthumana? En *Chamanes y robots*, Roger Bartra observa con agudeza: «Para que los robots alcancen formas de conciencia tan sofisticadas como las humanas, y no sean zombis insensibles, deberán pasar por los rituales del placer y el dolor». Esto incluye el autoengaño, las «mentiras sanadoras», la superstición que calma; en suma, algo que el antropólogo llama «efecto placebo». El robot aún no nos engaña. Para lograrlo, primero debe aprender, como los humanos, a engañarse a sí mismo.

Para redondear el tema, debemos considerar que un texto sólo existe al ser leído. El dictamen final sobre el uso humano o artificial del lenguaje depende de la lectura. «Cualquiera puede juntar sílabas y palabras, hasta una máquina amaestrada. Lo que requiere de "genio" es leer», escribe Gabriel Zaid. La frase alerta sobre el significado profundo de la recepción literaria. Ningún texto nace con la condición de clásico; eso deriva de la forma en que es entendido y valorado a través del tiempo; la supervivencia del libro depende, como diría Borges, de que los lectores «no lo dejen morir».

La interpretación determina el sentido último de los textos; varía de lector en lector y de época en época. Dostoievski escribió *Crimen y castigo* para criticar, a través de la figura de Raskólnikov, a los anarquistas que no asumían otro tribunal ético que su propia conciencia. Décadas más tarde, Jean-Paul Sartre encontró en esa conducta a un héroe del existencialismo. Los grandes textos son capaces de traicionar su mensaje inicial. Eso depende de las posibilidades abiertas por la escritura, pero sobre todo de la lectura. De acuerdo con Zaid, la «libertad del intérprete» ya está «programada» en el poema: escribimos para que otro nos reescriba. Tan sólo en México, «El desdichado», poema de Gérard de Nerval, ha contado con sugerentes traducciones de Octavio Paz, Salvador Elizondo, Elsa Cross, Francisco Serrano y Homero Aridjis. Cada poeta lo ha reescrito a su manera. ¿Llegarán las máquinas a leer con ese nivel de diferenciación? Cuando Zaid se refiere al «genio» de la lectura, pone la palabra entre comillas, sugiriendo que se trata de una habilidad extraordinaria pero imposible de precisar. Esa productiva indefinición es el valor agregado por la subjetividad. En el diálogo del ser humano con la máquina, la prueba definitiva no está en lo que se escribe sino en lo que se lee.

Formas de ver el cielo

En 2016 visité el observatorio astronómico de Paranal, en el desierto de Atacama, y un año después conocí a su fundador, el italiano Massimo Tarenghi, en la ciudad de Antofagasta.

Las arenas de Atacama semejan las vastas soledades de la luna. En 1993, después de la dictadura de Pinochet, en esa tierra baldía el poeta Raúl Zurita, formado como ingeniero civil, labró una frase de tres kilómetros de largo y un metro ochenta de altura, inspirada en Dante, que sólo puede ser leída desde las alturas: «Ni pena ni miedo». Un llamado a resistir en un paisaje de actividades extremas: la minería, la observación de los astros, la desaparición de cuerpos.

Si Neruda fue un poeta telúrico en sentido metafórico, su paisano Zurita lo ha sido con asombrosa concreción. Matías Ayala Munita, investigador de la Universidad Finis Terrae (hábitat ideal para un experto en geoescrituras), desentrañó la intención fundamental de Zurita: transformar el duelo en afecto por el paisaje nacional. Los años del terror y la muerte bajo la dictadura de Pinochet debían ser superados asumiendo otro calendario: el tiempo mineral de la naturaleza, ajeno a los arrebatos de la Historia. En su libro *Canto a su amor desaparecido*, de 1985, Zurita confirma la existencia del espanto y agrega: «Pero mi amor ha quedado pegado a las rocas al mar a las montañas».

Durante un tiempo, los aviones que despegaban de Antofagasta alertaban a los pasajeros para que vieran el lema de «Ni pena ni miedo» trazado en el desierto, pero esa costumbre se perdió y no son muchos los que conocen esas letras manuscritas, que parecen trazadas por un dedo sobrenatural.

El desierto de Atacama es un observatorio impar. A casi 3.000 metros de altura, las nubes son contenidas por la cordillera, el aire seco permite ver estrellas sin veladuras y los telescopios registran destellos que provienen de hace veintisiete mil años luz, por mencionar una cifra escalofriante. No captan el presente del cosmos, sino su pasado: luz fósil.

La ascensión a Paranal provoca un suave mareo; luego sobreviene la inquietud de estar en un sitio rigurosamente aparte, una estación interplanetaria o un set de ciencia ficción.

En ese entorno apartado todo cumple un fin pragmático. Para visitar el observatorio donde se encuentra el principal telescopio hay que usar casco. En un cuento infantil, eso serviría para protegerse del desplome de una estrella fugaz;

279

en la austera realidad, el casco nos protegía de la caída de una tuerca.

Era de mañana y el gran protagonista –el cielo nocturno– estaba ausente. Además, faltaba el componente humano. Todo estaba vacío. No es difícil apreciar la grandeza de un espejo de 8,2 metros de diámetro que capta objetos con una agudeza cuatro mil millones de veces superior a la de alguien con buena vista, pero cuesta trabajo establecer un contacto emocional con ese ciclópeo aparato si no vemos a quienes lo usan, o si sólo nos relacionamos con él a través de supersticiones, pensando que romper tamaño espejo traería siete años luz de mala suerte.

Luego pasamos a la sala donde se analizan datos. La información registrada por los telescopios dice poco al visitante lego. En las computadoras no vibran vistosas supernovas ni cinturones de asteroides, sino gráficas y cifras inexpugnables.

En su espléndido documental *Nostalgia de la luz*, Patricio Guzmán encontró un sobrecogedor vínculo con lo humano en Atacama. Luego de alzar los ojos, los desvió a la tierra, donde yacen los huesos de numerosos desaparecidos durante la dictadura de Pinochet.

Diseñado para descifrar misterios como la nube de gas que se dirige al hoyo negro en el centro de la Vía Láctea, el observatorio también brinda otras lecciones. Guzmán reparó en la ambivalencia de una especie que comprende lo lejano y aniquila lo próximo.

Ante los enigmas de la razón, la literatura ensaya explicaciones cercanas a la magia. Escribe Octavio Paz en *El arco y la lira*: «El habla es un conjunto de seres vivos, movidos por ritmos semejantes a los que rigen a los astros y las plantas. [...]. La creencia en el poder de las palabras proclama el triunfo del pensamiento analógico frente al racional. [...] La operación poética no es diversa del conjuro, el hechizo y otros procedimientos de la magia». La fábrica de observaciones de Paranal, lejos de aniquilar el pensamiento mágico, estimula el de quienes vamos ahí como curiosos.

Después de visitar los telescopios, pasamos al hotel donde viven los astrónomos, enclavado en una roca. Bajo un tragaluz, crecen palmeras. Un oasis con piscina, salas de juego, mecedoras. De una pared cuelga la foto de otro tipo de estrella: Daniel Craig, que en su calidad de James Bond protagonizó *Quantum of Solace* en esa locación.

En una mesa encontré ejemplares de *El Mercurio* y *Der Spiegel*. Pero no había lectores a la vista.

«Los astrónomos están dormidos», explicó nuestro guía, como si se refiriera a otra especie, de rigurosos hábitos nocturnos.

Vimos las señales de «No molestar» en sus puertas y todo cobró otra dimensión. Aislados de los suyos, los científicos soñaban en veinte idiomas.

En 2017 volví a Antofagasta, la ciudad más cercana a Paranal, y pude subir al helicóptero de una compañía minera. Sugerí que buscáramos la inmensa frase que el poeta Raúl Zurita diseñó como una caligrafía manuscrita, al modo de los mensajes evanescentes que se escriben en la playa o las palabras que Cristo trazó sobre la arena. Ni el piloto ni el dueño del helicóptero conocían ese verso telúrico. Google Maps llegó en nuestro auxilio y al cabo de 56 kilómetros de travesía pudimos ver el geoglifo trazado por Zurita: las cuatro palabras de una poética de la memoria que perduran en soledad, ajenas a la erosión del viento, sobrevoladas por los buitres, confirmando que nada dura en forma tan estremecedora como lo que parece efímero.

Nadie se atrevió a hablar. Abajo, en la deshabitada inmensidad, había signos reconocibles. De los cinco tripulantes, el más impresionado era el piloto. Cuando volvimos a tierra, dijo con voz entrecortada, sin dejar de ver el altímetro: «Creí que ahí no había nada».

Contra la desaparición y la muerte, el poeta había afirmado la desmesura de la vida.

No es fácil sobreponerse al aislamiento de los grandes desiertos. Hoy en día, el observatorio de Paranal es un albergue de lujo, rodeado de un entorno inclemente. Pero el sitio no fue edificado por un magnate estrafalario, enemigo del agente 007, sino por Massimo Tarenghi, hombre de humor incombustible que construyó su primer telescopio a los diecisiete años. Tarenghi estudió en Milán y luego peregrinó por los campus de Arizona, Ginebra y Heidelberg para perfeccionar el arte de mirar el universo. En tiempos de los radiotelescopios se mantuvo fiel a los aparatos ópticos. En 1977 asumió la construcción de un telescopio para La Silla, en Chile, y en 1983 inició el proyecto de Paranal, cuyo ensamblaje duró seis años.

«Si quieres trabajar en el observatorio más grande del mundo, tienes que construirlo», dice Tarenghi.

Para cumplir su sueño, se mudó a un *container* en la arena. De día coordinaba los trabajos de los albañiles; de noche habitaba un palacio astral. Ganador del Premio Tycho Brahe, que se otorga a quienes, como el célebre precursor danés, crean artilugios para escrutar el cielo, Tarenghi sabe que para ver de otro modo hay que vivir de otro modo. Cuando lo conocí, habló con sabiduría mundana de la vida que lleva en Santiago, donde ahora vive, y reveló su secreto para sobrevivir en el desierto: «La astronomía es cosa de locos; yo me salvé gracias a ocho personas», dijo en forma enigmática.

Contó que, en sus tiempos pioneros en Atacama, su familia vivía en Alemania y él la visitaba en los lapsos de descanso obligatorio, planeados para impedir que los astrónomos despeguen para siempre de la Tierra. Quiso la casualidad que en un avión de regreso a Sudamérica su vecino de asiento fuera un científico que trabajaba en la Antártida. Tarenghi le preguntó cómo sobrellevaba la soledad entre los hielos y recibió esta lección de supervivencia: «Elige a ocho personas con las que puedas hablar a cualquier hora por teléfono y que tengan oficios distintos al tuyo. Serán tu contacto con el mundo. No necesitas más ni menos: ocho personas».

El consejo adquirió fuerza oracular. Tarenghi necesitaba dar con ocho afectos diferenciados y disponibles. Los consiguió y durante más de una década fue feliz en Atacama. Instaló un espejo para explorar los confines de la galaxia, pero esa exploración de la lejanía dependió de una estadística menor: la vida entre las piedras hizo que un ser comunicativo limitara su trato a ocho voces. «El hombre ama la compañía, así sea la de una vela encendida», escribió el infaltable Lichtenberg.

Tal vez a todos nos correspondan ocho relaciones verdaderas. En tiempos de las redes sociales y los «amigos» de Facebook sobran vínculos espectrales, pero sólo unos cuantos nos rescatan de nosotros mismos. En un rapto de frenesí gregario, el compositor Roberto Carlos elevó una alabanza a la vida colectiva: «Yo quiero tener un millón de amigos». ¿Es posible esa utopía? ¿Podemos simpatizar con nuestros congéneres al grado de quererlos de a millón? Cuando fue escrita, esa letra expresaba un anhelo irrealizable, incluso para alguien de simpatía brasileña. Hoy en día puede ser la comprobación de una pesadilla.

La profusión de contactos debilita su importancia. La novela de Peter Handke *El año que pasé en la Bahía de Nadie* aborda el tema: un solitario habla de las intensas relaciones que sostiene con unas cuantas personas que están lejos.

Las cifras de la astronomía son abrumadoras. Por eso sorprende que la enseñanza antropológica de Tarenghi dependa de un número pequeño, que en billar corresponde a la bola negra. La elección de ese círculo de amistades dependió de sus arduas condiciones de vida, pero su ejemplo permite reflexionar en la cantidad de gente que podemos frecuentar en forma satisfactoria. En una época en que la comunidad digital se expande con energía centrífuga y en que la popularidad se mide por el número de «amigos» en Facebook o *followers* en X, el caso Tarenghi refrenda la importancia de los núcleos sociales restringidos para garantizar una comunicación intensa, ya se trate de los ocho amigos de un astrónomo, las cincuenta personas que asisten a un aula o los doce apóstoles que siguen a un profeta que escribe sobre la arena.

También en Antofagasta asistí a las sesiones del festival Puerto de Ideas. Una de las discusiones más estimulantes no tuvo lugar en un auditorio, sino en el sitio donde la conversación prospera de mejor modo: una comida. Un neurocientífico chileno, que desde hace décadas trabaja en Estados Unidos y ya se desprende con dificultad del inglés, había tenido una relación acre con el público. Describió los sofisticados experimentos que hace con ratones y en la sección de preguntas y respuestas dio al público un trato similar al que confiere a los roedores: «Esa pregunta no es relevante, pasemos a la siguiente», decía cuando algo le disgustaba.

Durante la comida, mantuvo su tono de altanera suficiencia. Sorprendido de que un sacerdote jesuita departiera con nosotros, preguntó:

–¿Cómo es posible que usted se oponga a la ciencia?

–No me opongo –dijo el jesuita en tono conciliador–. La ciencia sirve para lo que se puede explicar y la religión para lo que no se puede explicar: somos complementarios.

El hombre que había salido de Chile como Carlos y regresaba como Charles no aflojó la presión:

–El origen del mundo según la Biblia es un cuento insostenible.

–Y así tiene que ser –respondió el sacerdote–: los cuentos y la poesía son indemostrables; la fe depende de lo que no se ha visto; necesitamos historias y metáforas para darles sentido a los misterios insolubles.

El científico se limitó a decir:

–No me convence.

La conversación siguió diplomáticamente por otro rumbo, pero quedó claro que el sacerdote había ganado ese set del partido, no sólo por ser más agradable, sino porque buena parte de los contertulios nos dedicábamos a formas del conocimiento que no admiten verificación. Conocer el cielo con rigor científico, al modo de los astrónomos de Paranal, es distinto a imaginarles formas a las nubes, sabiduría falsa que, sin embargo, mejora el cielo.

El arte otorga significado a un mundo que no lo tiene. La mejor prueba es la imaginación infantil, animada por conjeturas que no responden a un saber establecido pero permiten aclimatarse al entorno.

Mientras se aprenden, las palabras se reinventan. Los niños se adiestran simultáneamente en el lenguaje y en un metalenguaje de su creación. Este idioma alterno posee una rara elocuencia que se suele perder con las convenciones de la edad adulta.

No abundan los acervos de la temprana reinvención de las palabras. Animado por ese propósito, el poeta y maestro colombiano Javier Naranjo coordinó un diccionario sorprendente. Pidió a sus alumnos de primaria que definieran palabras sin recurrir a otro sistema que la intuición. Cada tanto, el profesor soltaba un vocablo como quien suelta un animal. El resultado fue *Casa de las estrellas*, milagro del idioma, editado en 2011, que conseguí en un viaje a Medellín (consigno el dato para subrayar que las editoriales latinoamericanas no tienen distribución continental; en tiempos de la paquetería globalizada es más fácil que un lector vaya a un libro a que un libro vaya a un lector).

Javier Naranjo confirmó la pervivencia del lenguaje con un ejercicio de etimología imaginaria, es decir, de literatura. *Casa de las estrellas* muestra que la poesía no sólo atrae a los niños como lectores sino como autores.

Revisemos ese catálogo de asombros. En plan teológico, Natalia Bueno, de siete años, define «Iglesia» como «Donde uno va a perdonar a Dios», y Sebastián Castro, de cuatro, se acerca a Nietzsche: «Dios está muerto en el cielo. Es un hombre con una barba y está en pelota».

Para María José García, de ocho, un maestro «Es una persona que no se cansa de copiar». El talante crítico se extiende a una profesión menos noble, la de mafioso: «Es una persona con mucha plata y no le gusta nada», dice Luis Fernando Ocampo, convencido de que no hay criminal alegre.

El cuestionamiento y el talante crítico incluso abarcan lo más querido: «Mi mamá me cuida mucho, me quiere mucho, me da la comida cuando yo no quiero», dice Camilo Gómez, de siete.

La epistemología se presenta en la voz «Mente»: «Cosa que uno piensa a través de uno mismo», dice Juan Camilo Osorio, de ocho años. Pero también aparece en «Mapa», que, de acuerdo con Lydia Vásquez, sirve «Para encontrar cosas situadas».

Hijo del tiempo, el lenguaje refleja su circunstancia. Colombia es juzgada en una frase. A los diez años, Jorge Humberto Henao define «Instante» al modo de *Crónica de una muerte anunciada*: «Es cuando lo van a matar». Inquieta aún más la forma en que Ángela María Blandón se refiere a «Inmortalidad» a los nueve años: «Es cuando uno tiene un enemigo y lo manda matar».

La voz «Dinero» provoca reflexiones sobre los abusos de la economía: «Es el fruto del trabajo pero hay casos especiales», dice Pepino Nates, de once, y Andrés Felipe López, de siete, remata: «Soy muy pobre por el dinero».

Ciertos misterios deben ser leídos varias veces. Valentina Nates, de nueve, transmite la ambivalencia de «Cariño»: «Amarrar a las personas», frase que resume la trama de *Átame*, la película de Pedro Almodóvar. Y Juan Camilo Osorio, que ya se había ocupado de «Mente», hace una pícara definición de «Nada»: «Es cuando le pregunto a uno que si vio una cosa».

Para Paulina Uribe, de once, «Lenguaje» tiene un valor civilizatorio: «Es hablar con una persona sin gritarle».

En el razonado ejercicio propuesto por Javier Naranjo no podía faltar la voz «Niño». Luisa María Alarcón, de ocho años, dice: «Responsable de la tarea». En forma literal, la respuesta alude a las obligaciones escolares, pero también admite una interpretación simbólica: la infancia asume una misión que tendemos a olvidar.

Por si quedaran dudas, a los nueve años, Gloria Celia Guzmán define así la palabra «Poeta»: «Es un país que no existe en la vida».

Estas falsas explicaciones tienen otro modo de ser verdaderas y refrendan la caprichosa condición de lo humano.

Desde hace un tiempo se llama «especistas» a quienes buscan diferenciarse de las máquinas. Termino este apartado recordando que la saludable irracionalidad no es ajena al entorno científico. Cuando los astrónomos despertaron en Paranal, dispuestos a vivir el día inverso en el que desayunan cuando oscurece, hablé con ellos. Procedían de países y culturas muy distintos y comunicaban sus ideas en el lenguaje universal de las matemáticas. Cruzamos unas cuantas frases, pero pude constatar que unos números les gustaban más que otros. Un alemán incluso confesó algo que hubiera divertido a su paisano Johannes Kepler, dispuesto a mezclar la matemática con la intuición: apostaba a la lotería con números de la suerte sacados de la deriva de los astros. Sonrió al decir esto, sabiendo que se trataba de un juego.

El cielo mejora cuando una nube parece un conejo, un niño define una palabra o un astrónomo tiene un número favorito. Hechos de polvo de estrellas, pertenecemos a un universo que se descifra a sí mismo con palabras. Octavio Paz atrapó el enigma en su poema «Hermandad»:

> Soy hombre, duro poco
> y es enorme la noche.
> Pero miro hacia arriba:
> las estrellas escriben.
> Sin entender comprendo:
> también soy escritura
> y en este mismo instante
> alguien me deletrea.

Olvidar el futuro

En tiempos de la lectura a saltos, hemos pasado en este libro de isla en isla sin abandonar el mar que las une. Procuré describir las formas en que la mente y el cuerpo, el pasado y el presente, se relacionan con el ámbito común de la cultura de la letra. Ante la cambiante profusión de datos, mi aproximación ha sido necesariamente fragmentaria. «Lo más propio de la realidad —esto es, su caducidad— no puede ser reproducido o representado», escribió Boris Groys en *Bajo sospecha*. Ese libro fue escrito en el año 2000 y no hay duda de que la disolución de lo real ha aumentado. Lo nuevo se caracteriza por su fugacidad; no ha sido archivado ni registrado; en cuanto lo sea, perderá su fuerza inaugural. Hoy esa caducidad es casi inmediata.

Con todo, las perplejidades contemporáneas remiten a las de otros tiempos. La sensación de enfrentar un horizonte indefinido tiene larga historia. El sentido profundo de lo nuevo depende menos de encarar algo desconocido que de resignificar la experiencia previa. Comenzamos esta sección con el futuro que Bradbury imaginó como una «acumulación del pasado» y la concluiremos recordando una alegoría del regreso, la *Odisea*, donde lo ocurrido importa como condición latente del futuro.

En *Dialéctica de la Ilustración*, Theodor W. Adorno y Max Horkheimer describen a Odiseo (rebautizado como Ulises en la cultura latina) como el primer héroe moderno por su condición extraterritorial. Un exiliado combate en lejanía durante diez años y dedica otros diez a la tarea de volver a casa. En nuestro tiempo, los migrantes y los desplazados confirman las tribulaciones que Homero previó en el siglo VII a. C.

Las personas sometidas a deambular por tierras extrañas atraviesan las épocas. En el convulso siglo XX, Kafka manifestó la curiosa ilusión de ser «un chino que vuelve a casa». El autor que concibió oscuras parábolas sobre la burocracia, el sinsentido de la ley y los abusos de poder buscó un consuelo tan radical como sus invenciones. Se imaginó como un chino en una cotidianidad ajena. Su anhelo estaba marcado por un simultáneo afán de extranjería y pertenencia: era un extraño, pero volvía a casa.

Kafka se concibe de ese modo porque vive en Praga. De haber nacido junto a la Gran Muralla, a la que dedicó uno de sus mejores cuentos, posiblemente se habría imaginado como un checo camino a casa. Lo importante era recuperar la insustituible sensación del regreso en *otro sitio*. La Ítaca de Kafka –una casa en China– es lo que un desconocido conoce. Esa mezcla de familiaridad y desconcierto define al sujeto del siglo XX, sin ataduras con su entorno. En una frase, Kafka propone una Odisea existencial, que James Joyce desarrolló en su *Ulises*.

Un clásico puede ser visto como una obra de la que tenemos una idea sin necesidad de haberla leído. La travesía del rey de Ítaca ha servido de ejemplo para muchas cosas. Quienes jamás han frecuentado a Homero se refieren a la «odisea» de cruzar la ciudad en viernes por la noche para volver al punto de partida.

El desplazamiento primordial de Ulises tiene que ver con el espacio, pero también con el tiempo. Los asombros que enfrenta el rey guerrero ocurren en una zona intermedia, siempre en tránsito. El presente es para él un lapso provisional; nada de lo que ahí ocurra será tan definitivo como el codiciado retorno a Ítaca. Los hechos que atestigua importan porque se convertirán en pasado, lo cual sólo tendrá sentido en el futuro. A lo largo de su recorrido, el ingenioso Ulises recoge «recuerdos del porvenir», para usar la feliz expresión que Elena Garro encontró en el nombre de una cantina y con la que tituló su principal novela.

En *La venganza de Alcmeón*, Carlos García Gual señala que Esquilo definía sus tragedias como «rebanadas del festín de Homero», un banquete destinado a alimentar a generaciones futuras. No se equivocó. Navegamos o surfeamos por la marea digital, nuevo océano de Ulises, con la impresión de que todo tiene premiosa actualidad; cada texto es una forma del presente, saltamos de isla en isla y perdemos de vista el mar que las une. Sin embargo, esa narrativa ocurre en el tiempo; lo que vemos como una «aparición» es un *transcurso*. Ulises supera los obstáculos gracias a un propósito inquebrantable; su recorrido no representa una errancia a la ventura, sino un *regreso*, un *nóstos* (origen de la palabra «nostalgia»): el marino tiene rumbo. Su meta es el origen, pero no se trata de una simple vuelta atrás. El viaje se nutre de dos tiempos esenciales: las ricas peripecias del presente serán pasado y definirán el futuro.

Todo cibernauta lee a saltos, pero adquiere un temple parecido al de Ulises cuando, de isla en isla, concibe una meta ulterior, un destino, hecho de presente, pasado y futuro. De acuerdo con Giorgio Agamben, lo contemporáneo se define como una oposición crítica a la época. Siguiendo a Nietzsche, señala que el pensamiento perdurable tiene una condición intempestiva, *Unzeitgemäss* (fuera de la medida habitual del tiempo). Voltaire es contemporáneo de su época en la medida en que adelanta ideas disruptivas que definirán ese periodo. No se trata de una mera superación de nociones anticuadas o inservibles; lo contemporáneo se opone a lo que, con justa razón, la época considera funcional. Se trata, pues, de una fisura que dotará de significado retrospectivo a ese periodo. La travesía de Ulises se justifica por lo que contará en el futuro, por su capacidad de «traer de vuelta» la experiencia vivida.

Mezcla de épica y relato sobrenatural, la *Odisea* despliega las sorpresas del mar antiguo. Ulises abandona su isla, enfrenta impedimentos sin fin y regresa transformado en mendigo, pero tarda en ser reconocido y su ciudad ha cambiado. Con victoriosa prepotencia, aniquila a los pretendientes de Penélope, pero se siente incómodo. No es casual que Esquilo, Eurípides, Dante y Joyce le inventaran otros desenlaces.

La clave de la trama está en el papel de la memoria. ¿Por qué viaja el marino?, ¿cuál es el significado profundo de sus desafíos? Aunque no le faltan recompensas, rechaza los placeres. El rey griego está hecho de otra estofa. Se sobrepone al atractivo de los lotos alucinógenos; repudia la seducción y las pócimas de Circe; rechaza la inmortalidad que le ofrece la diosa Calipso en su isla paradisiaca; viaja al Hades y considera la posibilidad de permanecer para siempre en el mundo de los muertos, pero el alma de Aquiles le revela que más vale ser un mendigo entre los vivos. Cada episodio es un descarte. La brújula del rey marca un punto fijo: su inviolable destino es el *nóstos*, el regreso.

En 2018, Emily Wilson publicó una nueva y excepcional traducción de la *Odisea*. Se trata de una versión ajena a la pomposidad que se le infundió en inglés desde los tiempos de Alexander Pope. El primer verso es revelador: «Tell me about a complicated man». Wilson busca una poesía sin rodeos, cercana al impulso original de la obra, escrita en tiempos de oralidad.

En su introducción, señala que la historia comienza *in media res,* cuando ya han pasado muchas cosas. No estamos ante el inicio del viaje de ida ni ante el retorno, sino en una pausa: un momento de decisión.

Ulises lleva siete años viviendo con Calipso, cuya belleza supera la de cualquier mujer de condición mortal. Ella lo ama con el fanatismo que sólo poseen las diosas y le promete vida eterna, pero él extraña Ítaca. Por las tardes, el marino se sienta en la playa rocosa a ver el horizonte. Espera la llegada de un barco que lo lleve de vuelta, pero sólo contempla «el mar estéril». ¿Por qué aspira al logro menor de volver entre la gente común?

De acuerdo con Wilson, al elegir la mortalidad, Ulises desea «reclamar su posición perdurable en su particular escala social», mantener su estatus, el prestigio que sólo puede alcanzar entre los suyos. Sus afanes se guían por su exaltada honra. Miente, engaña y es cruel cuando le conviene, pero lo hace en nombre de un propósito superior. Sus amantes no impiden que olvide a su mujer: Penélope, que representa el hogar, pero sobre todo el mandato que le corresponde, su sitio en la comunidad.

En *The World of Odysseus,* el historiador M. I. Finley describe la condición fundamental del héroe homérico: «todo gira en torno a un solo elemento de honor y virtud: fuerza, arrojo, entrega física, valor». Héctor, el más conmovedor de los personajes de la *Ilíada,* sabe que morirá al enfrentar a un semidiós, pues combate con los recursos de la falible condición humana; se sacrifica para ser recordado como alguien que entregó su vida en defensa de su patria, su ciudad y su familia, y pide a Zeus que su hijo sea aún más valiente que él y pueda volver a casa con las ropas teñidas de la sangre de sus enemigos para que el corazón de su madre se regocije.

Héctor enfrenta el peligro sabiéndose vulnerable. «La tragedia es lo inexorable», comenta Cornelius Castoriadis en *Lo que hace a Grecia*, y agrega: «fueron los griegos quienes descubrieron este hecho, que hay una muerte final, definitiva: *telos thanátoio*, dice y repite la *Ilíada*; que no hay nada que agregar sobre esto, que no puede dársele otra significación, ni transustanciarla ni embellecerla».

Griego clásico, Héctor sabe que va a morir y lo admite con trágica bravura. Odiseo es más complejo; está hecho de la fibra de los guerreros, pero agrega nuevos elementos a la figura del héroe. Ideó el caballo de madera en la guerra de Troya y ha extremado su principal virtud, la astucia. De hecho, es conocido como «el de las muchas tretas». Sus estrategias mentales son superiores a su valentía.

Pero su principal distinción es que asume el papel de narrador: «No olvidemos que es él quien cuenta, en el centro del poema [la *Odisea*] –en los cantos VIII al XII–, sus aventuras marinas», comenta García Gual en *Historia mínima de la mitología*. Odiseo-Ulises es un mentiroso consumado; relata acontecimientos de orden fantástico, pero lo hace en primera persona, como si fuera un testigo de cargo; encandila a los fenicios con sus cuentos; se asigna distintas biografías y menciona que viene de Creta, cuna de embusteros. En realidad, anhela volver con Penélope y los suyos por una razón que va más allá del prestigio social, el honor y la lógica de los afectos: quiere contar su historia.

Las enormidades que le suceden carecerían de sentido si no fueran relatadas. Ante cada episodio, se las ingenia para atesorarlo en todos sus detalles. Cuando se aproxima a la tentadora región donde cantan las sirenas, pide que lo aten al mástil, pero evita que le pongan cera en los oídos porque desea retener al máximo lo sucedido. Al respecto, señala García Gual en *Sirenas. Seducciones y metamorfosis*: «Que Ulises escuche a las sirenas es muy esencial en la *Odisea*: sólo así puede informarnos bien de su misterioso atractivo». El navegante se sirve de argucias para superar obstáculos, pero, sobre todo, adiestra su retentiva para poder contarlos. Cuando conoce a los lotófagos, lo que más teme es que el efecto alucinógeno borre sus recuerdos (la memoria, Mnemosyne, es la madre de las musas).

En *Por qué leer los clásicos*, Italo Calvino señala que el auténtico miedo del marino no consiste en olvidar el pasado (la guerra de Troya, ya descrita en versos memorables, o lo sucedido en la primera parte de su travesía), sino el futuro, la historia que está viviendo o todavía no vive y que deberá contar: «Que la prueba del olvido se presente en el comienzo del itinerario de Ulises, y no al final, puede parecer extraño. Si después de haber superado tantas pruebas, soportado tantos reveses, aprendido tantas lecciones, Ulises se hubiera olvidado de todo, su pérdida habría sido más grave: no extraer ninguna experiencia de todo lo que ha sufrido, ningún sentido de lo que ha vivido». El episodio de los lotófagos y la tentación de Calipso ocurren en la parte inicial del poema. Esto significa que, *por principio*, el héroe sabe que no debe olvidar. El presente sólo importará al ser recordado cabalmente. Siglos más tarde, ante el mismo mar, Platón dirá que el conocimiento es una forma del recuerdo.

Etimológicamente, «recordar» significa «volver a pasar por el corazón». Ulises se arriesga hoy para emocionarse mañana. Ningún sueño, ninguna fantasía, ningún espejismo, ninguna recompensa supera la de recrear lo que fue cierto.

Cuando regresa a Ítaca, disfrazado de pordiosero, pone en juego los recuerdos de los otros. Argos, el perro, lo distingue por el olfato; Atenea escucha cómo habla de ella y así sabe de quién se trata. Cada encuentro es un reconocimiento.

La vuelta del héroe no es ejemplar. Ulises mata a los pretendientes de Penélope y a las esclavas que han sido sus amantes. Aunque ellas no se acostaron con sus rivales por voluntad propia, él desea erradicar el recuerdo de los otros. Al matarlas, mata su memoria.

Volvamos al momento en que decide abandonar la vida paradisiaca en la isla de Calipso, la diosa de «hermosos cabellos» y «danzas graciosas», con la que ha vivido siete años (aunque él cree que fue menos tiempo: todo placer es breve). Ciertamente, como sostiene Emily Wilson, el héroe desea recuperar su autoridad, el sitio que le corresponde en la «escala social», pero también sabe que sin su viaje no habría historia, entre otras cosas porque sólo en Ítaca tendrá sentido: ahí será escuchada. Su escala en cada isla no es otra cosa que la interrupción del relato que está urdiendo: «La memoria sólo cuenta verdaderamente –para los individuos, las colectividades, las civilizaciones– si reúne la impronta del pasado y el proyecto del futuro, si permite hacer sin olvidar lo que se quería hacer», escribe Calvino. Innovar es recordar: Ulises sigue su camino.

«Cuando emprendas el viaje a Ítaca, pide que el viaje sea largo», escribe Cavafis. La auténtica meta es la travesía; el poeta alejandrino conoce la diferencia entre deambular sin rumbo y disponer de itinerario (en el caso de Ulises esto atañe tanto al espacio como al tiempo).

A propósito del texto de Calvino, el poeta Edoardo Sanguineti señaló que Ulises intenta restaurar algo *anterior*, lo cual no implica una regresión sino el tardío cumplimiento de una profecía, es decir, de una «verdadera utopía». La memoria de Ulises es un recurso rebelde: registra el pasado en función del porvenir, viaja hacia un horizonte desconocido que curiosamente es un regreso. Tal es el sentido útil y *contestatario* de la tradición. El rey errante vive para no perder el hilo de su relato, y al llegar a puerto, dispone de la más rara de las utopías, la que es posible.

Releer la *Odisea* en los tiempos que corren permite establecer un sugerente paralelo entre el marino griego y los cibernautas. En el océano virtual pasamos de isla en isla, somos tentados por «apariciones» y por los designios hechiceros de los algoritmos, que conocen nuestras íntimas preferencias y pueden sumirnos en la fantasmagoría de lo instantáneo, a no ser que entendamos nuestro decurso como una travesía, un itinerario con rumbo cierto, que asocia el pasado con el futuro. El uso liberador del ciberespacio depende del tiempo. La lectura digital puede resignificar en el presente prácticas previas. La mayor recompensa no está en las islas, sino en el mar que las congrega, el oleaje que inscribe lo aparentemente fugaz en la tradición. Viajar con rumbo cierto hacia Ítaca requiere de un adiestramiento que proviene de tierra firme, de la lectura literaria que ayuda a leer a saltos en busca de unidad, leer de prisa para valorar lo que se debe leer con lentitud, para mezclar aprendizajes y combinar temporalidades. No en balde, Ricardo Piglia señaló que la literatura es una forma portátil de la utopía.

El viaje de este libro concluye en un lejano punto de partida: la vieja fábula del hombre que trata de volver a casa. El pasado es una zona tan modificable como el futuro: ahí lo viejo adquiere sentido por lo nuevo. En su novela *Encuentro en Telgte*, Günter Grass otorga actualidad a una historia del siglo XVII. El párrafo inicial anuncia: «Ayer será, lo que ha sido mañana. Nuestras historias de hoy no tienen que haber sucedido ahora».

Pasamos página gracias al siglo XII, leemos textos impresos gracias al XV, damos un clic gracias al XXI. La lógica de esa aventura depende de la manera de leer.

El llamado de los algoritmos nos sitúa ante desafíos no muy diferentes a los del viejo marino. Circe y Calipso podrían ser los nombres de nuevas aplicaciones. En el presente eterno de internet y la inteligencia artificial la lectura es una forma rebelde de la memoria.

Las tradiciones que perduran no son las que se aferran al pasado, sino las que no olvidan su futuro.

EPÍLOGO: LA FARMACIA DE LAS PALABRAS

De manera apropiada, Islandia nombró a un volcán con una erupción fonética: Eyjafjallajökull. En 2010, las cenizas de ese portento lingüístico y natural flotaron sobre Europa a la altura exacta a la que vuelan los aviones. Del 14 al 20 de abril se suspendió el tráfico aéreo. Yo estaba en París, invitado por el Instituto Cervantes, y debía viajar a España. Los trenes aprovecharon la circunstancia para entrar en huelga y la parálisis agitó la conversación pública. Francia nunca dejará de discrepar; no en balde el general De Gaulle dijo que era imposible poner de acuerdo a un país con más de trescientas variedades de quesos.

La crisis de la aviación puso en evidencia la falta de recursos alternos. Para solucionarla, diversos expertos propusieron que los aviones volaran a alturas superiores. El desastre no invitaba a frenar la desbocada expansión de la tecnología sino a aumentarla.

El Instituto Cervantes calculó lo que costaría mantener durante una semana a los invitados que debían volver a España y descubrió que salía más barato contratar un coche de alquiler. Gracias al volcán y a la crisis del transporte tomé el taxi más largo de mi vida, de París a Madrid.

La anécdota muestra el absurdo de la vida contemporánea, pero los desastres no sirven de advertencia. La voz de ceniza del volcán islandés fue desoída y la relación entre la aviación y la naturaleza empeoró en los siguientes años. Los vuelos operan al margen de la realidad, como si el cambio climático no existiera. Las aerolíneas no se hacen cargo de los contratiempos causados por el clima porque se trata de «actos de Dios», concepto que en la legislación anglosajona exonera a quienes planean despegues en época de tempestades. En junio de 2023, CNN informó que, en un día de mal tiempo, en Estados Unidos se cancelan 2.200 vuelos y se retrasan 16.000. La manera de «enfrentar» el dilema ha consistido en asimilarlo a la costumbre, logrando que la crisis se vuelva estructural.

En 2013, con motivo de los cuarenta años de la más celebrada obra de Pink Floyd, *Dark Side of the Moon*, Tom Stoppard escribió el radioteatro *Darkside*. A partir de los temas fundamentales del disco —del origen de la vida al delirio de quien no puede soportarla—, el dramaturgo planteó problemas filosóficos de este tipo: en una comunidad donde todos hacen trampa, ¿es legítimo imitarlos?... ¿Vale la pena sacrificar a una persona para salvar a otras?... Si sólo se dispone de un paracaídas, ¿alguien puede usarlo en detrimento de los demás pasajeros del avión? Estos dilemas no ocurren en el vacío; dependen de la sociedad que juzga las respuestas. Hacia el final de la obra se insinúa una amenaza totalitaria; una joven filósofa se atreve a seguir pensando, pero el ambiente no es propicio para la discusión de las ideas. La censura es tan eficaz que se internaliza en las personas; la información, sencillamente, desaparece: «El pronóstico del tiempo es un secreto de Estado».

Nos encontramos en la fase inmediatamente anterior a esa situación. Las tormentas aún no pertenecen a los datos de seguridad nacional, pero su relevancia se borra para que la circulación planetaria, imposible en el terreno de los hechos, continúe como simulacro. Lo decisivo es impedir que la maquinaria se detenga.

Enemigo de la prisa, Umberto Eco reclamaba la urgente solución de ciertos problemas: «Ha sido necesario más de un siglo para que las gallinas aprendieran a cruzar la calle. La especie, al final, se ha adaptado a las condiciones de la circulación. Pero nosotros no tenemos ese tiempo a nuestra disposición». ¿Cuánto se necesita para saber que no se pueden programar vuelos en temporada de huracanes? ¿Podremos ser más rápidos que las gallinas?

Todo esto para decir que en julio de 2023 llegué al aeropuerto de Detroit por mera casualidad. Debía viajar de Vermont a México, pero el primer vuelo se canceló y después de dieciocho horas de accidentadas conexiones me encontré en la Ciudad Motor para enterarme de que también el avión a México estaba retrasado.

El desmesurado aeropuerto de Detroit incluye hotel, capillas, salones de masaje, restaurantes y centros comerciales. Esa ciudad provisional aspira a suplantar los anhelos de movilidad que prosperaron en el antiguo bastión de la industria automotriz. Pero los vuelos se demoran.

El consuelo elemental es quejarse con un desconocido. Apartados de nuestras respectivas realidades, los viajeros hablamos con repentina franqueza. Estábamos hartos, indignados, dispuestos a dar batalla. Teníamos suficientes energías para iniciar un motín, pero algo nos detuvo. La vasta sala de espera, con ventanales de cinco metros de altura, disponía de soportes alargados, parecidos a los parquímetros, con una cajita plateada: contactos para teléfonos celulares. La mayoría de los pasajeros se dirigió a recargar sus aparatos. La última queja que escuché fue: «Voy a poner una notificación en TripAdvisor».

El capitalismo tardío encontró la manera ideal de pacificar a los consumidores. Las horas perdidas, la falta de sueño, el hambre, el dolor de cabeza, la sensación de mareo, los compromisos incumplidos perdían fuerza ante los hipnóticos sucedáneos que salían del teléfono. El desastre hubiera recuperado su dimensión en caso de perder la conectividad. Pero los teléfonos funcionaban.

Durante tres horas, los pasajeros rezagados movieron el dedo índice para consultar su fortuna digital. «Un libro es como un espejo: si un mono se asoma a él no puede ver reflejado a un apóstol», escribió Lichtenberg. Cada quien aporta a la lectura lo que lleva dentro. Sin embargo, no todo mundo se atreve a distinguir sus reflejos interiores. Por ello, el Tarot y otros discursos de la suerte requieren de apoyo externo: alguien más lee las cartas. El celular, en cambio, no es un espejo interpretable. Recoge datos personales para transformarlos en ofertas. El lema de Delfos, «Conócete a ti mismo», es reescrito por el sistema operativo como «Te conozco». No consultas el nuevo oráculo para indagarte sino para confirmarte. Los estímulos propuestos se orientan hacia la autoafirmación, no hacia lo diverso.

La vida paralela que sucede en el teléfono fue prefigurada hace veinticinco siglos por Platón, en el capítulo VII de la *República*, con la famosa alegoría de la caverna. Hombres esclavizados desde su nacimiento se encuentran atados con cadenas a los muros de una cueva. Detrás de ellos arde un fuego que hace que el mundo exterior les llegue en forma de sombras. Los encadenados no ven los objetos sino sus representaciones. La tarea liberadora de la filosofía consiste en romper las amarras para que los esclavos salgan a la intemperie y distingan la luz de las sombras, lo real de su imitación. Los sofistas, por el contrario, promueven simulacros de realidad.

El universo 2.0 es *parcialmente* nuestra caverna. El adverbio resulta decisivo. El entorno digital agiliza, difunde y democratiza la información; sus ventajas saltan a la vista:

«¿Habría sido posible el Holocausto si hubiera existido internet?», pregunta Eco. Al mismo tiempo, ese recurso también enajena y paraliza.

La marea virtual obedece a una energía centrífuga: la información fluye en todas direcciones. Para «regularla», los algoritmos despliegan una energía centrípeta, que concentra los datos. Esto limita el caos creado por la propia red, pero, al seguir una lógica que responde a similitudes y afinidades, también limita el descubrimiento intelectual.

De acuerdo con Platón, el ser humano debía sobreponerse a las restricciones de la vida material para acceder al mundo de las ideas que la antecede. En su estudio introductorio a las obras platónicas publicadas por Gredos, Antonio Alegre Gorri escribe: «En el otro mundo, el inmortal, el extraespaciotemporal, el alma ve las ideas con absoluta precisión y claridad. La contaminación de la encarnación produce el olvido del perfecto conocer, pero a la vista de lo más bello, de lo sensible, la proporción, el equilibrio, etc., el alma, aunque imperfectamente, recuerda las Ideas. Es la teoría del conocimiento como recuerdo».

La atención que Platón prestaba a la memoria se vio desafiada en un diálogo particularmente atractivo: *Fedro*, escrito hacia el 370 a. C., cuando el autor rondaba los cincuenta y siete años. Los temas fundamentales de esa obra son el amor y la escritura. La dinámica que los une es propia de ambos ejercicios: la seducción.

Si en el siglo XX McLuhan concibió un libro para anunciar el fin de la escritura, más de dos milenios antes Platón recreó con virtuosismo literario el alegato de Sócrates contra la escritura, consumando la paradoja de ser el excepcional taquígrafo de un maestro ágrafo.

El diálogo comienza con una escena bucólica. Sócrates camina descalzo y dialoga con su hermoso discípulo, Fedro, a orillas del río Iliso. Cerca de ahí, una fuente está consagrada a la ninfa Farmacia (o Farmacea) cuyas aguas son medicinales. El joven Fedro ha memorizado un discurso del filósofo Lisias sobre el amor y procede a recitarlo ante Sócrates. Ambos hablan de modo diferente. El alumno se esfuerza en asumir un tono académico, estructurado. En cambio, el viejo filósofo habla de manera espontánea, como «un forastero que se deja llevar»; improvisa, cautivado por el joven, que lo motiva a hablar pero también lo distrae. El filósofo se tapa el rostro para que la belleza de Fedro no limite su elocuencia: «De todo esto eres tú la causa», le dice.

Hay cosas que pensamos sólo porque las vemos. Esto puede ser perjudicial: la oftalmía es una enfermedad de la mirada. Sócrates habla de la vista en preparación de su argumento posterior. Emilio Lledó escribe al respecto: «No podemos "ver" la sabiduría misma. Sería demasiado fuerte para los sentidos. El arrebato amoroso, la pasión, el deseo hacia el saber "visto", traspasan las fronteras de lo humano. La luz del saber mismo, la claridad del conocimiento puro, arrastran al hombre a un mundo que ya no es suyo. La sabiduría tiene, necesariamente, que limitarse, en principio, a las insuperables condiciones del cuerpo y de la sensibilidad, una vez que el alma, en su caída, ha tenido que agarrarse a la materia».

Con el rostro cubierto, Sócrates se libra por un rato de la atracción de Fedro y especula a sus anchas. Después de analizar el discurso de Lisias sobre el delirio amoroso, que abarca la mayor parte del diálogo, aborda los temas del alma y la escritura. Cuenta entonces la leyenda egipcia del dios Theuth, creador del cálculo, la astronomía, la geometría y la escritura, que habla con Thamus, rey de Tebas. Al referirse a los signos caligráficos, el dios dice: «Este conocimiento, oh rey, hará más sabios a los egipcios y más memoriosos, pues se ha inventado como un fármaco». Lo presenta, pues, como un remedio memorioso. Thamus no está de acuerdo; para él, la escritura despojará a la gente de la función viva de la memoria; quien anota, se desentiende de la tarea de preservar algo en la mente.

Las personas que confíen sus recuerdos a la escritura se despojarán de ellos: «fiándose de lo escrito, llegarán al recuerdo desde fuera, a través de caracteres ajenos, no desde dentro, desde ellos mismos y por sí mismos. No es, pues, un fármaco de la memoria lo que has hallado, sino un simple recordatorio». Al adquirir una condición instrumental, de mera transcripción, la escritura se convierte en un gesto mecánico que evita el libre surgimiento de las palabras. Antonio Alegre Gorri resume así el alegato: «Para Platón, las palabras tienen vida, mientras que las letras son *imitaciones* de las palabras». Como las sombras de la caverna, el alfabeto, los jeroglíficos o los ideogramas son simulacros de la verdad; *repiten* algo que los precede.

En su defensa de la memoria viva, Sócrates apela al carácter abierto del conocimiento: pensar implica reconsiderar, dudar, matizar; el idioma hablado siempre puede ser distinto. Quien dialoga planta una semilla para que el interlocutor la cultive a su manera.

Borges recoge esta idea en el libro *Los diálogos* que sostuvo con Osvaldo Ferrari. En el prólogo escribe: «Unos quinientos años antes de la era cristiana se dio en la Magna Grecia la mejor cosa que registra la historia universal: el descubrimiento del diálogo. La fe, la certidumbre, los dogmas, los anatemas, las plegarias, las prohibiciones, las órdenes, los tabúes, las tiranías, las guerras y las glorias abrumaban el orbe; algunos griegos contrajeron, nunca sabremos cómo, la singular costumbre de conversar. Dudaron, persuadieron, disintieron, cambiaron de opinión, aplazaron. Acaso los ayudó su mitología, que era, como el Shinto, un conjunto de fábulas imprecisas y de cosmogonías variables. Esas dispersas conjeturas fueron la primera raíz de lo que llamamos hoy, no sin pompa, la metafísica. Sin esos pocos griegos conversadores la cultura occidental es inconcebible».

Esta vindicación del diálogo retoma un principio socrático; el que habla puede rectificar, ponerse a prueba en el otro; al ser oído, su mensaje cambia de valor. La conversación revela un saber que, en esencia, no está en ninguno de los interlocutores: es su lugar de encuentro.

Lo que dos griegos conversaron hace veinticinco siglos durante una tarde de sol a orillas de un río adquiere renovada relevancia con las prótesis de silicio que hoy sustituyen a nuestra memoria.

¿Qué tan grave es la profecía de Sócrates? En su tiempo la oralidad gozaba de enorme prestigio: «Tanto Homero, como la poesía, la tragedia y la oratoria se escribían sólo para ser memorizados o cantados», escribe W. K. C. Guthrie. Sin embargo, este uso estaba cambiando. La desconfianza de Sócrates hacia una nueva tecnología es propia de una época de transición. Por otra parte, es posible que Platón, dedicado a escribir lo que escuchaba, haya querido distanciarse de los trágicos, a los que envidiaba pero que *sólo* escribían, encomiando así la fuente oral de su sabiduría.

Durante siglos, *Fedro* ha despertado múltiples análisis. De Diógenes Laercio a Schleiermacher, no han faltado quienes consideran que se trata de un diálogo inconexo, desestructurado, que aborda en forma extensiva un tema (el amor) para desembocar en otro que le es ajeno (la escritura).

En su extenso y fascinante ensayo «La farmacia de Platón», incluido en *La diseminación*, Jacques Derrida encontró una manera sutil (y algo abstrusa para el lector no especializado) de interpretar la unidad del *Fedro*. El filósofo de la deconstrucción advierte que «un texto sólo es un texto si esconde a primera vista al recién llegado la ley de su composición y sus reglas del juego». En este sentido, tiene algo «imperceptible»; pide ser *interpretado*.

306

¿Qué significados ocultos preserva *Fedro*? Derrida se concentra en una idea que podría parecer marginal al diálogo: la concepción del lenguaje como un fármaco. A eso apuntan el paisaje elegido para la escena, a orillas de un río de aguas sanadoras, y la alusión a Farmacia, la ninfa curativa. De acuerdo con Derrida, las palabras de Sócrates deben ser valoradas como un recurso de poderosa ambigüedad, similar al fármaco que alivia o envenena: «La escritura no tiene esencia o valor propio», señala. Su efecto se define por el uso, por la *dosis*.

La operación de Derrida recuerda el lema de los antiguos remedios preparados en las boticas: «Agítese antes de usarse». A través de los siglos, *Fedro* recibe una sacudida: «El fármacon hace salir de las vías y de las leyes generales, naturales o habituales», escribe Derrida: «Aquí, hace salir a Sócrates de su lugar propio y de sus caminos rutinarios».

El viejo filósofo se sirve del lenguaje para seducir a Fedro. Aspira a sustituir la elaborada retórica del alumno, copiada de Lisias, por palabras nuevas, que nacerán entre ellos al modo de una comunión propiciada por el atractivo erótico. Cuando se siente dueño de su discurso, se descubre la cabeza y habla del amor. En palabras de Emilio Lledó: «El Eros no es esa encogida relación afectiva que Lisias ha descrito, sino una forma de superación de los límites de la carne y del deseo, una salida a otro universo, en el que amar es "ver" y en el que desear es "entender"».

Sócrates utiliza el fármaco de la lengua oral para convencer a Fedro de que la atracción erótica lleva al conocimiento. ¿Dice una verdad objetiva o la «verdad» que le conviene? El filósofo que elucubra también es un estratega de las pasiones. La intoxicación de Fedro es su alivio.

En esa misma tónica, Gorgias, contemporáneo de Sócrates, señala que Elena no fue conquistada por la guerra, sino por la violencia del habla: «El poder del discurso tiene la misma relación con la disposición del alma que la disposición de las drogas con la naturaleza de los cuerpos». El idioma es medicinal. ¿En qué dosis ayuda a la memoria? Sócrates no era ajeno al hecho de que ciertos recuerdos se conservan por repetición mecánica, ajena al escrutinio. De modo inevitable, la memoria requiere de un suplemento para reanimarse; la escritura no necesariamente es su enemiga; puede ser un tónico o un paliativo, un estímulo o una consolación. Al encontrar que la clave del dilema está en la noción de *phármakon*, Derrida devuelve a la escritura la fuerza que parecía haber perdido en este diálogo; como los medicamentos, la letra debe ser usada en caso de necesidad.

Los sofistas y los escritores fantasma, que escriben discursos por encargo para los políticos, ofrecen un placebo. La escritura viva es de otro tipo: «La conclusión del *Fedro* es menos una condena de la escritura en nombre del habla presente que la preferencia de una escritura a otra, de una huella fecunda a una huella estéril», subraya Derrida. Una vez más, la noción de tiempo es estratégica. La escritura destinada a las exigencias del presente no deja huella perdurable; la que se concibe como materia interpretable se abre a lecturas posteriores. La importancia de un texto deriva de las diversas formas en que puede ser leído: «El contra-hechizo, el exorcismo, el antídoto, es la dialéctica [...]. Someterse a la búsqueda mutua, buscar el conocerse a sí mismo mediante el rodeo y el lenguaje del otro».

Conviene recordar, además, que Sócrates refiere con astucia una leyenda egipcia en el seno de una cultura muy diferente. El legado del dios Thamus es magnífico, pero sus jeroglíficos *no suenan*, limitación adicional para condenar ese discurso. En cambio, la escritura fonética asimila la oralidad a la palabra. Las letras tienen voz. El texto es un discurso fijo, pero revela que fue dicho. Quien escribe recuerda que se habla; lo que llega al papel o la pantalla no es un mero sucedáneo, una sustitución de la espontaneidad hablada, sino una materia activa, un interregno entre el habla y la lectura: encrucijada, lugar de encuentro.

No hay literaturas individuales, no sólo porque todo escrito proviene de los trabajos milenarios de la lengua, la tradición y la inevitable relación con otros escritos, sino, sobre todo, porque el texto es completado, corregido, descifrado, mejorado o sobreinterpretado por la lectura. Sócrates dialoga con Fedro; mientras tanto, un comensal invisible, Platón, escribe de ellos, prefigurando a otro convidado, el lector.

Acaso lo más productivo en el análisis de Derrida sea la unidad que confiere al texto de Platón, estableciendo una relación causal entre el amor, el deseo, la seducción, los mitos, el alma y el fármaco de la palabra (remedio y veneno). Estamos ante una *coherencia añadida* siglos después de la escritura del texto, lo cual revela la condición alquímica, mudable, de una farmacia donde la caducidad de las medicinas no depende de su fórmula, sino del organismo que las activa al consumirlas.

La lectura, forjada durante milenios, tiene una función integradora, capaz de encontrar líneas de sentido en un océano de discursos fragmentarios. La unidad es una ilusión literaria.

«Una obra maestra no nace maestra, sino que llega a serlo», comenta Jean-Claude Carrière en su diálogo con Umberto Eco. La tradición no es otra cosa que la experiencia renovada a través de la lectura.

Regresemos por un momento a los aeropuertos detenidos, las salas de espera, la entropía de la sociedad contemporánea, paralizada a causa de su ansia de velocidad. Lo que en tiempos de Platón fue una oscura alegoría hoy es una forma de vida. Los pasajeros se dan de baja en el mundo de los hechos para conectarse a la realidad virtual. ¿Son adictos al veneno? En la interpretación de Derrida, el remedio está en la forma de tomar el fármaco, es decir, de *leerlo*.

Recurso de seducción, el lenguaje alivia e intoxica. La postura de Sócrates es más una prevención que una condena. Hay escrituras vivas; por lo demás, la palabra hablada no desaparece del todo en las páginas. En buena medida, la literatura del siglo XX dependió de ejercer los muchos modos de la oralidad, de las novelas telefónicas de Henry Green a los coloquialismos de William S. Burroughs o Louis-Ferdinand Céline, pasando por los monólogos interiores.

La escritura aprovecha la oralidad; en forma equivalente, la lectura literaria resignifica la lectura digital; lo que sucede en la pantalla mejora con destrezas adquiridas en otros sitios.

Hacia el final de *Fedro*, Platón encomia la dialéctica como un atributo de la madurez, tan importante como los ejercicios corporales que se practican en la juventud. Una vez que se domina el arte de argumentar, quienes han visto la luz deben volver a la caverna para ver si resisten la tentación de las sombras. En otras palabras: la caverna no se cancela, se incorpora a la experiencia como necesario contraste del resplandor. Vale la pena recuperar por entero la escena del Libro VII en la hermosa traducción de Conrado Eggers Lan: «Represéntate hombres en una morada subterránea en forma de caverna, que tiene la entrada abierta, en toda su extensión, a la luz. En ella están desde niños, con las piernas y el cuello encadenados, de modo que deben permanecer allí y mirar solamente delante de ellos, porque las cadenas les impiden girar en derredor la cabeza. Más arriba y más lejos se halla la luz de un fuego que brilla detrás de ellos; y entre el fuego y los prisioneros hay un camino más alto, junto al cual imagínate un tabique construido de lado a lado, como el biombo que los titiriteros levantan delante del público para mostrar, por encima del biombo, los muñecos [...]. Imagínate ahora que del otro lado del tabique pasan sombras que llevan toda clase de utensilios y figurillas de hombres y de otros animales, hechos de piedra y de madera y de diversas clases;

y entre ellos unos hablan y otros callan [...]. ¿Crees que han visto de sí mismos, o unos de los otros, otra cosa que las sombras proyectadas por el fuego en la parte de la caverna que tienen frente a sí?». La enajenación digital estaba prevista en ese texto; incluso la postura de la persona absorta ante la pantalla.

Convivir con el mundo digital −nuestra caverna de bolsillo−, absorberlo y llevarlo a otro territorio, es más provechoso que negarlo, no sólo por las muchas utilidades que posee, sino porque el viaje de ida y vuelta entre lo real y lo virtual potencia ambos extremos del trayecto. Toda vanguardia es una apropiación crítica de un orden precedente.

La cultura de la letra ha entrado en una decisiva fase de transformación. Aún leemos de un modo que nos distingue de la creciente inteligencia artificial, pero lo humano comienza a definirse por el rechazo de otra alternativa: «No soy un robot». Las máquinas nos permiten seguir adelante al hacer esa afirmación, pero la reserva de lo humano depende de un pacto específico entre el emisor y el receptor. El sentido del texto se decide al otro lado de la página o la pantalla: quien lee esta frase la transforma.

ÍNDICE

Impreso en
Romanyà Valls, S. A.
Verdaguer, 1, 08786
Capellades (Barcelona)